ケアマネジメント論

わかりやすい基礎理論と
幅広い事例から学ぶ

白澤政和［編著］

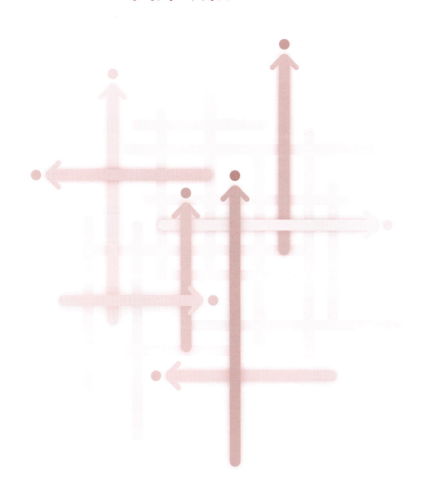

ミネルヴァ書房

はじめに

　ケアマネジメントという用語は，ずいぶん急速に日本社会に定着した。これは2000年4月から始まった介護保険制度において居宅介護支援という名称でケアマネジメントが実施されたことで本格的に広まった。その際に，介護支援専門員という専門職をケアマネジャーとした。

　こうした定着の背景には，日本社会でケアマネジメントが必要不可欠となってきたことが大きい。医療・福祉・介護等の複合的なサービスや支援が必要な要援護者は，ケアマネジメントがなければ，必要なサービスに届かない。そうなると，在宅で生活を継続していくことが難しくなっていくのである。

　現実に，ケアマネジメントは要介護者等に対応する介護保険制度だけでなく，障害者総合支援法でも位置づけられた。さらには，生活困窮者自立支援センターでも，ケアマネジメントという言葉こそ使っていないが，そこでの相談は，生活困窮者に対するアセスメントからプランを作成し，支援していくケアマネジメントの方法で展開している。これは，司法領域や学校領域での支援においても同様であり，それぞれの領域でアセスメントに基づき計画を立てて支援することを行っている。そのため，社会福祉士や精神保健福祉士のソーシャルワーカーになる人には，ケアマネジメントが必須の教育内容となってきている。現実に，社会福祉士や精神保健福祉士を養成している大学や専門学校では，「ケアマネジメント」の科目を置いていることも多い。

　そのため，本著の主たる目的は，ソーシャルワーカーを目指している学生に対して，ケアマネジメントを理解してもらうことにある。さらには，多くの専門職の方々に，ケアマネジメントについて全体像を理解してもらうことにある。具体的には，ケアマネジメントの基本的な考え方を理解して頂き，さらにこれがどのような領域で活用されているのかを，理論と実践を合わせて学んでもらえるよう意図している。

　本著が多くの皆さんに読まれ，ケアマネジメントが日本社会で一層定着していくことを願っている。

平成30年10月吉日

編著者　白澤政和

目　次

はじめに

第Ⅰ部　理論編

■第1章■　ケアマネジメントとは何か

❶　ケアマネジメントとは　3
ケアマネジメントの起こり…3　ケースマネジメントの海外への展開…4　日本におけるケアマネジメントの展開…5　ケアマネジメントの定義…7　ケアマネジメントの必要性…9

❷　ケアマネジメントの目的と焦点　10
ケアマネジメントの目的…10　生活の質をいかに高めるか…12　ケアマネジメントの付随的目的…14　ケアマネジメントの焦点…14　ケアマネジメントとICF…15　生活の側面を力動的な観点でみる…17

❸　ケアマネジメントとソーシャルワークの関係　18
誰がケアマネジメントを実施するか…18　ソーシャルワーカーとケアマネジメント…19　ソーシャルワークの実践の中でのケアマネジメントの独自性…20

❹　ケアマネジメントの構造　22
ケアマネジメントの構成要素…22　構成要素①利用者…24　構成要素②社会資源…24　構成要素③ケアマネジャー…25　利用者や家族成員の位置…26

■第2章■　ケアマネジメントの方法

❶　ケアマネジメントの過程　29
第1段階：入口…29　第2段階：アセスメント…31　第3段階：ケースの目標の設定とケアプランの作成…32　第4段階：ケアプランの実施…36　第5段階：モニタリング及びフォローアップ…38　第6段階：再アセスメント…39

❷　生活ニーズと社会資源　39
生活ニーズのとらえ方…39　アセスメント用紙のあり方…42　生活ニーズからのケアプラン作成…43　社会資源の類型…44　フォーマル分野とインフォーマル分野の連携…46

■第3章■　ケアマネジメントと地域

❶　地域包括ケアシステムとは何か　49

地域包括ケアシステムとその背景…49　地域包括ケアシステムに関する取り組みの変遷①…52　地域包括ケアシステムに関する取り組みの変遷②…54　地域包括ケアの構成要素…56　地域包括ケアの機能…58

❷　地域にある社会資源　58

社会資源のとらえ方…58　フォーマルな社会資源…60　インフォーマルな社会資源…63　利用者の内的資源…65

❸　ケアマネジメントと地域保健福祉計画　66

地域課題という考え方…66　地域ケア会議とケアマネジャー…67　保健福祉計画に関与するケアマネジメント…69

第Ⅱ部　実践編

■第4章■　対象別ケアマネジメントの実際

❶　介護保険におけるケアマネジメント　75

1　背　景…75

2　実際の流れ…81

3　評価と課題…89

❷　障害者領域におけるケアマネジメント　90

1　背　景…90

2　実際の流れ…93

3　特　徴…94

4　問題点と将来展望…95

❸　子ども家庭福祉領域におけるケアマネジメント　99

1　背　景…99

2　実際の流れ…102

3　特　徴…106

4　問題点と将来展望…107

❹　生活困窮者に対するケアマネジメント　108

1　背　景…108

2　実際の流れ…110

3　特　徴…112

4　問題点と将来展望…115

❺ 司法福祉領域におけるケアマネジメント　116
　1 背　景…116
　2 実際の流れ…119
　3 特　徴…121
　4 問題点と将来展望…123

■第5章■　在宅生活支援とケアマネジメント

❶ 居宅介護支援事業所におけるケアマネジメント　129
　1 事例の概要…129
　2 ケアマネジメントのプロセスと展開…130
　3 課　題…136

❷ 日常生活自立支援事業を活用したケアマネジメント　138
　1 事例の概要…138
　2 ケアマネジメントのプロセスと展開…139
　3 課　題…145

❸ 地域包括支援センターにおけるケアマネジメント　146
　1 事例の概要…147
　2 ケアマネジメントのプロセスと展開…148
　3 課　題…154

❹ 基幹型相談支援センターにおけるケアマネジメント　155
　1 事例の概要…155
　2 ケアマネジメントのプロセスと展開…157
　3 課　題…162

❺ 子ども家庭福祉領域におけるケアマネジメント　163
　1 事例の概要…163
　2 ケアマネジメントのプロセスと展開…164
　3 課　題…169

❻ 生活困窮者自立相談支援機関におけるケアマネジメント　171
　1 事例の概要…171
　2 ケアマネジメントのプロセスと展開…172
　3 課　題…175

❼ 刑務所出所者に対するケアマネジメント　178
　1 事例の概要…178
　2 ケアマネジメントのプロセスと展開…178
　3 課　題…182

■第6章■　福祉施設とケアプラン

❶　福祉施設におけるケアプランの考えかた　187

ケアプランの重要性が主張される背景…187　ケアプランの基本的な考え方…188　どのような専門職がケアプランを作成するか…189　ケアプランの基本的な枠組み…190　マニュアルによる基本的な介護過程…191　施設におけるケアプランの展開…192　在宅と福祉施設における両ケアプランの関係…195

❷　老人福祉施設におけるケアプランの実際　197

- 1　事例の概要…197
- 2　ケアプランの作成・実施のプロセスと展開…198
- 3　課　題…202

❸　老人保健施設におけるケアプランの実際　206

- 1　事例の概要…206
- 2　ケアプランの作成・実施のプロセスと展開…207
- 3　課　題…213

❹　身体障害者支援施設におけるケアプランの実際　216

- 1　事例の概要…216
- 2　ケアプランの作成・実施のプロセスと展開…217
- 3　課　題…222

❺　知的障害者支援施設におけるケアプランの実際　223

- 1　事例の概要…223
- 2　ケアプランの作成・実施のプロセスと展開…224
- 3　課　題…229

❻　精神科病院からの退院支援におけるケアプランの実際　230

- 1　事例の概要…230
- 2　ケアプランの作成・実施のプロセスと展開…231
- 3　課　題…238

❼　児童養護施設におけるケアプランの実際　240

- 1　事例の概要…240
- 2　ケアプランの作成・実施のプロセスと展開…241
- 3　課　題…248

さくいん　251

第Ⅰ部
理 論 編

第1章
ケアマネジメントとは何か

1　ケアマネジメントとは

☐ ケアマネジメントの起こり

　利用者の地域生活を支援する「ケアマネジメント」は，1970年代後半にアメリカで出現してきた。その当時アメリカでは，精神障害者のコミュニティケアを推進するため，州立の精神科病院の2分の1のベッド数を閉鎖するという手段をとった。しかしながら，多くの精神障害者にとって，在宅生活を継続していくためには2つの条件が必要不可欠であるということが，その過程で明らかになっていく。

　1つは，住宅政策の必要性である。精神障害者が在宅生活を営める福祉住宅（アフォーダブルハウジング）をいかに整備するかが，コミュニティケアの鍵であることが明らかになっていった。住むべき住宅の保障なきところに，コミュニティケアは成立しないということである。

　もう1つは，1か所で利用者のすべての生活ニーズを充足する仕組みの確立である。精神障害者が在宅生活をするためには，さまざまなサービスが必要であり，そのためにさまざまな窓口に赴かなければならない。多くの精神障害者にはそうしたサービス利用にたどりつくことができず，地域生活をしていくうえで必要不可欠な生活ニーズに合致するサービスや支援を利用できないで終わってしまう。この問題に対して，1つの相談窓口で一人ひとりの精神障害者のすべての生活ニーズを明らかにし，それらに合致するサービスや支援に結びつける支援（ワンストップサービス）を体系化する必要があった。この手法は，アメリカでは「ケースマネジメント」とよばれた（海外では，イギリス以外のアメリカ等では一般に「ケースマネジメント」とよばれることが多いが，引用文献で使われる場合以外は「ケアマネジメント」とする）。そして，この方法がアメリカ国内においては，精神障害者へのアプローチだけはでなく，長期にケアを必要とする高齢者，身体障害者・知的障害者・被虐待児童，さらにはエイズ患者（HIVキャリア）等に対する地域生活支援方法として拡大していった。

第Ⅰ部 理 論 編

☐ ケースマネジメントの海外への展開

同時に，このケースマネジメントの考え方や方法は，アメリカからイギリス，カナダ，オーストラリア，ドイツといった国々，さらには日本や台湾においても導入され，世界の多くの国や地域で普及していった。特に日本では，この方法は，長期にケアを必要とする高齢者の地域生活を支援する方法としてスタートした。

① イギリス

イギリスでは，1990年につくられた「国民保健サービス及びコミュニティケア法（NHS and Community Care Act）」のなかでケアマネジメントという仕組みを制度化していった。自治体のソーシャルサービス部（Social services department）にケアマネジャーを配置し，彼らが要援護者のケアプランの作成を実施している。

このときに初めてケースマネジメントではなく，「ケアマネジメント」という用語が使われた。その根拠になった理由の1つは，「ケース」という言葉には冷たい響きがあるが，それに比べて「ケア」はあたたかいニュアンスをもっているということである。もう1つの理由は，マネジメントするのは，ケース（事例，利用者）ではなくケアであるということから，ケアマネジメントという用語を採用することにしたとされている。

このイギリスの流れは，日本での用語の使われ方としてケースマネジメントよりも，ケアマネジメントという言葉が普及していくことに大きく影響した。

そのため，ケースマネジメントもケアマネジメントも，その意味では，基本的に同じ内容であり，利用者の地域生活を支援することを目的にしているといえる。

② カナダ

カナダでも，1990年代に医療制度の改革で，各州はマネジド・ケア（14頁参照）を導入したが，それに合わせてケアマネジメントが導入されてきた。とりわけ，マニトバ州は他州に比べ早くにケアマネジメントの仕組みを取り入れ，1974年に州内で8つの継続ケア課（continue care devision）を設置し，ケアマネジャーを配置した。

③ オーストラリア

オーストラリアでは，1985年，連邦政府の「在宅・コミュニティケア法（Home and Community Care Act（HACC））」のもと，従来の在宅関連の法律を統合し，施設ケアから在宅ケアへ大転換を図っていった。この法律の下，在宅ケアを推進するために，コミュニティ・オプションプログラム（Community Option Program：COP）と呼ばれるケアマネジメントを行う仕組みが各州で導入された。

④ ドイツ

ドイツは日本に先立ち介護保険制度を1995年に創設したが、日本が医療保険制度に近いしくみであるのに比して、ドイツの介護保険は現金給付を含めて年金給付的な要素が強い。そうしたこともあり、ケアマネジメントが含まれていなかったが、2008年に「介護保険継続発展法」（Pflege-Weiterentwicklungsgesetz）が制定され、2009年2月より日本に模してケアマネジメント（Fallmanagement）の仕組みが導入された。ケアマネジメントは介護金庫に所属する介護相談員（Pflegeberater/in）が行う。介護相談員の資格要件は、老人介護士、看護師、小児看護師などで、一定の実習を経験した者とされ、相談員1人につき約100人の利用者を担当するとしている。[1]

⑤ 韓 国

アジアについては、韓国は2008年に長期療養保険制度をスタートさせたが、日本のようなケアマネジメントの導入について議論はされたが、最終的に制度化されなかった。ただ、保険者である国民健康保険公団の看護師や社会福祉士が、要介護認定の調査項目に社会面での調査項目を追加した94項目をもとに標準長期療養利用計画書を作成し、要介護者に郵送するしくみになっている。この計画書は要介護者との対面的なものではなく、職員が机上で作成するものであり、ケアマネジメントとはいえない。要介護者がサービス利用に当たって、あくまでも参考にするものとされている。

2018年に「第2次長期療養基本計画」が作成され、2022年までにケアマネジメントが本格的に導入されることになった。そのため、モデル事業が実施されている。

⑥ 台 湾

一方、台湾ではイギリスの自治体ソーシャルサービス部でのケアマネジメントの仕組みを参考に、2000年より自治体内にケアマネジャーを準公務員として採用し、県や直轄市にケアマネジメントセンターを設置し、主として自治体内のサービス調整を行っている。2015年5月15日「長期介護サービス法」が台湾立法院において可決され、介護保険制度が作られることになっていた。しかし2016年1月の総選挙で民進党の蔡英文総統に政権が移り、介護保険制度は取りやめになった。税でもって介護を実施していくことになり、ケアマネジメントは従来通りの方法で実施されている。

☐ 日本におけるケアマネジメントの展開

日本への普及については、高齢者領域では、1990（平成2）年に創設された在宅介護支援センターが、ケアマネジメントの担い手としての役割を果たしてきた。ある意味では、このセンターが日本で最初に創られたケアマネジメント機関であるといえる。さらに、2000年に始まった介護保険で要介護者・要支援

者と認定された者に対するケアマネジメントは，在宅介護支援センターから居宅介護支援事業者に肩代わりされた。その後，介護保険制度の改正に伴い，ケアマネジメントも大きく変化してきた。現状では，原則として要支援1や2の者は地域包括支援センターで，一方要介護1から5の要介護者は居宅介護支援事業所の介護支援専門員と呼ばれるケアマネジャーが対応している。

ケアマネジメントの考え方は，その後障害者領域にも普及し，さらには生活困窮者の自立支援や刑を終えた人々の社会復帰支援においても活用されるようになってきている。

障害者領域におけるケアマネジメントは，2005（平成17）年の障害者自立支援法でケアマネジメントが制定化され，翌2006年から利用者自らが福祉サービスを選択できるしくみができた。ただ，ケアマネジメントを利用できる者が限定されていたため，利用者は増えなかった。そこで，障害者総合支援法のつなぎ法案である2011年に成立した障害者自立支援法改正で，2012年4月から順次対象者を拡大し，2015年3月末までの3年間で，全ての福祉サービスを利用する障害児者に対してケアマネジメントを実施することとなった。このようにして，本格的な障害者に対するケアマネジメントが始まった。

これ以外に，ケアマネジメントという用語を使ってはいないが，様々な領域で，ケアマネジメントの仕組みや方法が制度的に活用されるようになってきている。法務省では，2009年度に各都道府県の「地域生活定着支援センター」と保護観察所が協働して進める「地域生活定着支援事業」が創設された。これは，矯正施設入所中から就職後の職場定着までを，高齢又は障害により自立が困難な矯正施設退所者に対し，退所後直ちに福祉サービス等につなげ，地域生活への定着を図るための支援を行うものである。地域生活定着支援センターでは，刑務所入所中から退所後の福祉サービス等との調整計画を作成するコーディネート業務をすすめており，これはケアマネジメントに他ならない。

また，生活保護受給リスクのある生活困窮者に対する「生活困窮者自立支援法」が2015年4月1日から施行された。この自立相談支援事業は主任相談支援員や相談支援員が生活困窮者からの相談を受け，生活困窮者の抱えている課題を総合的にアセスメントし，そのニーズを把握し，ニーズに応じた支援を計画的・継続的に行う自立支援計画を作成・実施することになっている。ここでは，生活困窮者の生活ニーズに応じてハローワークへの相談，就労準備事業・就労訓練事業，家計相談等のサービスにつなぎながら，ケアマネジメントを実施することで，生活困窮状態からの脱却を図っていくことになる。

なお，児童領域でのケアマネジメントは，児童虐待に対してケースマネジメントモデル事業が全国で8つの児童相談所で行われたが，継続されずに終わっている。

第1章 ケアマネジメントとは何か

□ ケアマネジメントの定義

　ケアマネジメントは,「利用者の社会生活上でのニーズを充足させるため,利用者と適切な社会資源とを結びつける手続きの総体」と定義づけることができる。わが国では,ケアマネジメントは介護を要する在宅高齢者を対象に用いられることが多いが,そうした高齢者に対して,保健・医療・福祉・住宅等の各種サービスだけでなく,ボランティアや近隣からの支援とも調整し,在宅生活を支えていくことを主眼としている。障害者の場合には,さらに雇用や社会参加に関わるサービスに結びつけることが多くなる。

　これは,地域で利用者を支えるための方法であり,地域福祉や地域医療がさけばれるなかで,その必要性が求められるようになってきた。施設や病院では,入所（院）者の生活は所（院）内で自己完結するが,在宅ではさまざまなサービスや支援を組み合わされなければ生活が成り立たない。そのため,利用者の立場から必要な社会資源をかき集めることが必要となり,その方法としてケアマネジメントは起こってきた。したがって,ケアマネジメントは基本的に個々人の在宅生活を支えるための方法であるといえる。

　以下は,居宅介護支援事業所が実施したケアマネジメントの事例である。

事例1　Aさんへのケアマネジメント

◉ 事例概要

　Aさん（70歳代前半,女性）は,25年前からスモン病で,8年前にパーキンソン病を発症後,骨折等で入退院を3回繰り返している。今回の退院後は,自宅に戻り,独居の予定。歩行が困難で,杖を使ってなんとか歩行できる程度で,常時車いすを使っての生活である。病身であることと頼る者がいないことから不安感が強い。

◉ ケアマネジメント

　要介護2の認定を受け,居宅介護支援事業所のケアマネジャーが,以下のようなケアマネジメントを行った。

　ケアマネジャーはAさんとの面接により,Aさんの社会生活状況を把握し,転倒リスクの予防,社会生活の支援,緊急時の対応,孤立の防止,身体機能低下の防止を支援の目的として,できうるかぎり在宅での生活を続けていくことをめざした。その結果,以下のようなケアプランをAさんと一緒に作成し,それぞれのサービス事業者等との調整を行った。

　①　買い物・掃除・洗濯といった社会生活の支援のために,訪問介護（ホームヘルパー）の派遣を受け（週2回：1回につき1時間30分）,また寝起きを容易にするための福祉用具として特殊ベッドのレンタルを依頼する。

　②　孤立防止や機能低下の防止のため,通所介護（デイサービス）を週に2回利用する。

　③　総合病院への通院は遠方であることから,総合病院より近くの神経内科医を紹介してもらう。投薬については総合病院の医師と神経内科医に話し合ってもらい,神経内科医へ週1回の通院とする。

　④　調子の悪い時には,通院介助してくれるよう近所の人に依頼する。

　⑤　身体的機能のバイタルチェックと投薬管理のため,1か月に1回訪問看護ステーション看護師の訪問看護を受ける。

　⑥　買い物が十分できないので,社会福祉協議会のボランティアセンターに,社会生活の援助や孤立防止のために週1回の配食サービスを依頼する。

⑦ サービスの資格要件を拡げるために,福祉事務所の身体障害者担当ワーカーと相談し,身体障害の訪問再診査を受ける(5級から2級に変更になる)。
⑧ 転倒等の緊急時に対応するため,市が実施している緊急通報装置の設置を依頼する。
⑨ 転倒を予防し,移動を容易にするため,玄関の段差にスロープをつけ,ベットとトイレの間に手すりを取りつける。

ケアマネジャーはこうして計画したサービスや支援を受けられるようにサービス提供者やAさんを召集し,サービス担当者会議を開催し,それぞれからこの計画について合意を得た。

その結果,Aさんは上記のサービスや支援を受けることができ,地域社会でAさんを支える社会資源は図1-1のようになり,1週間のスケジュールは表1-1のようになった。

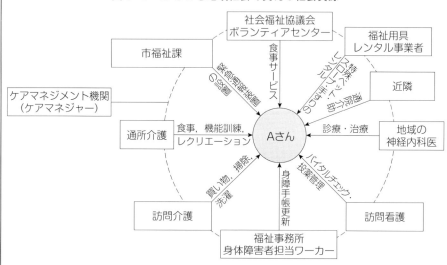

図1-1 Aさんを地域社会で支える社会資源

表1-1 Aさんのケア管理表

基本サービス	月	火	水	木	金	土	日
早朝							
朝食							
午前	訪問介護		通院及び通院介助	訪問介助	通所介助		
昼食		通所介護	配食サービス				
午後				訪問看護 ＊月に1回			
夕食							
夜間							

訪問介護の内容……買い物,掃除,洗濯
訪問看護の内容……バイタルチェック,投薬管理
通所介護の内容……食事,機能訓練,レクリエーション

ケアマネジメントの必要性

ここでは事例１をもとにして，ケアマネジメントの必要性を以下の３点から検討してみる。

① 利用者の複数の生活ニーズに応えるという視点から

Ａさんを含めて相談機関に来所する多くの人々は，単一の生活ニーズというよりも，潜在的なものを含めて複数の生活ニーズを有している。Ａさんは社会生活支援，身体機能低下，緊急時への対応，転倒のリスク等の生活ニーズ，さらには精神的な支えに対するニーズを有している。

こうした複数の生活ニーズをもったＡさんがケアマネジメントを受けられないならば，歩行困難にもかかわらず，多くのサービス提供機関や支援先に自分で赴かなければならない。その意味では，１か所の窓口ですべてのニーズを満たしてくれるケアマネジメントは極めて有効といえる。これをワンストップサービスという。

また，Ａさんを含めて多くの利用者は，どこの機関や団体に行けば自らの生活ニーズを満たしてくれる適切なサービスや支援を受けられるのか，認知できていないことが圧倒的に多い。

利用者はこうした各種サービスや対応してくれる機関についての認知度が低いことが，多くのニーズ調査結果からすでに立証されてきた。そのため，ケアマネジメントによる支援がなければ，利用者はサービスの利用方法を知らなかったり，あきらめたり，機関間でのたらい回しにあうことになる。

居宅介護支援事務所や相談支援事業所といった地域の相談窓口でケアマネジメントを実施することは，これらの利用者のあきらめ感や，たらい回しを防ぐことができ，極めて意義深いといえる。

② 利用者の立場に立ってサービスや支援を総合的に調整するという視点から

次に，Ａさんを支えている訪問介護事業者，福祉事務所，訪問看護事業所，ボランティアセンター，近隣等の９つのサービスや支援の立場から，ケアマネジメントの必要性を提示してみる。

こうした社会資源は，確かに具体的なサービスや支援を高齢者に直接提供することはできるが，Ａさんの立場に立って各種のサービスや支援との総合的な調整をする機能を本来もちあわせていない。

そのため，個々の利用者について社会資源を調整するケアマネジメントの必要性を指摘でき，どこかの機関がそれを担う必要がある。さらに，行政のサービスは縦割りになっており，社会福祉サービス，医療・保健サービス，所得保障サービス，住宅サービス，雇用サービス，教育サービスは，相互に無関係に実施されがちである。そのため，利用者が行政サービスを重複して利用する場合に，ケアマネジメントは施策間での関連性をもたせ，縦割り行政の弊害を除

去し，サービスを柔軟で人間的なものにする機能を有している。さらには，それぞれのサービスや支援がチームとなり，個々の利用者を支える，チームアプローチが可能となる。

③ その他の視点から

これら以外にも，ケアマネジメントの必要性はいくつか指摘できるが，施設福祉から地域福祉へ，病院完結型から地域完結型の地域医療へと移行するなかで，ケアマネジメントが必要とされてきた。これは，地域福祉・地域医療の考え方が展開しはじめた1970年代の後半になって，ケースマネジメントという用語がアメリカで頻繁に使われるようになってきたことにも表れている。

従来の施設福祉では，利用者は施設内において社会生活上のあらゆる生活ニーズを自己完結的に充足することができた。ところが地域福祉・地域医療においては，利用者の社会生活上でのニーズを満たすために，地域に散在している社会資源をかき集め，それらを利用者のためにパッケージしなければ在宅生活が成立しえない。施設福祉・病院医療から地域福祉・地域医療への変換は，地域社会のニーズ充足システムを変化させ，ケアマネジメントを必要不可欠なものにしてきたといえる。

さらに，社会全体からケアマネジメントをとらえると，社会的入院といわれる本来は入院治療の必要のない人の入院を予防することができ，また，利用するサービス間での重複をさけることになり，財源の抑制に寄与できる可能性が高い。同様に，利用者の在宅生活をできるかぎり長く継続させることが可能となり，結果的に施設入所によって生じるであろう社会的コストを抑制することにも貢献することになる。こうした観点からもケアマネジメントは必要だといえる。

2 ケアマネジメントの目的と焦点

◻ ケアマネジメントの目的

ケアマネジメントは，どのような利用者であろうと地域生活を支援することを目的としており，そのことが，さまざまな対象者が住み慣れた地域社会のなかで生活を続けていくという「ノーマライゼーション」理念を実現する方法であるといえる。

こうした地域生活支援のもとで，ケアマネジメントは利用者との関係について，従来「医学モデル」ということで総称されていたアプローチから，「生活モデル」というアプローチへの転換を方向づけられることになった。それは，地域生活を支援するためには，単に利用者の身体面での改善のみが目標ではな

く，利用者の地域や家族での生活自体をどう意味あるものにしていくのかが，大きな目標となるためである。この「生活モデル」は，大きく3つの特徴をもっており，以下この特徴をベースにしてケアマネジメントの意義を説明していく。

生活モデルの第1の特徴は，利用者の身体機能的な側面のみに焦点をあててとらえるのではなく，人と環境とのインターフェイス（接触面）で，あるいは身体機能的な側面，精神心理的な側面，社会環境的な側面の関係性のもとで生活上で生じているニーズをとらえることにある。利用者の生活ニーズを把握し，その解決に向けて利用者を支援していくことが大きな特徴となる。

第2の特徴は，利用者と専門家の関係性の転換をさす。利用者の生活状況や生活ニーズをどのような立場からとらえるのかである。従来の，専門家が生活状況やニーズをとらえ，利用者がそれを受け入れるという観点から，専門家と利用者がパートナーとして共同でとらえ，解決の糸口を見出していき，プランを作成し実施していくという観点への転換を意味している。

第3の特徴は，そうした観点で支援をすることによって，利用者と専門家の関係が上下の関係から対等な関係へと移行することを意味している。これは，対等な関係のもとで，問題解決の中心的な担い手は利用者であり，それを側面的に支援する従的な役割を果たすのが専門家だという位置づけへの転換を意図している。

以上のような3つの観点で，生活モデルをベースとした利用者を支援するケアマネジメントが成立している。ケアマネジメントは利用者の自己決定・選択をもとにした支援方法であり，ひいては利用者の「自立」を支援することになる。この自立は，今までさまざまな観点から考えられてきた。例えば，生活保護における自立では経済的自立が，身体障害における自立にはADL（日常生活動作）を高めることでの身辺自立が考えられる。そうであれば，生活保護を受けている重度の身体障害者には自立することがきわめて困難となる。

最近では，自立概念を広くとらえ，「自分の生き方を自分で責任をもって決定していくこと」とする考え方が強くなってきている。その考え方からすると，身辺面や経済面での自立は結果としての自立であるととらえられる。自己決定をした結果，利用者の有しているさまざまな力が最大限活かされることになる。そのため，生活保護制度を使いながらでも，あるいはADLの回復が見込めなくとも，自立は可能であるといえる。逆にいえばさまざまな社会資源に頼ることによって自立が可能になるといえる。

ここでは，自らの生き方を自分で決めていく，すなわち自己決定していくことに，自立の本来の意味があり，「経済モデル」での生活保護からの自立でも，「医学モデル」での身体的自立でもないととらえることができる。その人が自分の生活を自分で方向づけていくという意味で，「生活モデル」での自立とい

うことになる。

　ケアマネジメントの目的は、そのような意味での自立を支援することにあり、利用者の自立支援はケアマネジメント実践を通じて可能となる。

　具体的にケアマネジメント過程で考えてみると、利用者と一緒にケアプランを作成し実施していくことによって、利用者とさまざまな社会資源とを結びつけることができる。その際に、利用者との共同作業プロセスにおいて、最終的にケアプランを決定していくのは利用者であり、ケアマネジャーは本人がケアプランを決定していく過程を"支援する人"にほかならない。したがって、ケアマネジャーがもたなければならない価値として、「利用者の尊厳」や「利用者の自己決定」という原則が生じてくる。

◻ 生活の質をいかに高めるか

　ケアマネジメントの目的が、利用者の地域生活を支援することであるとすると、その結果として、利用者にとって生活の質（QOL）をいかに高めていくかが重要なポイントとなる。

① 生活の質とは

　この生活の質についての研究は、心理学や社会学、社会福祉学を含めさまざまな領域で研究されているが、フラナガン（Flanagan, E. J.）によると、利用者の生活の質に影響を与える領域としては、①身体的・物質的な幸福、②対人関係、③社会・地域市民活動、④個人の成長と満足、⑤レクリエーション、の5つのカテゴリーがあるとし、非常に幅広い領域が生活の質に影響していることを提示している。[3]

　WHO（世界保健機関）では、生活の質を身体的領域、心理的領域、社会的関係、環境の領域に整理している。これらの領域について、利用者の主観的な水準でもって、生活の質の水準をとらえている。

　こうしたさまざまな領域をも含みながら、ケアマネジメントによっていかにして利用者の生活の質を上げていくかということが、大きな課題となってくる。

　そのためには、「地域生活をしていく上でのニーズがいかに生じてくるのか」ということから、明らかにしていく必要がある。

　一般に生活ニーズは、人と環境とのインターフェイス（接触面）での障害ととらえることができる。たとえば、車いす歩行の人（人）が、玄関に段差がある（環境）といった状況とのインターフェイスのもとで、「外出ができない」という生活ニーズが提示される。こうした生活ニーズに対して、解決方法を導き出すことがケアマネジメントの内容であるが、この際に、生活の質を高めるというアプローチが、いかにすれば可能になるかを理解しなければならない。

　たとえば、前述の事例において、単に利用者の車いす歩行というADL状況と、玄関の段差とのインターフェイスでとらえるだけでは、1つの基本的な生

活ニーズが解決できても，それだけで，生活の質を高めることになるか否かは立証できない。

しかしながら，このインターフェイスでの利用者側に「本人が外出するのが好きである」といった特性が加わるならば，生活ニーズは確かに「外出できないので困る」ということであるが，さらに追加して，「外に出るのが好きであるという心理状況のもとで，外出ができないので困る」ということになる。

そうした際には，おそらく生活ニーズに対する援助目標としては，単に「外出ができるようにする」ことを超えて，「できる限り外出の機会を確保する」といった設定になる。具体的なケアプランの内容は，住宅改造等で終始することなく，外出の機会を支援するボランティアの派遣であったり，あるいは，ガイドヘルパーによる外出同行などが追加的にケアプランに含まれるであろう。

このように生活の質を上げるような支援をするためには，外出が好きであるといった本人の能力や嗜好といった強さ（ストレングス）を理解し，支援することがポイントである。また，利用者側ではなく社会環境面で「外出介助のボランティアが地域にいる」とした場合にも，援助目標は変化し，生活の質が高まる支援が可能となる。この場合は，本人の社会環境の強さ（ストレングス）を理解し，支援したことになる。

② 社会開発機能と自己開発機能

このように，フォーマット化されたアセスメント項目をもとに，生活ニーズを導き出すという観点だけではなく，ケアマネジャーが利用者と密接なコミュニケーションをもつことにより，本人や社会環境の強さを自発的に引き出すことによっても，生活の質を高めるケアプランにすることができる。このことは，アセスメントではフォーマット化されていない自由記述部分が重要であることを意味している。

以上，地域生活支援のなかで利用者の生活の質を高めるためには，ケアマネジャーはコミュニケーション能力を高め，利用者やその環境での強さを引き出す支援が必要不可欠となる。

ケアマネジメントは，利用者が地域社会で生活の質を向上していけるように支援していくことを目的にしている。そうした支援を介して，一方では社会を開発していく機能と，他方では利用者自身を開発していく機能が，ケアマネジメントの一部として展開されることになる。

前者の社会開発機能とは，社会資源を修正したり，新たな社会資源を創設したり，あるいはケアマネジメントが円滑に利用できる地域社会システムを創設するといった内容である。後者の自己開発機能とは，利用者がもっている潜在的な能力等を引き出すことによって，さまざまな問題に対して自らの力で解決していく能力を開発することを意味している。

第I部 理 論 編

▢ ケアマネジメントの付随的目的

　ケアマネジメントの目的は，前述したように利用者の地域生活を支援し，ひいては生活の質を高めると同時に，自立を支援することにほかならないが，ケアマネジメントを実施することにより付随的な目的も果たすことになる。

　その1つは，ケアマネジメントを行うことによって，施設や病院へ入所・入院することを抑制し，また退院や退所へと誘導することができる。財源的な観点からとらえるとすれば，施設や病院への入所や入院は，現状では在宅よりもより財源的にコストがかかるとされている。利用者の地域生活を支援をすることにより，結果として財源のコントロールが可能となり，現在の医療費や福祉財源の高騰を抑えることに貢献できるといわれている。

　ただし，この施設コストと在宅コストの比較については，必ずしも在宅コストが安く，施設コストが高いということはいいきれないという議論もある。海外の研究においても，ケアマネジメントを実施することによって財源が抑制されたという議論と，財源に変化がないといった議論の両者があり，必ずしもコストコントロールに貢献できるかどうかは立証されていない。

　さらにアメリカなどで現在実施されているマネジド・ケアにおいては，ケアマネジメントが一部の機能として導入され，そのことが医療費の抑制に効果をあげていることが実証されている。

　このマネジド・ケアというのは，民間保険者が利用する病院を前もって決定しておき，その保険者と契約をしている病院を利用者が活用し，そこでは最初からそれぞれの傷病に対して確定された医療費のもとで治療を行っていくことになる。そのため，病院側は入院期間を短くさせるインセンティブがはたらき，在宅復帰のためのケアマネジメントをマネジド・ケアのなかに導入している。

　これは，マネジド・ケアの枠組み内でのケアマネジメントであるが，そうしたことにより医療費のコストコントロールに貢献できるとされている。

▢ ケアマネジメントの焦点

　ケアマネジメントでは，利用者の「生活を支援する」ことが目的とされるが，ここでとらえる生活とは，いったいどういうことを意味するのであろうか。

　生活にはさまざまな側面でのニーズがある。例えば健康上のニーズ，雇用のニーズ，住宅のニーズ，介護のニーズ，あるいは教育のニーズなど。これらそれぞれの側面から生活をとらえることもできる。ケアマネジメントではこれらのニーズに対して，以下の4つの観点でとらえる。

　第1の観点は，生活を「全体性」からとらえることである。現実の生活上の課題は，健康の状況，住宅の状況，介護者の状況等々がお互い密接に関連し合って生活全体に波及している。このような，認識のもとで生活ニーズをとらえ，解決の方法を考えていく必要がある。

第2の観点は，生活の「個別性」である。先に述べたとおり，利用者の生活は様々な側面から構成されており，生活の問題をステレオタイプに把握し，ケアプランを立てることは不可能である。個々人の生活ニーズはさまざまな状況での力動的な相互関係のなかで，一人ひとり他の人とは異なる個別の生活ニーズを形成している。そのため，それに合わせたケアプランを作成していかなければならない。その意味では，生活の個別性という観点が必要となる。

　第3の観点は，生活の「継続性」である。高齢者の現時点での健康の状況，住宅の状況，介護者の状況等は，過去の生活とのかかわりで生じており，また将来に継続していくものとしてとらえることができる。それゆえ，いかに生活ニーズが変質し，さらにはそれに応じてケアプランをどう変えていくのかという観点が必要である。過去の状況が現在にどういう影響を与え，さらには将来にわたってどう影響していくのかを見通す，生活の連続性の視点でとらえることが必要である。

　第4の観点は，生活の「地域性」である。地域で生活をしていく場合に，医療サービスの状況，住宅の状況，介護サービスの実態等はそれぞれの地域によって異なり，生活ニーズの解決方法であるケアプランの内容も異なってくる。たとえば，医療機関が充実しているかどうか，介護を受けられるだけの社会資源があるかどうか，あるいはサービスの利用に対して権利性のもてる地域社会になっているかどうかといった地域の特性の違いが，生活ニーズの把握において違いを引き起こし，ひいては作成されるケアプランも異なってくる。

ケアマネジメントとICF

　ケアマネジャーが，生活の全体性，個別性，継続性，地域性をふまえた生活者に焦点をあてた支援を実施することによって，ケアマネジメントは「生活障害をニーズとする」ことになる。これは従来の医療等の専門職がとらえてきたニーズのとらえ方とは，趣を異にする。

　ケアマネジメントでとらえる生活ニーズとは，利用者の地域生活を支援するという目的に向けて解決されなければならない課題のことである。そのため，生活支援での生活の意味が重要なポイントになってくる。これはWHOの生活のとらえ方と共通している。

　WHOによる国際生活機能分類（ICF）の健康に関する考え方は図1-2のようになっている。図の中で示されているように，ボディファンクション・ストラクチャー（body function & structure：心身機能と構造），アクティビティ（activity：活動），パーティシペーション（participation：参加）の3つの要因が健康状態（health condition）に影響し合っていると考える。この健康とは，広く心身の健康をさすが，この3つの項目のなかで，たとえば，人は心身機能・構造を改善することにより健康を得たり，あるいは活動を増進することによって健康を増

第Ⅰ部 理 論 編

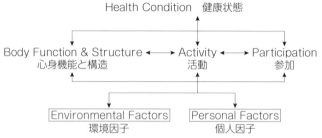

図1-2 WHOの生活機能分類（ICF）の考え方

出所：障害者福祉研究会編（2002）『ICF 国際生活機能分類―国際障害分類改定版』中央法規出版，17頁を一部改編。

進したり，社会参加を促進することによって健康を得るといったことと関連している。さらには，そうした健康状態は本人の個人的な諸要因（個人因子：personal factors）と社会的な諸要因（環境因子：environmental factors）によってつくられているといった，人と環境との関係のなかで健康が形成されていることが，図1-2から読み取ることができる。

　この「健康状態」は「生活」機能という言葉に置き換えることができ，そこから生活で生じるニーズとは何かを説明することが可能になる。すなわち，生活で生じるニーズは，本人と環境との関係のなかで生じていると説明することができる。さらには，本人の身体機能的な側面，精神心理的な側面，社会環境的な側面の関係のもとで生活ニーズが生じているとも説明することができる。

　生活は，本人の個人的な因子と環境的な因子の関連のなかで課題が生じているということがポイントである。そのため，ケアマネジャーは生活全般の解決すべきニーズに対して，個人因子と環境因子を関連づけてとらえる必要がある。

　最も基本的な事例をあげるとすれば，本人のADLが「洗髪・洗身は一部介助」といった個人的な因子と，「要介護者がひとり暮らし」という環境的な因子が関連し合って，「入浴ができない」といった生活全般の解決すべきニーズが生じている。別の事例として，個人的な因子として「褥瘡がある」といったことが，環境的な因子として「堅いベッドで寝ている」といった状況に関連して，本人に「褥瘡が治癒できない」といった生活ニーズが生じていることになる。このような生活ニーズをとらえた上で，個人因子と環境因子の関係での課題を解決や緩和するために，ときには，個人因子を解決することによって生活課題の解決を図ったり，あるいは，環境因子をもとに解決を図っていくことになる。

　例えば，前者の事例であれば，本人のADLを改善することによって解決を図ることもできるし，息子等との同居といった家族構成を変えることによっても解決が可能である。さらには，「入浴ができない」という生活ニーズそのものに着目し，ヘルパーの派遣やデイサービスを活用することによって解決する

ことも可能である。後者の事例であれば，個人的な因子の褥瘡に目を向け，「手術をしたり，訪問医療で回復を図っていく」といった解決方法もあるだろう。また，同時に，「エアマットを導入する」ことで将来的にわたって解決するといったことも展開されることになる。

さらに，ICFでは，利用者のマイナス面だけでなく，プラス面も含めてとらえるところに特徴がある。これはケアマネジメントにも共通しており，前者の事例では，「入浴が好きである」「できる限り一人で入浴したい」「指示があれば洗髪や清拭ができる」といった嗜好，意欲，能力といった利用者のストレングスをとらえ，生活ニーズを把握することになる。結果として，利用者の嗜好，意欲，能力が活用できるケアプランの作成が可能になる。後者の事例であれば，褥瘡の治癒に役立つ「食欲がある」といったストレングスもとらえて，「褥瘡の治癒ができない」という生活ニーズをとらえることにより，利用者の褥瘡の治癒に役に立つ食欲を支え，栄養を確保を可能にすることができる。

生活の側面を力動的な観点でみる

以上のように，生活全般の解決すべきニーズは，決して本人の個人的な因子や環境的な因子の一方だけをみるのではなく，これら両者の関係のもとで生じており，両者に目配りをして解決していく必要がある。

さらに，身体的・精神的・社会的という生活空間全体として生活ニーズをとらえるだけではなく，時間的なプロセスとしてもとらえることが必要である。現在の生活ニーズは，現時点でのニーズであるが，過去の状況が現在にどう影響を与えてきたのか，また，現在のニーズが将来にどういう影響を与えるのかという観点でとらえなければならない。たとえば，現時点においての歩行ができないという状況が，過去においてはどうであったのか，あるいは，将来に向けて本人がどういう気持ちをもっているのかということが，生活のとらえ方，そして生活ニーズの把握に影響を与える。

以上のように，最も大切なのは，ケアマネジメントはこれまでに述べたような利用者の身体面・心理面・社会面のさまざまなファクターが「いかに関連し合っているか」という力動的な観点に立って，生活障害としてのニーズをとらえることである。さらに生活ニーズを，利用者が自ら責任をもって決定していくことを側面的に支援していくことである。その際の生活のさまざまな側面を，力動的な観点でみるということは，「生活の全体的・個別的・継続的・地域的観点に立つ」ということを具体化したものである。こうした観点に立つからこそ，ケアマネジメントは，「生活モデル」として利用者の生活上での自立を支え，生活の質を高めるということが可能になるといえる。

第Ⅰ部 理論編

③ ケアマネジメントとソーシャルワークの関係

☐ 誰がケアマネジメントを実施するか

　誰がケアマネジメントを実施するかは，極めて現実的で関心の高いことである。世界の他の国々では，ソーシャルワーカーがすべてケアマネジメントを担っているのではなく，保健師，看護師，OT（作業療法士），PT（理学療法士），医師，ときには弁護士や会計士もこういった仕事に従事している。イギリスでのケアマネジャーはソーシャルワーカーが主に担っているが，アメリカではケアマネジャーは高齢者については看護師，精神障害者についてはソーシャルワーカーが中心である。カナダでは保健師（レジスタード・ナース）が多くを担っている。この結果，現実にはケアマネジャー＝ソーシャルワーカーではないことを示している。

　ただ，1970年代後半以降，アメリカのソーシャルワーク領域では，ケアマネジメントの重要性に注目を寄せてきた。全米ソーシャルワーカー協会（National Association of Social Warkers：NASW）は，1976年5月にウィスコンシン州マディソン市で，1979年5月にシカゴのオヘア空港近くで，2回にわたり著名なソーシャルワーク研究者を集め，「ソーシャルワークの概念枠組み」に関する会議をもった。その際の報告論文が協会の専門雑誌『Social Work』に掲載されているが，第1回の会議で，報告者の一人であるモリス（Morris, R.）は，新しいソーシャルワークの方法としてケアマネジメントに関心を向けている。1970年代中期にソーシャルワークは治療（cure）からケアへと関心を移行させてくるなかで，「将来に向けての出発点を示すのが，ケースマネジメントの概念である」[(4)]とし，1970年代半ばのこの時点で，地域レベルでの広範囲のサービスを連携させる革新的な動向であるケアマネジメントが生まれてきていると，モリスは認識している。

　第2回の会議では，8人の著名な論者が「ソーシャルワークの概念枠組み」について報告しているが，そのうち3人が，ソーシャルワーク概念から導かれる実践にケアマネジメントが不可欠であることを指摘した。

　シーゲルら（Segel, S. P. and Baumohl, J.）は，地域精神保健部門でのソーシャルワーク実践において，ケアマネジメントに関心を向けなければならないとし，「ケースマネジメントの役割を明確化し，発展させることにより，ソーシャルワークはコミュニティケア（要支援者を地域社会で支えていくこと）での将来の実践において強力な基礎を築くことができる」[(5)]と予測している。

　続いてハートマン（Hartman, A.）もケアマネジメントの重要性について，家

族を社会資源の中枢として検討するなかで明らかにしている(6)。

3人目の報告者モンク（Monk, A.）は高齢者に対するソーシャルワークの実践原理を求めるなかで，ケアマネジメントの意義を問うている。老年期を人生の特異な段階としてみること，また特定のニーズをもっているがゆえに特定のサービスを求めるといった，高齢者の特性に対応する上で，ケアマネジメントが不可欠であるとした。すなわち，「ケースマネジメントでは利用者を個別化する。ケースマネジャーと利用者の関係は個々別々の対人的なものであり，ケースマネジメント過程それ自体は，高齢の利用者に対する自己決定支援であり，かつ全体的な観点を基礎にしている(7)」とした。

第2回のオヘア会議での8報告をまとめたブリーランド（Brieland, D.）は，ソーシャルワークの目的を概念化する方法としてケアマネジメントが活用されることを，この会議での特徴の1つにあげている(8)。

□ ソーシャルワーカーとケアマネジメント

こうしたなかで，全米ソーシャルワーカー協会は，ソーシャルワーカーこそがケアマネジメントの第一義的な提供者であり，歴史的にもリッチモンド（Richmond, M.）以来その責任を果たしてきたとし，ケアマネジメント実践のすべての分野でソーシャルワーカーを活用するよう主張している。同時に，協会は社会福祉系大学での学部レベル及び大学院レベルでのカリキュラムのなかに，ケアマネジメントの特別な知識，方法，技法を含めることも勧告している(9)。

日本においては，介護保険制度下の介護支援専門員はケアマネジメントを実施することになっているが，この資格は社会福祉士や精神保健福祉士のソーシャルワーカーにかぎらず，介護福祉士，看護師，医師，作業療法士，理学療法士等も可能となっている。現実には，介護支援専門員の資格を有している専門職で最も多いのは介護福祉士であり，半数以上を占めている。こうしたなかで，日本社会福祉士会は，社会福祉士をケアマネジメントの中心的担い手として位置づけるべく，研修・出版等で，社会福祉士のケアマネジャーとしてのレベルアップを図っている。

現実には，多くの専門職がケアマネジメントにかかわっている以上，ソーシャルワーカーが実施するケアマネジメントの特徴を明らかにし，その独自性を強調していくことが必要となる。そのためにはまず，ソーシャルワークとは何であり，それがケアマネジメントといかに関連しているのかが明らかにされなければならない。

1981年の全米ソーシャルワーカー協会のソーシャルワーク実践の定義では，以下のようになっている(10)。

　　ソーシャルワーク実践とは，以下の4点に示す専門職として責任ある介入をすることである。①人々が発展的に問題を解決し，困難に対処できる能

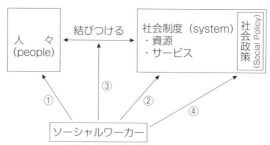

図1-3 ソーシャルワーカーの業務内容

出所：Prepared by the NASW Task Force Classification, NASW Standards for the Classification of Social Work Practice, 1981. より作成。

力を高めるように人々（people）にかかわる，②人々に資源やサービスを提供する社会制度（system）が効果的で人間的に機能するよう推進する，③人々に資源やサービスや機会を提供する社会制度（system）と人々（people）とをつなぐ，そして④現在の社会政策（socila policy）の改善と開発にかかわる。

これを図に示すと，図1-3のようになる。ソーシャルワークは人と社会制度のインターフェイス（接触面）に関心を向けているといえ，人々や社会制度（システム）の発展・改善・開発により，人々と社会制度とを結びつけることにあるといえる。

このことは，ケアマネジメントがめざしていることに全く合致しており，ケアマネジメントがソーシャルワーク実践の中核を占めるといっても過言ではない。具体的には，ケアマネジメントは人々と社会制度を結びつけることを中心としており，さらには人々の内的な発展や社会制度の改善をめざすものであるからである。そのため，ケアマネジメントは個人への支援であるケースワークを現在的に再現したものとも，コミュニティワークの一部とも認識されることになる。また，そうしたケースワーク，グループワーク，コミュニティワークを統合させるものとして，ケアマネジメントをとらえることもできる。

□ ソーシャルワークの実践の中でのケアマネジメントの独自性

ただし，ソーシャルワーク実践全体との関係でケアマネジメントがどのような位置づけになるかは，ケアマネジメントの機能をどこまで拡げてとらえるかによって変わってくる。

ローズ（Rose, H.）は，ケアマネジメントの3つのモデルを示しているが，これは表1-2である。ここでの「最小限モデル」の場合にはケアマネジメントはソーシャルワークのごく一部であるが，ソーシャルワークの中核的な機能を果たすことになる。一方，「包括的モデル」でケアマネジメントをとらえるとするならば，ケアマネジメントはほぼソーシャルワークそのものといえる。

表1-2 ケアマネジメントにおける3つのモデル

最小限モデル	コーディネーションモデル	包括モデル
・アウトリーチ ・クライエント・アセスメント ・ケアプラン ・サービス提供者への送致	・アウトリーチ ・クライエント・アセスメント ・ケアプラン ・サービス提供者への送致 ・クライエントのためのアドボカシー ・直接ケースワーク ・自然支援システムの開発 ・再アセスメント	・アウトリーチ ・クライエント・アセスメント ・ケアプラン ・サービス提供者への送致 ・クライエントのためのアドボカシー ・直接ケースワーク ・自然支援システムの開発 ・再アセスメント ・資源開発のためのアドボカシー ・サービス品質の監視 ・市民教育 ・危機介入

出所：Rose, H. (1980) *Proceedings of the Conference on the Evaluation of Case Management Programs*. より作成。

このようにソーシャルワークとケアマネジメントの関係を整理してきたが，ソーシャルワーカーが実施するケアマネジメントの独自性としては，人々と環境との関係の障害として生活ニーズをとらえることである。さらには，この生活ニーズを社会制度と結びつけ，ひいては人々の対処能力を高めたり，社会制度を改善していくことに目を向け実施していくことに独自性があるといえる。このような独自の視点をもつことにより，ソーシャルワーカーの行うケアマネジメントは，より効果的に利用者の在宅生活を支援するものになることができるといえる。

アメリカでは，ケースマネジメント資格受託協会（Commission for Case Management Certification：CCMC）が1992年に創設され，ここでは理事会承認ケアマネジャー（Boardcertified case managers：BCM）の認証を行っており，現在約3万5000人のBCM資格者を出している。他方，アメリカ看護協会（American Nurses Association：ANA）や全米ソーシャルワーカー協会も自らの職能者に対してケアマネジメントの認定資格を出している。全米ソーシャルワーカー協会は修士卒と学部卒に分けた2種類のケアマネジメント資格を出している。ソーシャルワーカーが行うケアマネジメントの原則として，全米ソーシャルワーカー協会は，以下の6点をあげている。[12]

① パーソン・センタードでのサービス

利用者，時には家族成員を中心にした支援

② クライエント・ソーシャルワーカー関係の卓越性

クライエントの目標達成を支援する上で，両者の治療的・同盟的な関係の活用

③ 「環境の中の人」の枠組み

人と環境との相互連関性をもとに，個々人を理解すること

④ ストレングス視点

病理的なことよりも，むしろ個人の成長や発達の可能性に信頼をおき，支援すること

⑤　協働するチームワーク

他のソーシャルワーカー，専門職，組織と協働することで支援すること

⑥　ミクロ・メゾ・マクロのレベルでの介入

個人，家族，地域，組織，システム，政策，の変化に影響を与える多様なアプローチを活用すること。その際に，これらを系統的に対応することで，利用者の権利を擁護することが鍵となる。

4 ケアマネジメントの構造

◻ ケアマネジメントの構成要素

ケアマネジメントの概略的な定義として，ジョンソンとルビン（Johnson, P. and Rubin, A.）は「ケースマネジメント・アプローチの基本原則は，1人のワーカーであるケースマネジャーが，クライエントと複雑なサービス供給システム（delivery system）を結びつけ，クライエントが適切なサービスを利用できるよう確保する責任をもつこと[13]」としている。

また，パーカー（Parker, R.）は「クライエントのために，すべての援助活動を調整する（coordinate）手続き[14]」としている。すなわち，ケアマネジメントの基本的要件は，利用者と適切なサービスを接合することである。そのため，ケアマネジメントは利用者とサービスの接合サービス（linkage service），ないしは情報提供・送致サービス（information and referral service）を高度化させたもの，インテーク部門を独立強化したものとも理解することができる。

このケアマネジメントの基本的な内容は大きく4領域に分けられる。

第1の領域は，利用者の諸種のニーズをアセスメントすることである。

第2の領域は，アセスメントに基づき，利用者と提供されるべきサービスや支援との連結を計画するケアプランの作成である。

第3の領域は，ケアプランの実行であり，利用者とサービスやサポートが連結するように手配することである。

第4の領域は，利用者とサービスの連結状況をモニタリング（監視）し，利用者の変化等によって生じるニーズとサービスが合致しない場合に，再度アセスメントし，ケアプランの変更を図ることである。

表1-3に，代表的な三者のケアマネジメントの内容についての考え方をまとめておく。

ケアマネジメントを構成する基本要素としては，最低限，以下のものが必要

表1-3 ケアマネジメントの内容

病院認定に関する合同委員会[注1] (1976)	Leonard E. Gottesman et al.[注2] (1978)	Abraham Monk[注3] (1985)
①アセスメント—利用者の現在の,また潜在的な長所,短所,ニーズを決定	①利用者の現在の機能に関する広範囲の基準化されたアセスメント	①信頼できる方法による,保健,心理社会的状況,経済,環境,社会的サポートの領域を含めた包括的アセスメント
②プランニング—求められている活動と連結するよう,個々の利用者に対して特定のサービス計画を開発	②明確化された利用者の問題,達成されるべき目標,求められるサービスについて,ワーカーと利用者間での合意による記述されたサービス計画	②記述されたサービス計画
③リンキング—個々人をそれぞれが求めているフォーマル及びインフォーマルなケア提供システムのすべてのサービスに送致 ④アドボカシー—個々人のために公正を保護するよう取りなす	③計画されたサービスを手配する活動	③サービス・システムとの連結
⑤モニタリング—利用者の変化についての断続的な評価	④サービスが開始されたことの確認のためのフォローアップ ⑤利用者の機能を再検討するための定期的な再評価と現状のニーズに合致するケアプランやサービスへの変更	④ケースの再評価と定期的な間隔でのモニタリング ⑤計画の変更

注1：Joint Commission on Accreditation of Hospitals (1976) *Principles for Accreditation of Community Mental Health Service Programs,* Joint Commission on Accreditation of Hospitals.
注2：Gottesman, L. E. et al. (1979) "Service Management: Plan and Concept in Pennsylvania", *The Gerontologist*, Vol. 9, No. 4.
注3：Monk, A. (1985) "The Practice of Community Social Work with the Aged", in Tayolr, S. H. (ed.), *Theory and Practice of Community Social Work,* Columbia University Press.
出所：筆者作成。

図1-4 ケアマネジメントの構成要素

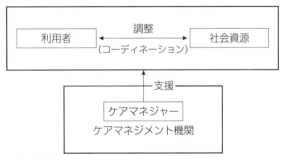

出所：筆者作成。

である。すなわち，①ケアマネジメントを必要とする利用者，②利用者のニーズを充足する社会資源，③ケアマネジメントを実施する機関に配置されているケアマネジャー，である。さらにケアマネジメントを立体的にとらえれば，④ケアマネジメントを実施していく過程がつけ加わる。ケアマネジメントの構成要素を図示すると，図1-4のようになる。ここでは前者の3つの構成要素について説明していく。なお，ケアマネジメントの過程については，第2章でくわしく説明する。

構成要素①利用者

　第1の要素である，ケアマネジメントを必要とする対象者については，生活ニーズが重複していたり複雑なために，2つ以上の社会資源を必要としているような人となる。さらには，そうした社会資源についてやその利用方法を知らない人である。以上のような特徴を有した人の具体的な例としては，⑴～⒀のような人々が考えられる。[15]

　⑴複数の，または複雑な身体的・精神的不全（impairment）を抱えている利用者
　⑵複数のサービスを必要としている，あるいは受けている利用者
　⑶施設入所が検討されている利用者
　⑷サービスが十分に提供されていない利用者
　⑸利用しているサービスが不適切である利用者
　⑹世話すべき家族員がいない，あるいは十分な世話が受けられていない利用者
　⑺家族員のみで世話をしている利用者
　⑻行政サービス以外のインフォーマルな支援（例えば，近隣やボランティア）を必要としている利用者
　⑼行動や態度が他人の耐えうる範囲を超えている利用者
　⑽何度も入退院を繰り返している，あるいは自分自身の健康管理ができない利用者
　⑾自己の問題点や生活ニーズについての判断力が曖昧な利用者
　⑿金銭管理ができない，あるいは行政サービスを申請するのに手助けがいる利用者
　⒀個人的な代弁者が必要な利用者

　列挙されたこれらの利用者特性から，ケアマネジメントは要援護高齢者や心身障害児者といった長期のケアを必要としている人に，特に適しているといえる。

構成要素②社会資源

　ケアマネジメントの第2の要素である，利用者のニーズを充足する社会資源とは，広い範囲が該当する。この広範囲な社会資源を分類する視点として，誰がそうした社会資源を提供するかといった，供給主体からの分類がある。これらには，家族成員，親戚，友人・同僚，近隣，ボランティアといったインフォーマル・セクター，行政・法人・企業などのフォーマル・セクターがある。これら社会資源を図に示すと図1-5のようになる。

　こうしたさまざまな供給主体による社会資源を利用者が活用し，それぞれの社会資源が有している長所を生かしてニーズを満たすことが，ケアマネジメン

第1章 ケアマネジメントとは何か

図1-5 社会資源の分類

企業	行政	（社会福祉・医療）法人	地域の団体・組織	ボランティア	友人・同僚	近隣	親戚	家族
				自助団体				

出所：筆者作成。

トの特徴の1つとされる。

　これらの社会資源以外に，利用者本人の能力・意欲や資産といった内的資源も活用することになる。そのために，社会資源としての公助と互助にあわせて自助をも活用して，ケアマネジメントはすすめられることになる。

□ 構成要素③ケアマネジャー

　これらの社会資源と利用者の生活ニーズを調整することになるが，それを実施するのが第3の要素である，ケアマネジャーである。ケアマネジャーはできるかぎり専門家であることが望ましいが，従来は本人や家族がケアマネジメントを自ら行うことも多かった。しかしながら，現在のように，多くの利用者の生活ニーズが複雑化，複合化しており，かつ社会資源が多元的に供給される時代にあっては，本人や家族がケアマネジャーとして十分力量を発揮することは難しくなってきたといえる。

　アメリカやカナダでは，主としてソーシャルワーカーや保健師（レジスタード・ナース），時には理学療法士や作業療法士がケアマネジャーとなっている。スタインバーグとカーター（Steinberg R. M. and Carter G. W.）の調査によれば，アメリカ全土でのケアマネジャーの4分の3はソーシャルワーカーであるが，残りの4分の1は看護師，保健師，作業療法士などで担われている。[16]

　また，カナダのブリティッシュ・コロンビア州の各地の保健部継続ケア課に配置されているケアマネジャーの圧倒的多数は保健師であり，逆にソーシャルワーカーのほうが少数である。同じカナダでも，マニトバ州の保健部継続ケア課では，以前はソーシャルワーカーと保健師がペアとなってケアマネジメントを行っており，ソーシャルワーカーは利用者の心理社会的側面から，保健師は利用者の身体的な側面から，ケアマネジメントを実施していた。

　また，イギリスでは，自治体のソーシャルサービス部において，ほぼソーシャルワーカーがケアマネジメントを実施している。

　このように，ケアマネジメントは，1人で実施する場合もあれば，何人かの専門家によって実施する場合もあり，必ずしも職種が限定されているわけでは

ない。

アメリカのサンフランシスコのチャイナタウンやヒスパニックの住民地区で実施しているオンロック・プロジェクトでは,毎朝実施するカンファレンスのことをケアマネジメントと呼んでおり,その会議でケアプランの作成と修正を検討しており,ケアマネジャーは存在していない。このように,アセスメントやケアプランを会議で話し合い合意していくが,その会議をケアマネジメントと呼ぶ場合もまれにはある。

▢ 利用者や家族成員の位置

ここまで図1-4をもとに,ケアマネジメントの3つの構成要素について概説してきたが,それでは利用者自身や家族成員はどこに位置づけられるのか,この点を明らかにしていく。

一般的に,利用者は支援の対象者であるとされる。同時に利用者自らの内的資源を活用することを考えると,資源にも位置づけられることになる。これは,利用者の能力,意欲,嗜好と,さらには資産という利用者のストレングスを活用することである。こうした支援をすることで,利用者が力をつけていくエンパワメント支援が可能になる。

さらに利用者自らがケアマネジャーとなり,ケアマネジメントを実施することも可能である。これはセルフ・ケアマネジメントとよばれ,「利用者こそが自らのニーズを最もよく知っている」という利点を活かせるとされる。イギリスやカナダでは,身体障害者がケアプラン経費をもらって,自らヘルパー派遣等の手配までをするダイレクト・ペイメント・サービス(direct payment service)がある。

このように,利用者は3つの構成要素のうちの支援の対象者であることは確かであるが,他の2つの要素をも合わせ持っていると位置づけることができる。

他方,家族については,確かに社会資源の1つであり,インフォーマル・セクターの中心をなすものであるが,同時に利用者と一緒に支援の対象者にもなる。これは家族全体(family as a whole)を支援の対象にすることとして説明可能である。例えば,イギリスのケアマネジメントでは,2014年のケア法により,ケアマネジャーは家族介護者向けのアセスメントと,介護者のニーズに合わせたケアプランの作成が義務づけられている。

他方,家族は過去においてはケアマネジャー的役割を担っていたこともあり,今後もケアマネジャー的機能を一部果たしていくものと考えられる。これについては,たとえばアメリカのあるリハビリテーション病院では,退院前に,家族向けに利用可能な社会資源についての理解を深める教室を開催し,家族にケアマネジャーの役割を担ってもらう試みをしている。このようにして家族は単に社会資源としての位置づけだけでなく,支援の対象者やケアマネジャーとし

ての位置づけも有していることになる。

　以上，利用者本人や家族は，ケアマネジメントの3つの構成要素のいずれにも位置づけられることを説明したが，この結果，ケアマネジャーと利用者本人や家族との専門的な関係がどうあるべきか明らかになってくる。

　ケアマネジャーは利用者や家族の関係において，支援の対象としてとらえるが，同時に利用者や家族が有している力を資源として活用しているといえる。

　また，ケアマネジメントについては，本人や家族とケアマネジャーのどちらかが実施するということではなく，両者が協力し合ってケアマネジメントをすすめていくことの必要性を示している。そして，ケアマネジメントの主たる担い手が専門家としてのケアマネジャーにあるのか，あるいは本人や家族にあるのかは，個々の事例においてその濃淡が異なるだけであり，いずれにしても両者がケアマネジメントに関わることが必要であるといえる。

◯ 注

(1) 土田武史（2012）「ドイツの介護保険改革」，『健保連海外医療保障』No. 94, 3-4頁。
(2) 白澤政和（1992）『ケースマネージメントの理論と実際――生活を支える援助システム』中央法規出版, 11頁。
(3) ステファン・M・ローズ編，白澤政和・渡部律子・岡田進一監訳（1997）『ケースマネージメントと社会福祉』ミネルヴァ書房。
(4) Morris, R.（1977）'Caring for vs. Caring about People', *Social Work*, Vol. 22, No. 5, September, p. 357.
(5) Segel, S. P. and Baumohl, J.（1981）'Social Work Practice in Community Mental Health', *Social Work*, vol. 26, No. 1, p. 19.
(6) Hartman, A.（1981）'The Family: a Central Focus for practice', *Social Work*, Vol. 26, No. 1, pp. 7-13.
(7) Monk, A.（1981）'Social Work with the Aged. Principles of Practice', *Social Work*, Vol. 26, No. 1, p. 63.
(8) Brieland, D.（1981）'Definition, Specialization, and Domain in Social Work', *Social Work*, Vol. 26, No. 11, pp. 78-82.
(9) 全米ソーシャルワーカー協会（1997）「保健医療，教育，福祉サービス領域でのケースマネージメント」ステファン・M・ローズ編，白澤政和・渡部律子・岡田進一監訳『ケースマネージメントと社会福祉』ミネルヴァ書房, 39-43頁。
(10) NASW（1981）*Standards for the Classification of Social Work Practice*, Prepared by the NASW Task Force Classification.
(11) Rose, H.（1980）*Proceedings of the Conference on the Evaluation of Case Management*.
(12) National Association of Social Workers（2013）*Sociak Work Case Management*, pp. 17-18.
(13) Johnson, P. and Rubin, A.（1983）'Case Management in Mental Health: A Social Work Domain?', *Social Work*, Vol. 28, No. 1, p. 49.
(14) Parker, R.（1987）*Social Work Dictionary*, National Association of Social Work-

ers, p. 20.
(15) これらの特徴は, Steinberg, R. M. and Carter, G. W. (1983) *Case Management and the Elderly,* Lexington Books, pp. 51-61 及び Gottesman, L. E. et al. (1979) 'Service Management: Plan and Concept in Pennsylvania', *The Gerontologist,* Vol. 19, No. 4, p. 382参照。
(16) Steinberg and Carter, *op. cit.,* p. 197.

■第2章■
ケアマネジメントの方法

 ケアマネジメントの過程

　時系列的にケアマネジメントを展開していくことをケアマネジメント過程という。これは，ケアマネジメントにおいて，利用者のニーズと社会資源を調整していく過程であるといえる。ケアマネジメント過程は，7つの局面で展開する。これは，①入口→②アセスメント→③ケース目標の設定とケアプランの作成→④ケアプランの実施→⑤利用者及びケア提供状況についての監視及びフォローアップ→⑥再アセスメント→⑦終結，である。これを図に示すと図2-1のようになる。このケアマネジメントの過程に示されているように，それまでなされてきたケアプランで利用者の在宅生活に支障が生じた場合には，再度アセスメントに基づきケアプランの修正をしていくという，循環する過程となっている。

□ 第1段階：入口
　入口の段階では，主としてケースの発見，スクリーニング，契約が行われる。

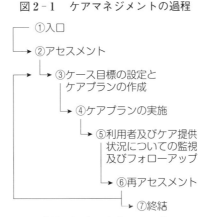

図2-1　ケアマネジメントの過程

出所：白澤政和（1992）『ケースマネージメントの理論と実際』中央法規出版，17頁。

① ケースの発見

ケースの発見では，ケアマネジャー自身によるアウトリーチを含めて，利用者（要援護者）をいかに早期に発見するかが重要である。利用者が自らケアマネジメント機関を探りあて，来所することのほうがまれである。その結果，多くの利用者は問題や生活ニーズを有しながら，サービスの利用をあきらめたり，関係機関間のたらい回しにあうことが生じる。ただ，常時地域で生活しているわけではないケアマネジャーが，こうしたすべての利用者を自力で発見することは困難である。そのため，自治会役員，民生委員・児童委員，主治医など地域の他の専門職や住民がケアマネジメントの必要な利用者を発見した場合に，即刻ケアマネジャーに連絡が入ってくる地域のシステムが必要である。同時に，病院，老人保健施設，社会福祉施設などから退院（所）してくる利用者についての連絡・通報により連結していくシステムが重要である。

そのために，ケアマネジャーないしはケアマネジメント機関は，地域の自治会，民生委員児童委員協議会，医師会などとの連携を，また一方，病院，老人保健施設，社会福祉施設等との連携を確立しておくことが求められる。

② スクリーニング

スクリーニングは，さまざまな生活ニーズをもつ利用者に，ケアマネジメントの利用が有効かどうかという視点で振り分けることである。たとえば複雑なニーズをもっている者にケアマネジメントを利用してもらったり，あるいは緊急のニーズを有している者に対してはまずはそのニーズに対応する。たとえば，ケアマネジメントよりも医療的な対応が緊急に必要な事例については医療に結び付ける。また，単純なニーズのみで単なる情報提供で十分な者（ケアマネジメントを受ける必要のない者）に仕分けするといったことである。この際には，フェイスシートとなる用紙等を活用し，利用者のケアマネジメントの必要性を理解し，利用者を仕分けることになる。

③ 契約

ケアマネジメントが必要な利用者に対して，ケアマネジメントの内容をわかりやすくまたくわしく説明し，利用者がそうしたケアマネジメントを受けるかどうかの了解を得て，契約をする。これはインテークとも呼ばれ，ケアマネジャーは少なくとも次のような3点を説明し，利用者から理解を得なければならない。

(1) 次のアセスメントの段階でプライバシーにもかかわる多くのことを尋ねるが，それは利用者が望んでいる支援を一緒に考える上で必要不可欠な作業である。

(2) アセスメントの後で，在宅生活をするために必要なケアプランを一緒に作成し，実施していく。

(3) 今後はケアマネジャーが常時相談にのることになり，ケアマネジャーが

相談や支援のキーパーソンとなる。

さらには，ここで話された内容については，利用者からの了解なしに他の者には漏らさない守秘義務についても約束する。

アメリカ等での一部のケアマネジメント機関ではインフォームド・コンセントの用紙が用意されており，インテークの後に，利用者とケアマネジャーの両者が今後一緒にケアマネジメントを進めることについて，同意し，署名をする。日本の介護保険制度等では，重要事項説明書に基づき，ケアマネジメントについて説明し，文書でもって契約することになっている。

▢ 第2段階：アセスメント

第2段階のアセスメントでは，利用者を社会生活上での全体的な観点からとらえ，現時点での諸種の問題点や生活ニーズを評価・査定する。アセスメントの方法には，定型化した質問項目一覧による場合と，定型化されていない面接技法のみに基づく場合があり，両者の併用が一般的である。定型化した用紙を利用できれば，アセスメントはルーティン化し，容易となる。しかしながら，たとえルーティン化が進んでも，ケアマネジャーは利用者との信頼関係を確立しながらアセスメントを展開していかなければならない。そのために，ケアマネジャーには対人関係についての技能や，利用者への尊厳や利用者との対等な関係の保持といった価値観をもつことが求められる。

アセスメントの内容には，主として，現在の問題状況，身体的・精神的な健康状態，日常生活動作能力（ADL），心理・社会的状態，経済状況，志気，価値観，対人関係のもち方，家族・近隣・友人に関する情報，世帯構成，居住状況，利用者の自助能力やサービスの利用に対する積極性，現在利用しているサービスや支援，サービスの資格要件と関連する経済状況や居住場所等が含まれる。

たとえば，アメリカの要援護高齢者を対象とするあるケアマネジメント機関で使っているアセスメント用紙をみると，社会生活上での問題，家族状況，経済状況などの入口段階でのアセスメントに加えて，(1)健康状態，(2)出来事についての心理社会的アセスメント，(3)心理状態についての心理社会的アセスメント，(4)精神状態，(5)ADL及びIADL（手段的ADL）アセスメント，(6)投薬に関するアセスメント，(7)各種サービスの利用状況，の7項目に分かれている。

イギリス政府によるケアマネジャー向けの『ケアマネジメントとアセスメント――実務者ガイド』では，アセスメント項目を次の15項目に分類している。それらは，(1)本人の基本情報，(2)セルフケアの状態，(3)身体的健康状態，(4)精神的健康状態，(5)医療状況，(6)能力・態度・ライフスタイル，(7)人種・文化，(8)生活史，(9)介護者のニーズ，(10)ソーシャル・ネットワークからの支援，(11)ケアサービスの利用状況，(12)住宅状況，(13)所得状況，(14)移送状況，(15)危機状況で

ある。こうしたアセスメントをとおして，要援護者に社会生活上でどのような生活ニーズがあるかを理解していくことになる。

なお，アメリカなどで数多く開発されている包括的なアセスメント用紙としては，デューク大学が開発した高齢者向けの評価時間が1時間程度のOARS (Older American Resources and Services) が有名である。ほかに，比較的心理的な要素の強い，ガーランドら (Gurland, B. et al.) によるCARE (Comprehensive Assessment and Referral Evaluation) や，ロートンら (Lawton M. P. et al.) によるMAI (Multilevel Assessment Instrument) が，アセスメントの枠組みとして開発されている。

第3段階：ケースの目標の設定とケアプランの作成

第3段階は，利用者と一緒に行うケース目標の設定とケアプランの作成である。この段階こそが，ケアマネジメントの内容を最も特徴づけている部分であるといえる。それは，ケアマネジメントにおけるケアプランを「構想する」過程であり，ケアマネジメントが有している「計画性」という特徴を発揮するからである。また，この段階において，ケアプランに含まれている提供者や支援者間での共通目標と役割分担を明示することによって，ケアマネジメントの特徴であるチームアプローチを実施可能にする。

① ケース目標の設定

ケース目標は一般に「大目標」ともいわれ，利用者がどのような地域生活をしていくのかという大きな目標を設定することである。ケース目標では，利用者側の目標とケアマネジャー側の目標を一致させることもねらいであり，具体的には，利用者がどこで，どのような在宅生活をしていきたいのかを明らかにすることである。

特に重要な，「どのような生活をするのか」という内容を，ケアマネジャーが利用者と一致させていく際には，利用者のもっている潜在的な能力が十分に発揮でき，かつ生活の質を向上させること，自立を促進すること，残存機能を生かすこと，心身機能の向上をめざすこと，社会への参加が行われることなどを基本的な視点として，利用者と話し合うことが重要である。

さらには，そうしたときに当然のことであるが，ケアマネジメントの基本として，利用者とケアマネジャーが対等な立場に立ち，あるいはケアマネジャーが側面的な立場に立ち，利用者本人や家族の希望を十分にふまえたうえで，ケースの目標は設定されなければならない。ここで設定されたケース目標は，利用者の地域生活支援において，利用者にかかわるサービスや支援の提供者が，共通した支援目標として共有する部分である。その意味で，ケース目標の設定は，ある利用者に対して多数のサービスや支援の提供者がかかわる際に，それぞれの提供者が対応していく道しるべを示していることになる。

そのために，ケアマネジメントにおいてのケース目標の設定では，ケアマネジャーが利用者あるいはその家族と一緒に，十分に時間をとって話し合う必要がある。同時に，ケース目標は，ときには本人の身体機能面での変化や心理面での変化，さらには介護者や住環境等の環境面での変化によって変化していくことが想定される。一度決まったケース目標が，将来にわたって永遠に固定した目標ではないということも理解しておかなければならない。そのため，利用者の健康面やADLでの大きな変化や，介護者などの社会環境面での大きな変化があれば，再度，十分な時間をとってケース目標について話し合いをする機会を持つことが重要である。

② ケアプラン作成の基本原則

ケアプラン作成の基本原則として，シュナイダー（Schneider, B.）は7点をあげている。以下では，それらについて説明を加えることとする。[(2)]

❶ケアプランは，前段階で実施された利用者の包括的・機能的アセスメント結果に基づく。

そのため，当然のことであるが，アセスメント結果とケアプランの作成には連続性が求められる。しかしながら，アセスメント結果から利用者の生活の全体像が把握できたとしても，そこから生活ニーズを抽出していくことは容易ではない。そのため，生活ニーズをアセスメントから抽出していく原理が明らかにされる必要がある。その原理は，アセスメントで明らかになった利用者の身体機能状況，精神心理状況，社会環境状況の関連性のなかで，生活ニーズは生じているということである。

❷ケアプランには，利用者ないしは家族成員などの代理人がその作成過程に参加する。

ケアプランの作成においては，利用者なり家族が自ら生活上での困り事（主訴）を明らかにするように支援することが必要である。この結果，ケアマネジャーとの調整のもとで利用者の適切な生活ニーズを導き出すことができ，利用者本位のケアプラン作成が可能となる。ケアプラン作成に利用者や家族の参加が弱いと，作成されたケアプランに対する不満が残るだけではなく，実際にケアプランの遂行を中断してしまうことになりかねない。

❸ケアプランは，前もって決められたケース目標の達成に向けられる。

前述した大目標ともいうべきケース目標とケアプランは表裏一体のものであり，一方が変更されれば他方も修正されることになる。そのため，これら両者の作成は，原則としてケース目標設定後にケアプランの作成がなされることになるが，実際には一体的な側面が強いといえる。

❹ケアプランは，永続的なものではなく，特定期間の計画である。

当然のことであるが，利用者とケアマネジャーとの間で決定した特定期間でのケアプランであり，フォローアップやモニタリングの結果，生活ニーズに変

第Ⅰ部 理論編

化がある場合には，新たなケース目標の設定やケアプランの修正がなされることになる。また，利用者や社会環境の急激な変化によって，利用者と約束していた特定期間内においてでさえも，ケアプランの変更が求められる場合がある。

❺ケアプランには，フォーマルサービスとインフォーマルサポートの両方が含まれる。

ケアプラン作成にあたっては，それぞれの社会資源が有している特性を生かしていく必要がある。特に，フォーマルサービスとインフォーマルサポートではその特性に大きな違いがあり，前者は公平で標準的なものであるのに対して，後者は柔軟でミニマムを超えた支援が可能であるといった違いがある。そうした違いを生かしてケアプランを作成することにより，利用者の生活の質が高まるといえる。

❻ケアプランは，利用者ないしは家族の負担額を意識して作成される。

制度によっては，個々のサービスごとに自己負担額が決められていたり，利用できる全体としての限度額が決められている。他方，利用者やその家族は，経済状況や自らの価値観により，どの程度の自己負担をするのかという考え方が異なる。ケアマネジャーは，そうした利用者本人や家族の自己負担の可能性を見極めながらケアプランを作成し，最終的に支払える自己負担額について，本人や家族からの同意を得ることが不可欠となる。

❼ケアプランの内容は，定型化された計画用紙に文書化される。

作成されたケアプランに対して，利用者やその代理人から同意を得るためには，口頭による合意よりも，文書による合意のほうが望ましい。なぜなら，利用者にとっては自己負担額をともなうものであり，またケアプランが文書化されることによって，どのサービスがどのような生活ニーズに対処するために実施されるのかを，利用者やその家族に対していつでも明示できるからである。

③　ケアプラン作成の過程

ケアプランは，一般に以下のような5段階を経て作成されることになる[3]。

❶生活ニーズを明らかにする

アセスメント項目をもとに，そのアセスメント項目のなかの身体機能状況，精神心理状況，社会環境状況の関係のなかで生じている生活ニーズを導き出す。ただし，この生活ニーズは，専門家であるケアマネジャーが導き出すニーズと，利用者の表出するニーズとが一致するように話し合っていかなければならない。

❷援助目標を明らかにする

❶で明らかになった生活ニーズに対して，どのような方向でそのニーズを解決するのかという，援助の目標なり結果を提示しなければならない。その際の援助の目標や結果は実現可能なものでなければならないが，利用者との間で，できるかぎり可視的で数的な基準でもって具体的な目標を定めることが望まし

いとされている。そうした目標になれば，利用者もサービス提供者もその目標に向かって活動ができ，ケアプランが実現できたかの評価を可能にするからである。この援助目標は，短期と長期の目標に分けて整理することもある。

❸**サービス内容と，どこがサービスを提供するかを明らかにする**

援助目標に合わせて，どのようなサービス内容を，どこの機関が提供するかを明らかにする。この際に活用するサービスは，当然それぞれの地域特性を考慮しなければならないが，単にフォーマルサービスを活用するだけではなく，インフォーマルサポートといわれている家族，ボランティア，近隣といった社会資源も活用してサービス内容を検討していく。

❹**頻度や時間数を明記する**

頻度や時間数の定めが必要なサービスについては，1週間あるいは1か月を単位として頻度や時間数を明記する。そのため，この頻度や時間数は，そのサービス内容を実行するために必要な回数や時間を1週間や1か月という単位に置き換えて示すことがポイントである。

❺**自己負担額の算定を行う**

次に自己負担額の算定を行う。この自己負担額は，介護保険制度のように，トータルでいくらまで使えるといった全体について支給限度額が決められている場合にはそれを考慮し，自己負担額を算定する。この支給限度額や自己負担額との関係で，利用者の意向によりサービス内容を最終決定することになる。

この❶から❺の過程では，こうしたケアプランの決定を専門家であるケアマネジャーと利用者が一体となって行うという原理を忘れてはならない。そして，最終的には利用者がケアプランについて承諾し，自己決定することになる。そうした最終的なケアプランの内容が，契約書・同意書という形で締結されることが，ケアプラン作成での利用者とケアマネジャーの合意方法である。

④　ケアプラン作成の意義

ケアプランを作成するにあたっては，「サービス優先アプローチ」ではなく，「ニーズ優先アプローチ」の立場をとらなければならない。「ニーズ優先アプローチ」とは，利用者が在宅で生活をしていく上で，どのような生活ニーズを有しているかをまず明らかにし，その生活ニーズに対して，どのような社会資源が最適かを計画することである。

従来のサービス提供者主体の援助においては，この「ニーズ優先アプローチ」をとることが少なかった。その理由として，相談者が利用者の生活全般の解決すべき生活ニーズをすべてとらえてしまうと，自らの機関が提供できるサービスの範囲を超えて，他の機関にサービス提供を依頼しなければならないことが生じることがあげられる。

なぜなら，従来のサービス提供システムでは，個々のサービスについてそれぞれ異なった機関がサービス提供についての決定権を有していたために，自ら

の機関が提供できるサービスについての対応に終始していた。そのため,自らの機関で何が提供できるかといった観点で相談にのり,自らの機関のサービスを提供していく,「サービス優先アプローチ」を実施してきたことになる。

ケアプラン作成の意義は,利用者の生活全体を把握し,生活ニーズをもとにしたケアプランを作成し,サービスを提供することである。当然その結果として,利用者が地域で生活をしていく上で遭遇しているさまざまな生活ニーズに対処していくことができる。従来の「サービス優先アプローチ」は,利用者の生活問題に対して断片的 (fragmental) に対応するものであり,生活全体の問題解決にたどりつくことができず,とうてい利用者の生活の質を高めることは不可能である。そのため,「ニーズ優先アプローチ」は従来とは大きく異なるコペルニクス的転換であり,この「ニーズ優先アプローチ」こそが,利用者の在宅生活を可能にする基本的な考え方であるといえる。

第1章第1節で示したAさんの事例におけるケアプランの作成については,**表2-1**のようなケアプラン用紙を使って実施することができる。まず,Aさんと一緒に「生活上困っている状態」をアセスメントから抽出し,一覧にしていく。次に個々の「生活上困っている状態」それぞれについて「望ましい目標や結果」を示すことで生活ニーズを明らかにする。さらにそれらの目標や結果を具体化したそれぞれの「サービス内容」をAさんと一緒に決定していく。

こうした際に,生活上困っている状態と,望ましい目標や結果である生活ニーズ,具体的な支援内容について,意見の不一致がみられる場合も多い。ケアマネジャー,利用者,利用者の家族のそれぞれの間,また,ケース目標や現実のケアプラン内容についての当該の地域社会の価値観との間,利用者を取り巻くサービス提供機関との間でも生じる。

このような場合,ケアマネジャーは合意の得られる妥当性のある生活ニーズの提示,望ましい目標や結果の設定,具体的なケアプランの内容について,さまざまな人々や機関と関係をもち,調整する役割がある。さらに,最適な解決方法や代替案について利用者と話し合いをすることになる。

◻ 第4段階:ケアプランの実施

第4段階は,利用者が円滑に質のよいサービスやサポートを受けられるようにケアプランを実施する段階である。ケアマネジャーは,サービスやサポートの提供主体とかかわりをもち,利用者が適切にサービスやサポートを利用できるようにはたらきかける。

その際に,利用者に関する情報を他機関に伝えることの同意を,利用者や家族から得ておく。それは,利用者から得た情報を,ケアマネジメント機関からヘルパー,デイサービス,ボランティア等を提供してくれるサービス提供機関に必要最低限伝えなければ,適切なサービスを受けられないからである。

第2章　ケアマネジメントの方法

表2-1　ケアプラン用紙

生活ニーズ		支援内容	サービス供給者	回／週	時間／回	承諾
生活上困っている状態	望ましい目標や結果					
買い物ができない	全面援助を受ける	訪問介護員依頼	○○ヘルパーステーションの訪問介護員 ○○市のボランティアセンターの配食サービス	2回	2時間	✓
洗濯ができない	一部援助を受ける	訪問介護員依頼		1回		
掃除ができない	一部援助を受ける（室全体の掃除）	訪問介護員依頼				✓
精神的に不安でさびしい	人との接触場面を拡げる		○○デイサービスセンター	2回	9：00～16：00	✓
健康や体の機能低下に対して不安	健康や体の機能低下の定期的なチェックをし，指導	バイタルチェックと投薬管理	訪問看護	月1回	15：50～16：00	✓
通院先が遠方でタクシー代がかさむ	転院	近くの精神科医を紹介。通院介助を近隣に依頼	○○精神科クリニック T. Nさん（近隣）	1回		✓
身障手帳の級数が合っていない	審査依頼	医者の訪問再審査を受ける	福祉事務所（身障担当者）			✓
移動がうまくできない（特に寝起きが大変）	寝起きしやすいようにする	特殊ベッドのレンタル	○○レンタルショップ			✓
移動の際の転倒が心配である	円滑に移動できるようにする	玄関の段差にスロープの設置 トイレとベッドの間での手すりの取り付け	○○レンタルショップ			✓
緊急時に連絡ができる	すぐに連絡できる	緊急通報装置を設置し，消防署に連絡できる	○○市福祉課			✓

出所：筆者作成。

　こうした場合の同意の文書には，利用者の健康状態，経済状況，精神状態，各種サービス利用状況などの情報のうちの内の情報開示する範囲，情報提供同意の期間等を明示する。
　ケアプランを実施していく上で，計画したサービスやサポートを利用することができない場合が生じる。そうした場合，利用者の代弁や擁護をもとにケアマネジャーは対応するが，それでも不可能な場合には，利用者と一緒にケアプランを一部修正することになる。ケアプランが実施された時点で，利用者のサービス利用のスケジュールを作成したケアプラン管理表，個々のサービス提供者のサービス内容や頻度を整理したサービス記録表などが整うことになる。ここでは，ケアプラン管理表の1つのモデルを，表2-2に示しておく。

第Ⅰ部 理論編

表2-2 ケアプラン管理表

ケアプラン管理表							
相談者指名　　　　　　　　　　　　　　　　　　作成日　平成　　年　　月　　日							
基本サービス	月	火	水	木	金	土	日
早朝							
朝食							
午前							
昼食							
午後							
夕食							
夜間							

その他のサービス：
　健康関連：
　交通手段：
　経済面：
　社会・生活／精神面：
　注意事項：
上記のことに注意してフォローアップすること：

出所：筆者作成。

第5段階：モニタリング及びフォローアップ

　第5段階は，利用者及びサービス提供状況についてのモニタリング及びフォローアップであるが，まずは，ケアプランのもとで各種のサービスやサポートが円滑に開始されたかどうかの点検・確認を行う。この段階でケアマネジャーには，2つの側面での役割がある。

　1つは，現在実施されているケアプランが円滑に実施されているかを点検し，かつそれが効果をあげているかを評価することである。もう1つは，利用者自身のADL等の身体状況，さらには心理状況や社会状況の変化によって，新たな生活ニーズが生じたり，既存の生活ニーズが変化していないかどうかをモニタリングし，継続的にチェックすることである。

　モニタリングの頻度は多いほうが望ましいのは当然であるが，特に本人の心身機能面での変化が著しい状況にある利用者や，1人暮らし等で緊急時に連絡

がとりにくい人の場合には、より頻繁にモニタリングを実施しなければならない。また、頻度については利用者の状況により個別的なものになるが、こうしたモニタリングについては、ケアマネジャー自身が行うと同時に、利用者に常時かかわっているサービス提供者等からケアマネジャーが情報を得る方法がある。

第6段階：再アセスメント

こうした定期的なモニタリングなどで新たな問題状況が明らかになれば、第6段階の再アセスメントを行う。この問題状況とは、新たなニーズが生じていたり、今までの生活ニーズが変化していたり、生活ニーズに対応した社会資源が効果を発揮できていない場合などが考えられる。さらには、サービス提供者から利用者の心身の状況や社会状況に変化が生じ、生活ニーズが充足できていないとの情報を得た場合にも、再アセスメントを実施する。こうして、利用者の社会生活上のニーズが充足できず、生活上の困難が生じていることが明らかになった場合には、第3段階のケースの目標の設定とケアプランの作成に戻り、ケアマネジメント過程の循環を繰り返すことになる。

なお、モニタリングやフォローアップにおいて、ケアプランが今後も順調に実施・継続され、利用者が社会生活を将来も問題なく維持していくことが確認できれば終結となる。なお終結の際には、利用者が後に相談に来所できるような関係を維持し、再来所への配慮をしておく必要がある。

2 生活ニーズと社会資源

生活ニーズのとらえ方

ケアマネジメントがとらえる生活ニーズとは何か。ここでとらえるニーズは、身体的な問題、心理的な問題、社会的な問題、あるいは経済、医療、介護といった諸領域を明確に分解してとらえるニーズとは異なる。ケアマネジメントは「利用者の生活を支援する」といわれるが、社会生活を遂行していく上で解決しなければならない生活ニーズとは、いったいどういうことを意味するのか。この生活ニーズをとらえることなしに、ケアマネジメントの枠組みは確定できない。

それゆえ、本節ではケアマネジャーが生活ニーズを具体的に把握する手続きを明らかにする。

生活ニーズをとらえるためには、アセスメントで、個人の身体機能的状況、精神心理的状況、社会環境的状況について理解・整理し、そこから「生活を遂

行するのに困っている状態」と，次に「その状態を解決する（ときには維持する）目標・結果」を導き出していく。

　たとえば，利用者は，①「脳梗塞の後遺症でリハビリが必要な左手足のまひがある」，②「歩行が一部介助で杖歩行」の身体機能状況で，③「（身体的に疲れるので）外出したくない」といった心理的状況で，④「ひとり暮らし」で，⑤「階段のある集合住宅の2階に居住」といった社会状況にあり，「買い物ができない」や「通院ができない」という社会生活遂行上での困った状況が生じていることが導き出される。次に，再度利用者の身体機能的状況，精神心理的状況，社会環境的状況をもとに，「日常生活用品を含めたすべての買い物を誰かにしてほしい」「訪問診療（リハビリ）を受けたい」という「援助の目標や結果」が設定される。

　そしてここで，「買い物ができない」ので「日常生活用品を含めたすべての買い物を誰かにしてほしい」，または「通院ができない」ので「訪問診療（リハビリ）を受けたい」ということが生活ニーズになる。

　すなわち，生活ニーズは「社会生活を遂行する上で困っている状態」と「その状態を解決する目標・結果」を合わせた2つの側面で構成される。

　以上の流れを示すと，図2-2のようになる。この図から理解できるように，利用者の身体機能的・精神心理的・社会環境的な状況が関連し合って生活ニーズが生じている。このことは，たとえ身体機能的な状況が同じ利用者であっても，精神心理的・社会環境的状況がわずかでも異なれば，生活ニーズは全く異なったものとなることを意味する。

　以上の「生活ニーズ」のとらえ方は，ユング（Jung, C. G.）のコンステレーション（星座）の考え方とほぼ一致するものである。ここでは先述の図2-2に示す「生活上困っている状態」は身体機能的状況，精神心理的状況，社会環境的状況の三者間での全体的（holistic）な結びつきのもとで生活ニーズが生じているといえる。ユングは，人生において出合う出来事を，それぞれに意味あることとしてつなぎ合わせてその人の物語をつくり，心の中を整理することを治療に役立てている。ケアマネジメントにおいても，その対象は心理的問題ではなく生活問題であるが，類似の解決方法をとっているといえる。

　これを星座にたとえて説明すると，利用者の身体機能的状況，精神心理的状況，社会環境的状況としてあげた①から⑤の5点はそれぞれ星に相当する。この5つの星を結びつけて，星座としての生活ニーズを構成している。

　その意味では，生活ニーズはケアマネジャーが利用者と一緒になって「星座さがし」をすることと，シンボリックに説明することができる。この星座は多くの利用者によってはいくつも見出され，1つだけの星座であることのほうがまれである。これら星座間の関係を例示したのが図2-3である。これら星座間は相互に関係しており，生活ニーズを構成していることがわかる。

第2章 ケアマネジメントの方法

図2-2 生活ニーズ把握の流れ

利用者の状況				生活ニーズ	
身体機能的状況	精神心理的状況	社会環境的状況		生活上困っている状態	解決する目標
①脳梗塞の後遺症で，リハビリが必要な左手足のまひがある ②歩行が一部介助で杖歩行	③退院直後なので，疲れがひどいため，あまり外出したくない	④ひとり暮らし ⑤階段のある集合住宅の2階に居住		・買い物ができない	・日常生活用品を含めたすべての買い物をしてほしい
				・通院できない	・訪問診療や訪問リハビリを受けたい

出所：筆者作成。

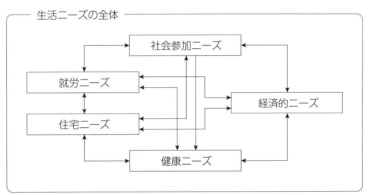

図2-3 生活ニーズの一例

出所：筆者作成。

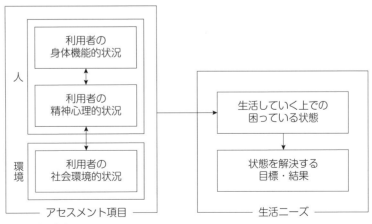

図2-4 アセスメント項目からの生活ニーズの導き出し方

出所：筆者作成。

なお，アセスメント項目から導き出される生活ニーズは，図2-4のように整理し，説明することができる。

このような生活ニーズのとらえ方は，ケアマネジメントの方法について一定の方向づけを与えることになる。次に①生活ニーズをとらえるために，アセスメント用紙にはどのような内容を含めるべきか，②生活ニーズからいかにケアプランは作成されていくのか，という2つの観点からケアマネジメントのあり方を考えていくことにする。

アセスメント用紙のあり方

利用者の生活ニーズをとらえるためには，利用者の身体機能的状況だけではなく，精神心理的状況，社会環境的状況についても把握できていなければならない。具体的には，身体機能的状況としては，健康状態，治療・投薬状況，ADLやIADL（手段的ADL），精神心理的状況としては主訴や希望，価値観や志気，社会環境的状況としては家族や介護者の状況，住環境，就労（学）や社会参加の状況が含まれる。

しかしながら，こうしたアセスメント用紙に含まれる項目は，利用者の特性によって異なったものになる。

たとえば，精神障害者，要介護高齢者，被虐待児童によって，それぞれアセスメント用紙に盛り込むべき内容は違ってくるが，いずれにおいても，身体機能的状況，精神心理的状況，社会環境的状況が必ず含まれていなければならない。ただ，これらの項目は，対象者特性によってバランスが異なったものになる。

一方でまた，利用者の身体機能的・精神心理的・社会環境的状況すべてが含まれたアセスメント用紙を用いれば，ただちに生活ニーズが完全に把握できるわけではない。アセスメント用紙からは，利用者の生活全体の概略がとらえられるにすぎない。したがって，ケアマネジャーは利用者とのかかわりのなかで，アセスメント用紙の行間を埋めていくことで，生活ニーズが精緻化されていくといえる。アセスメント用紙でのアセスメント項目だけから一応のケアプランが作成可能であるとしても，そこから利用者の生活ニーズのすべてをとらえられないこと，さらに，アセスメント用紙は生活ニーズを導き出す万能薬ではなく，1つの道具（tool）にすぎないことを認識しておかなければならない。

以上のことを考えると，アセスメント用紙には，身体機能的・精神心理的・社会環境的状況が含まれているだけでなく，利用者との面接時間が，1時間から1時間半程度で尋ねることができる程度のものでなければならない。

なぜなら，アセスメント用紙のみでは利用者の全体像を完全につかめないからである。面接時間は，利用者の肉体的・精神的許容範囲内（1～2回の面接で，1回1時間～1時間半程度）にとどめないといけない。

ただし，ケアマネジャーは利用者とのかかわりを継続的に深めていくことで，利用者の身体機能的状況，精神心理的状況，社会環境的状況について，より深く理解することになり，生活ニーズを精緻に把握することができることになる。

◻ 生活ニーズからのケアプラン作成

　生活ニーズは前述したように，身体機能的状況，精神心理的状況，社会環境的状況の関連性のもとでとらえることを指摘したが，これは専門家であるケアマネジャーが利用者や家族とのかかわりのなかでとらえる生活ニーズである。
　この生活ニーズは社会規範や専門家の知識から利用者の最善の利益になると判断（professional judgement）して，明らかにされたものであり，「ノーマティブ（規範的）ニーズ」ということができる。
　他方，利用者の側が感じ表明するニーズを「フェルト（体感的）ニーズ」とすれば，「ノーマティブニーズ」と「フェルトニーズ」が常に合致するとはかぎらないし，逆に合致していないほうが多いのが実情である。
　その意味では，ケアマネジャーは利用者との面接を継続していくなかで，信頼関係を深め，アセスメント内容を深めることで，真のニーズである「リアルニーズ」を形成していくことになる。このことは，ケアマネジメント過程でのアセスメントとケアプランの作成は単純な直線ですすんでいくのではなく，これら両者が時間的な経過によって反復していく過程を意味している。
　以上のような「リアルニーズ」を明らかにしていく過程は，具体的には「生活を遂行するのに困っている状態」と「その状態を解決する（ときには維持する）目標や結果」を，ケアマネジャーと利用者で合致させていくことである。ときには，利用者が十分に生活ニーズを表出できない場合があったり，あるいはケアマネジャーが利用者の身体機能的状況，精神心理的状況，社会環境的状況を一部把握できていないといった理由で，生活ニーズを一致させるのに時間がかかるということもある。
　ただし，両者が生活ニーズをつかむためには，相互のコミュニケーションを深め，信頼関係を形成することが必要になる。最初の段階で実施されるケアプランは，主として利用者の「フェルトニーズ」に基づかざるを得ないが，そのときケアマネジャーが「ノーマティブニーズ」をもつことにより，両者間での話し合いが可能となり，一部「ノーマティブニーズ」も取り入れられることになる。
　いままで述べてきたように，ケアプラン作成においては，「どのようなサービス（社会資源）を利用するか」に先立って，「どのような生活ニーズをもっているか」が検討される。前節で述べたように，これを「ニーズ優先アプローチ」といい，一方「どのようなサービスを利用するか」をまず尋ねることを「サービス優先アプローチ」という（35頁参照）。

第Ⅰ部 理 論 編

　ケアマネジメントは従来の主流を占めてきた「サービス優先アプローチ」から，「ニーズ優先アプローチ」への転換を意図するものである。
　これはイギリスでケアマネジメントが導入された際の基本的な考え方であるが，アメリカではケアマネジメントを「クライエント主導アプローチ」と「サービス提供機関主導アプローチ」に分類するという考え方もみられる[4]。これはサービスの消費者としての利用者の生活ニーズをもとに展開されることをケアマネジャーに求めるのか，あるいは提供側の立場から，サービスの効率性を求め，財源の抑制をケアマネージャーの目的にするのかの違いである。
　こうして確定した生活ニーズに合わせて，利用者と一緒に，生活ニーズを充実させる社会資源を確定していくことになる。その際に，生活ニーズは，身体機能的状況，精神心理的状況，社会環境的状況が関連している以上，求められる社会資源は多様であり，各種専門職を含めたフォーマルサービスとインフォーマルサポートを合わせた社会資源が求められてくる。ここに，ケアマネジメントは，多くの専門職を含めたチーム・アプローチによって，利用者を地域社会で支えることになる。

□ 社会資源の類型

　利用者に提供する社会資源についてはさまざまなものがある。社会資源にはどのようなものが含まれるか。三浦文夫は『現代社会福祉事典』（全国社会福祉協議会）で，社会資源を次のように説明している。
　「社会生活ニーズを充足するために動員される施設・設備，資金や物資，さらに集団や個人の有する知識や技能を総称していう」[5]。
　これ以外の社会資源の分類の一例をあげてみる。トーマス（Thomas, D.）は，地域の社会資源は住民に対して財政的，社会的，近隣扶助的な価値を有するとし，①物資（産業や学校），②商業的サービス（商店や映画館），③組織的サポート（教会や福祉機関とその職員），④内的なサポート（家族，友人，近隣のインフォーマルな福祉資源）の4つに範疇化している[6]。また，資源を，①金銭，②愛情，③情報，④地位，⑤サービス，⑥善意，の6つのタイプに分類する場合もある[7]。
　社会資源の内容や範囲を確定するために，ここでは分類の軸となる基準をまず検討してみる。シポリン（Siporin, M.）は資源をその特性，よりどころ，有効性の観点から，次のような基準を使って分類を試みている。
　「資源は，明確な目標を達成することとの関係で，①一個人ないしはその集団において内的なものか外的なものか，②フォーマル（公式）なものかインフォーマル（非公式）なものか，③実用できるものか潜在的で抽出していくものか，④ある程度コントロールできるものかできないものか，である」[8]。
　提供主体をもとに社会資源を類型化すると，フォーマルなものかインフォーマルなものかを基準に分類できる。インフォーマルな分野の社会資源としては，

家族，親戚，友人，同僚，近隣，ボランティアがある。フォーマルな分野としては，行政によるサービスや職員，認可や指定を受けた，営利・非営利の機関・団体のサービスや職員等が相当する。

　地域の団体・組織についてみると，インフォーマルとフォーマルの両分野間の明確な区分は極めて不明瞭であり，少人数で構成されるインフォーマルな団体や組織もあれば，他方，数万人にも及ぶ会員を有した全国的なフォーマルな団体や組織もある。

　さらに，フォーマルなサービスの提供主体による分類を，ホームヘルプサービス（訪問介護）をもとに検討してみると，医療法人や社会福祉法人といった提供主体に加えて，株式会社や有限会社といった民間法人（企業），地域の非営利団体・組織であるNPOといった市民活動法人が提供するものとに分類できる。さらには，一部過疎地等においては，行政がホームヘルプサービスを提供している。

　このフォーマルなサービスとインフォーマルなサポートを合わせると多数の提供主体が存在し，提供主体を組み合わせた社会資源を提供することにより，利用者の生活ニーズの多様化・高度化に対応していくことになる。その組み合わせ方法は，単に提供主体ごとのサービスをそれぞれ独立して利用するだけでなく，種々の提供主体を組み合わせて1つの社会資源をつくりあげ，利用することも含まれる。たとえば，インフォーマルなボランティアの労力と，フォーマルな行政の財政的な補助で，配食サービスを形成していることもある。このサービスを利用した場合には，ボランティアと行政の2つの社会資源を活用したことになる。

　また，行政と営利・非営利の提供主体の協同による一般の福祉サービスも存在する。これには配食サービスや移送サービス等がその例となるが，営利・非営利の機関が実施するサービスを行政が財政的に補助することにより，住民にサービス提供を行っている。

　ケアマネジメントは，利用者の生活ニーズに合わせて，これら多様な社会資源を組み合わせ調整することになるが，それぞれの社会資源は長所と短所をあわせもっているため，最適な組み合わせが求められる。一般的な特徴としては，インフォーマルなサポートは柔軟な対応が可能であるが，専門性が低く，安定した供給に難がある。特に，家族は柔軟に対処できる最たるものである。フォーマルなサービスは，その逆の特徴を有している。フォーマルなサービスのなかで，行政は画一的なサービスとなりやすいが，最低限のレベルが確保でき，低所得者に対する自己負担に対して配慮がなされている場合が多く，公正性の特徴をもっている。

　その他の社会福祉法人，医療法人，企業は，互いに自らが有している良さを基礎にして，その特徴を発揮している。たとえば，社会福祉法人や医療法人は

第Ⅰ部 理 論 編

地域に根ざした活動をし，住民と一緒になり，特に社会福祉法人は人々の生活を守り，医療法人は生命を守っていくことを特徴としている。他方，企業は住民のニーズに敏感に応えたサービスの提供をめざす特性がある。

◻ フォーマル分野とインフォーマル分野の連携

社会資源は確かに具体的なサービスやサポートを利用者に直接提供できるが，社会資源それ自体は利用者の立場になって各種のサービスやサポートを調整する機能を，本来もち合わせていない。たとえば，ホームヘルプサービスは，介護や生活援助などを直接利用者に提供するものであり，ボランティアは，会食サービスや友愛訪問といったものを，利用者に直接提供するものである。

このように，これらのサービス自体は本来，利用者のために他のサービスと調整する機能を有してはいない。

特に，フォーマルな分野とインフォーマルな分野との関係については，その調整機能の難しさが目立っている。ただし，両者を協同させ織り交ぜていく（interweaving）ことの必要性は，多くの論者の一致した考えである。ところが，その認識についてはさまざまな意見がある。

1つの考えは，リットワクとメイヤー（Litwak, E. and Meyer, H. J.）によるものであり，両者は互いにさほど離れたものではなく，両者を連結させることにより，最適なバランスが得られるとするものである。他方，フローランド（Froland, C.）は，両者の連続のなかでの不連続を示し，それぞれが有している知識や価値の相違は，うまくいけば相互に補完し合うこともあるが，両者間での緊張をもたらす場合のほうが多く，「リンゴとミカンを混ぜる」ようなものとしている。そのため，フォーマルな分野とインフォーマルな分野の協同が生じる最適なものにするには，専門職がインフォーマルな援助者との相談的な（consultative）関係を形成することの必要性をあげている。

これらインフォーマルとフォーマルな社会資源の関係についてのパターンをバルマー（Bulmer, M.）は整理し，5つに分類している。それらは，①フォーマルな社会資源によるインフォーマルな社会資源のとり込み（植民地化），②両者間での競争ないしは葛藤，③相互関連のない共存，④両者の協同，⑤両者間での混乱，である。インフォーマルとフォーマルの分野を織り交ぜた④に相当する協同を確立するためには，フォーマルな側で「キーパーソン」ないしは「コーディネーター」を養成し，利用者と社会資源を調整していかなければならないと述べている。これは，フローランドの専門職による相談的関係と類似した意見といえる。

以上述べたように，インフォーマルな社会資源とフォーマルな社会資源の関係は不連続の側面が強く，利用者にそれらを連続したものとして提供するためには，フォーマルな側に調整的な役割が求められる。ここに，ケアマネジャー

が登場することになる。

　さらに，フォーマルな分野内部でも，調整機能が作用していない現状もある。フォーマルな分野の核である行政サービスは縦割りになっており，社会福祉サービス，保健・医療サービス，所得保障サービス，住宅サービス，雇用サービス，教育サービスは相互に無関係に実施されがちである。そのため，利用者が行政サービスを重複して利用する場合に，ケアマネジメントは施策間での関連性をもたせ，縦割り行政の弊害を除去し，サービスを柔軟で人間的なものにする機能を有している。

○ 注

(1) Department of Health (1991) *Care Management and Assessment : Practitioners' Guide*, pp. 58-59.
(2) Schneider, B. (1988) 'Care Planning: The Core of Case Management', *Generations*, Vol. XII, No. 5, p. 16.
(3) *Ibid.*, pp. 16-17.
(4) Moxley, D. P. (1997) *Case Management by Design : Reflections on Principal and Practices*, Nelson-Hull publishers, pp. 5-6.
(5) 三浦文夫 (1982)「社会資源」仲村優一・岡村重夫・阿部志郎・三浦文夫・柴田善守・島田啓一郎編『現代社会福祉事典』全国社会福祉協議会，，218頁。
(6) Thomas, D. (1975) 'Said Alice "The Great Question Certainly Was" What', *Social Work Today*, Vol. 6, No. 17, pp. 544-547.
(7) Foa, U. G. (1971) 'Interpersonal and Economic Resources', *Science*, Vol. 171, No. 2, pp. 345-351.
(8) Siporin, M. (1987) 'Resource Development and Service Provision', *Encyclopedia of Social Work*, Vol. 2 (18 edition), National Association of Social Workers, p. 498.
(9) Litwak, E. and Meyer, H. J. 'A Balance Theory of Coordination Between Bureaucratic Organizations and Community Primary Groups', *Administrative Science Quarterly*, Vol. 11, No. 1, p. 38.
(10) Froland, C. (1980) 'Formal and Informal Care: Discontinuities in a Continuum', *Social Services Review*, Vol. 54, No. 4, p. 579.
(11) Bulmer, M. (1987) *The Social Basis of Community Care*, Allen & Unwin, pp. 182-188.

第 3 章

ケアマネジメントと地域

  地域包括ケアシステムとは何か

□ 地域包括ケアシステムとその背景

　地域包括ケアシステムとは「地域の実情に応じて，高齢者が，可能な限り，住み慣れた地域でその有する能力に応じ自立した日常生活を営むことができるよう，医療，介護，介護予防，住まい及び自立した日常生活の支援が包括的に確保される体制」（「持続可能な社会保障制度の確立を図るための改革の推進に関する法律」第4条4）と定義づけられ，近年の高齢者介護における大きな政策課題となっているものである（図3-1）。

　日本において，医療，保健，介護，福祉，住宅等の政策は個々に推進されて，

図3-1　地域包括ケアシステム

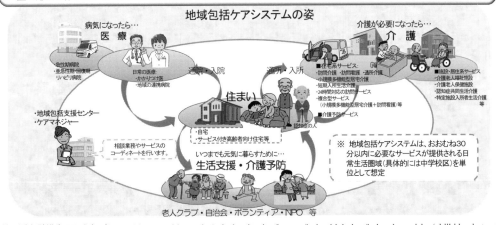

出所：厚生労働省 HP より（https://www.mhlw.go.jp/seisakunitsuite/bunya/hukushi_kaigo/kaigo_koureisha/chiiki-houkatsu/）。

展開されてきた。しかし，それだけでは高齢者の生活を支えることができない状況が生まれてきたのが現在の社会である。二木は，こうした地域包括ケアシステムの形について，各地で取り組まれている実践の形は多様であり，全国共通のシステムではなく，その実態はネットワークであると指摘している[1]。

　介護が必要な高齢者（一部40歳以上65歳未満の者も含む）を支える社会システムとして，2000年に介護保険制度が創設された。制度発足当時は高齢者の社会的介護を担うための資源整備が大きな課題であった。これは，1989年から取り組まれてきた高齢者保健福祉十か年戦略（ゴールドプラン）における資源整備の延長線上にあるものであった。その後，介護保険制度は社会の中に受け入れられていったものの，今度は制度維持のためにかかる財源が問題となってくる。制度発足時には218万人だった要介護・要支援認定者は年々増え続け，2018年5月末現在で646万人に増加し，それに伴い介護保険財政も発足当時の3.6兆円から2017年は10.8兆円と膨らんできている。この間，2005年の法改正時には介護予防の概念を取り入れ，要介護状態へと移行することを先延ばしすることで支出抑制を図ろうとする他，部分的に制度の利用抑制をかける等の試みがなされてきた。しかし，都市部での高齢化の進展，高齢独居世帯や高齢者夫婦世帯の増加といった介護を担う家族機能の脆弱化が更に進展していくことが予測され，介護問題をサービスで対応するという枠組みだけで対処できる状況ではなくなってきている。

　社会福祉政策においてはサービス供給主体である政府部門，民間非営利部門，民間営利部門，インフォーマル部門の適性な組み合わせを模索する福祉ミックス（福祉の混合経済）という考え方が主になっている。介護問題についても，さまざまな供給部門をどのように組み合わせて制度設計を行っていくかは重要な論点である。しかし，日本の国家財政に占める社会保障関係費は33.8％を占めており（2018年度一般歳出），その抑制は日本全体の財政において大きな課題となっている。こうした状況を背景にしつつ地域包括ケアシステムの構築は議論されてきた。

　地域包括ケアシステムのあり方について提言を重ねてきた地域包括ケア研究会は，「今後の社会保障のあり方について」（社会保障の在り方に関する懇談会，2006年）が提示した自助・共助・公助の適切な組み合わせが必要という指摘をもとに，自助・互助・共助・公助の役割分担のあり方について言及した。報告書では，それぞれを以下のように定義している。

　　自助：自ら働いて，または自らの年金収入等により，自らの生活を支え，自
　　　　らの健康は自ら維持すること
　　互助：インフォーマルな相互扶助。例えば，近隣の助け合いやボランティア
　　　　等
　　共助：社会保険のような制度化された相互扶助

第3章　ケアマネジメントと地域

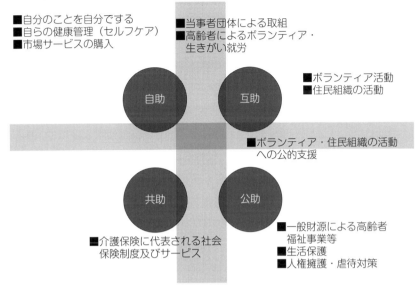

図3-2　自助・互助・共助・公助

出所：地域包括ケア研究会（2009）『地域包括ケア研究会報告書』7頁。

　公助：自助・互助・共助では対応できない困窮等の状況に対し，所得や生活
　　　　水準・家庭状況等の受給要件を定めた上で必要な生活保障を行う社会福
　　　　祉等

　その上で，「自助や互助としての家族による支援と地域包括ケアシステムとの調和のとれた新たな関係について，検討を加える必要がある」「地域の中で安全で質の高いケアを包括的に提供する体制を構築するためには，『自助・互助・共助・公助』のそれぞれに関わるすべての関係者が能力を出し合ってケアの計画，提供に貢献できることが必要とされる」と指摘した（図3-2）。

　同報告書（7頁）では「自助は，自らの選択に基づいて自らが自分らしく生きるための最大の前提である」「互助の取組は高齢者等に様々な好影響を与えている」と指摘し，自助や互助の役割を強調している。もちろん，人間は自身のニーズを充足するために自らが生活の主体者として必要な資源を周囲から選び取っていく存在である。また，家族・親族や友人・知人等，自分自身の人生行路に関わるコンヴォイ（道づれ，護送船団）を自らの選択と選好によって築くことは，その人の人生満足感，安寧，健康，幸福感などに影響を及ぼすものである。その一方で，こうした自助や互助の強調は費用抑制の観点からもたらされている側面も大きい。少子高齢社会，多死社会，人口減少社会，そして都市圏において今後急速に高齢化が進行する状況等々の背景をもって，地域包括ケアシステムの構築は理念面と財政面，いずれからも，従来は政策課題となってこなかった自助や互助の促進を図ることを求める仕掛けとなっている。ただし，二木は地域包括ケアシステムを推進しても医療・介護費の抑制ができるわけではないこと，今後も公的費用が圧縮・圧迫される危険性が高いことを指摘している。

51

第Ⅰ部 理 論 編

◻ 地域包括ケアシステムに関する取り組みの変遷①

　地域包括ケアという用語が最初に使われたのは，1980年代に広島県の公立みつぎ総合病院での「国保病院を核に医療，保健，介護等のサービスを町内で確立し，病院・施設と在宅を連携させていく仕組み」だとされる。二木は地域包括ケアという概念には病院を基盤とした取り組みを源流とするもの（保健・医療系）と，社会福祉協議会や社会福祉法人による地域福祉活動（福祉系）の２つの源流があるとしている。

　近年議論されている地域包括ケアの概念が始めて登場したのは2003年に発表された「2015年の高齢者介護」においてである。それは日本の人口構成においてもっとも多い層である団塊の世代が65歳を迎える2015年を念頭に置き，①入退院や入退所によって住まう場所が変わっても継続的な支援を提供する，②介護保険外のさまざまな支援も活用した包括的な支援を提供する（シームレスケア），③医療保険と介護保険を組み合わせてターミナルケアまでの在宅生活を支える，④多職種協働や住民参加の４つをキーワードとして「要介護高齢者の生活をできる限り継続して支えるためには，個々の高齢者の状況やその変化に応じて，介護サービスを中核に，医療サービスをはじめとする様々な支援が継続的かつ包括的に提供される仕組み」（2015年の高齢者介護）と想定されていた。

　その後，介護サービスの利用者の増加に伴い，介護保険財政における支出増が制度の持続可能性を脅かす問題になってきたことから，2005年改正では介護保険制度を予防重視型システムへと転換する。この改正では，新たに要支援１・２の要介護状態区分が設けられ，これらに対する給付として予防給付が設けられ，要支援者や被該当者（要支援・要介護状態になるおそれのある者）に対して介護予防ケアマネジメントが行われることになった。この改正によって給付費は2005～2006年度は一時的に横ばいとなったが，2007年度からは再び上昇していくことになる。

　特に都市部で今後急速に高齢化が進展していくことから，2009年に発表された「地域包括ケア研究会報告書」では地域包括ケアシステムを，ニーズに応じた住宅が提供されることを基本とした上で，生活上の安全・安心・健康を確保するために，医療や介護のみならず，福祉サービスを含めた様々な生活支援サービスが日常生活の場（日常生活圏域）で適切に提供できるような地域での体制とイメージした。さらに，地域包括ケア圏域として「おおむね30分以内に駆けつけられる圏域」を理想的な圏域，具体的には，中学校区を基本とすることと提案するとともに，生活に必要な様々なサービスが，適宜コーディネートされ，24時間365日を通じて常に提供される生活を保障することができるシステムが地域包括ケアシステムであると考えた。

　また，報告書の中ではケアの継続性を担保するために退院前カンファレンスを他職種で開催するといった，利用者の状況に応じた切れ目のないケア（シー

ムレスケア）を行う必要があることや，利用者の選択と権利を保障するために日常生活自立支援事業や成年後見制度の利用促進を図る必要性を指摘している。さらに，地域包括支援センターに地域包括ケアのマネジメントを担うことを求めている。

2010年には再び「地域包括ケア研究会報告書」が発表された。この中では，日本の人口構造上最も多い層が75歳の後期高齢者層に入る2025年を想定して，地域包括ケアシステムを以下のようにイメージしている。

> 地域住民は住居の種別（従来の施設，有料老人ホーム，グループホーム，高齢者住宅，自宅（持ち家，賃貸））にかかわらず，おおむね30分以内（日常生活圏域）に生活上の安全・安心・健康を確保するための多様なサービスを24時間365日を通じて利用しながら，病院等に依存せずに住み慣れた地域での生活を継続することが可能になっている。
> 多様なサービスとは「居場所の提供」「権利擁護関連の支援（虐待防止，消費者保護，金銭管理など）」「生活支援サービス（見守り，緊急通報，安否確認システム，食事，移動支援，社会参加の機会提供，その他電球交換，ゴミ捨て，草むしりなどの日常生活にかかわる支援）」「家事援助サービス（掃除，洗濯，料理）」「身体介護（朝晩の着替え，排泄介助，入浴介助，食事介助）」「ターミナルを含めた訪問診療・看護・リハビリテーション」をいい，これらのサービスが個々人のニーズに応じて切れ目なく総合的かつ効率的に提供される。

ここでは，地域での暮らしの基盤として住まいが強調され，さまざまな場（従来の施設，有料老人ホーム，グループホーム，高齢者住宅，自宅（持ち家，賃貸））に住んでいても，それは地域での暮らしであることが示されている。また，ケアマネジメントにおいては「自立支援に向けた目標指向型のケアプラン」を作成することが求められること，地域包括支援センターには「地域における互助によるサービス創造の検討・提言」「医療や介護等の多制度・多職種連携を高める地域ケア会議等の機能強化」を行っていくことを求めている。

こうした多制度・多職種との連携という考え方は，2011年の法改正において介護保険法において以下のように位置づけられることになる（第5条3）。

> 国及び地方公共団体は，被保険者が，可能な限り，住み慣れた地域でその有する能力に応じ自立した日常生活を営むことができるよう，保険給付に係る保健医療サービス及び福祉サービスに関する施策，要介護状態等となることの予防又は要介護状態等の軽減若しくは悪化の防止のための施策並びに地域における自立した日常生活の支援のための施策を，医療及び居住に関する施策との有機的な連携を図りつつ包括的に推進するよう努めなければならない。

また，この法改正では24時間対応の定期巡回・随時対応型訪問介護看護などの地域包括ケアを支える新しいサービスが創出されることになる。

第Ⅰ部 理 論 編

❏ 地域包括ケアシステムに関する取り組みの変遷②

　さらに2013年に発表された「地域包括ケア研究会報告書」では地域包括ケアを構成する要素として「介護・リハビリテーション」「医療・看護」「保健・予防」「福祉・生活支援」「住まいと住まい方」の5つが挙げられ，地域包括ケアシステムは「本人・家族の選択と心構え」を土台に，さまざまな「すまいとすまい方」があり，「生活支援・福祉サービス」を基盤とし，「保健・予防」「介護・リハビリテーション」「医療・介護」といった各種の専門的なサービスを活用しつつ，地域生活を送れるように支えるものであると指摘された[8]。加えて，少子高齢化や財政状況からは「共助」「公助」を拡充することは難しく，「自助」「互助」役割が大きくなっていくことを意識し，それぞれの主体が地域包括ケアの取り組みを進めていく必要があると指摘している[9]。

　2014年の「地域における医療及び介護の総合的な確保の促進に関する法律」において，地域包括ケアステムは以下のように定義づけられた。

　　「地域包括ケアシステム」とは，地域の実情に応じて，高齢者が，可能な限り，住み慣れた地域でその有する能力に応じ自立した日常生活を営むことができるよう，医療，介護，介護予防（要介護状態若しくは要支援状態となることの予防又は要介護状態若しくは要支援状態の軽減若しくは悪化の防止をいう。），住まい及び自立した日常生活の支援が包括的に確保される体制をいう。
　　（第2条）

　そして，2014年の介護保険法改正においては，地域包括ケアシステム構築について，①地域支援事業の充実，②認知症総合支援事業，③地域ケア会議推進事業，④生活支援体制整備事業といった各種の事業が盛り込まれた。特に①地域支援事業においては以下のような取り組みが盛り込まれ，在宅医療と介護の連携を促進することが意図された。

- 地域の医療・介護の資源をリストまたはマップ化し，地域の医療・介護事業関係者の連携に活用する
- 地域の医療・介護関係者が参画する会議を開催し，在宅医療・介護の現状や課題を出し合い，解決策の検討を行う
- 在宅医療と在宅介護の切れ目のない提供体制を構築するための具体的な取り組みを企画する
- 医療・介護関係者が情報共有できるツールを整備する等，両者の情報共有を支援する
- 在宅医療・介護医療連携を支援する相談窓口に在宅医療・介護連携を支援する人材を配置し，在宅医療・介護連携の相談を受ける
- 医療・介護関係者の連携をために，他職種でのグループワーク等の研修を行う
- 地域住民に対して在宅医療・介護連携のための普及啓発活動を行う

・在宅医療・介護連携ついて関係市町村の広域連携に必要な事項を協議する
　また，②認知症総合支援事業においては，「認知症の人に対する早期診断・早期対応を支援する認知症初期集中支援推進事業」，認知症地域支援推進員を配置し，相談業務を行う「認知症地域支援・ケア向上事業」が用意された。
　③地域ケア会議推進事業では，支援困難な事例を多職種で検討し，支援ネットワークの構築やケアマネジメント支援を行う地域ケア個別会議を開催するとともに，そこから発見された地域の課題把握に基づき，地域づくりや資源開発，政策形成を行う地域ケア推進会議を開催していくことになった。
　④生活支援体制整備事業では，生活支援コーディネーターの配置，協議体を設置して高齢者の社会参加や生活支援の担い手を養成し，サービスを開発していく。これは，介護予防・日常生活支援総合事業における高齢者の多様な日常生活の支援を担う担い手づくりにつながり，生活支援コーディネーターは資源開発，ネットワーク構築，ニーズと取り組みのマッチングを行うことになった。
　2016年3月には「地域包括ケア研究会報告書──地域包括ケアと地域マネジメント」が発表される。今回の報告書では，地域包括ケアシステム構築のためには地域マネジメントが必要であると指摘している。地域マネジメントとは「地域の実態把握・課題分析を通じて，地域における共通の目標を設定し，関係者間で共有するとともに，その達成に向けた具体的な計画を作成・実行し，評価と計画の見直しを繰り返し行うことで，目標達成に向けた活動を継続的に改善する取り組み」として，それは自治体の大きな役割であると述べている。その上で地域包括ケアが目指すものを，①利用者から見た「一体的」なケアを提供する仕組みであること，②その具体的な姿や構築の過程は一定の共通点が見られるものの，地域ごとに異なるものであること，③社会資源は「自助・互助・共助・公助」のバランスの上に作られ，とりわけ自助・互助の持つ潜在力が重要であること，④時代の進展に伴い人生の最終段階に関する考え方やケアのあり方が変化していくこと，⑤地域包括ケアシステムの構成要素は，社会やそれに対応した政策の変更によって柔軟に進化していくものであること，と整理している。
　2016年6月には「ニッポン一億総活躍プラン」が閣議決定され，その3つの柱の一つに「介護離職ゼロ」が掲げられている。そのための取り組みとして以下の9点の取り組みが示されている。
　(1)　高齢者の利用ニーズに対応した介護サービス基盤の確保
　(2)　求められる介護サービスを提供するための多様な人材の確保，生産性の向上
　(3)　介護する家族の不安や悩みに答える相談機能の強化・支援体制の充実
　(4)　介護に取り組む家族が介護休業・介護休暇を取得しやすい職場環境の整備

(5) 働き方改革の推進
(6) 元気で豊かな老後を送れる健康寿命の延伸に向けた取り組み
(7) 高齢者への多様な就労機会の確保
(8) 障害者，難病患者，癌患者等の活躍支援
(9) 地域共生社会の実現

さらに2016年7月には「我が事・丸ごと」地域共生社会実現本部が設置された。これは，地域住民が地域の課題を「我が事」として，小中学校区において住民主体で解決してくことを専門職がバックアップすること。さらに，地域では解決できない課題は多機関・他分野の支援ネットワークの構築を図り包括的・総合的な相談体制を確立していくことを掲げるものである。こうした動きの中で，地域包括ケアシステムは高齢者のみを対象としたものから，分野世代を問わない総合的な支援体制づくりを見据えたものへと広がっていく様相を見せている。

2017年5月には「地域包括ケアシステムの強化のための介護保険法等の一部を改正する法律」が成立した。これにより2018年4月から，①自立支援・重度化防止に向けた保険者機能の強化等の取り組みの推進，②医療・介護の連携の推進，③地域共生社会の実現に向けた取り組みの推進が始まった。また，制度の持続可能性を確保するため，サービス利用料について3割負担となる層を導入するとともに，第2号被保険者の保険料の負担方法を加入者割から総報酬割りへと移行されることになった。

こうした動きは，保険者に介護予防や地域ケア会議の活性化による医療・介護連携の促進が求められることや，居宅介護支援にはケアプランの主治医への交付の義務化，入院時の情報連携加算やターミナルケアマネジメント加算等が設けられた等，医療・介護連携のもとで要介護者を地域で最後までケアしていくことを求めていく等，地域包括ケアのさらなる推進をめざすものである。

地域包括ケアの構成要素

「地域包括ケア研究会報告書」（2016年）においては，地域包括ケアの構成要素として，以下の6点が挙げられている（図3-3）。

① 本人の選択と本人・家族の心構え

従来は「本人・家族の選択と心構え」とされていたが，「本人の選択」が最も重視されるべきであると強調されている。そして，その選択に対して本人や家族がどのように心構えを持つかが重要であるとしている。報告書では「家族は，本人の選択をしっかりと受け止め，例え要介護状態となっても本人の生活の質を尊重することが重要」と指摘しているが，本人の「どのように暮らしたいか」という思いを受け止め，本人と家族がその思いを実現できるような心構えができ，選択ができるように支援していくことは，支援する専門職側が留意していくべき重要な視点である。

図3-3 地域包括ケアシステムの「植木鉢」

出所：三菱UFJリサーチ&コンサルティング（2015）『2015年度地域包括ケア研究会報告書』。

② すまいとすまい方

2013年報告書において，持ち家か賃貸かを問わず，「住まいは地域包括ケアシステムの前提条件であり基盤[12]」と考えられている。住まいは高齢者のニーズに応じて，施設，有料老人ホーム，グループホーム，高齢者住宅，自宅（持ち家，賃貸）等さまざまな場が想定されている。また，住宅のバリアフリー化は大切な要素であり，バリアフリー化された住宅の提供や，持ち家の改修によって能力に応じた自立した生活が送りやすくなる。また，ライフステージに応じた適切な住み替えや，低所得・低資産高齢者の住まいの確保とといった点も考慮すべきこととと指摘されている。

③ 介護予防・生活支援

介護予防・生活支援は，セルフケアの主体である高齢者自身（自助）や家族，地域住民等（互助），そしてNPO法人・一般企業・住民ボランティアなど介護予防・日常生活支援総合事業の取り組みに位置づけられる多様な主体が担い手となる。

④ 医療・看護

医療には入院医療，外来医療，在宅医療があるが，地域包括ケアにおいて特に必要とされるのは訪問診療，訪問看護・訪問リハビリテーションなどの在宅医療である[13]。また，超高齢社会の医療のあり方としては従来の「治す医療」からよりQOLを重視した「治し・支える医療」への転換が求められる[14]。

⑤ 介護・リハビリテーション

介護サービスの目的は高齢者の尊厳の保持と自立支援である。また，リハビリテーションにおいても重度化予防や生活機能の改善が求められる。介護もリハビリテーションも，訪問によるサービス提供（訪問介護，訪問リハビリテーション）や通所によるサービス提供（通所介護，通所リハビリテーション）によって，これらの役割を果たしていく。

⑥ 保健・福祉

高齢者の健康意識の向上やセルフマネジメントの知識を住民に広めていくための保健師の活動や，単身高齢者や低年金高齢者の増加に伴う貧困問題など複雑な福祉問題を抱えた高齢者世帯の増加に対応するソーシャルワークの重要性が認識されている。

◻︎ 地域包括ケアの機能

地域包括ケアシステムは，「介護サービスを中核に，医療サービスを初めとするさまざまな支援が継続的かつ包括的に提供される仕組み」であり，そのことによって高齢者の在宅生活の限界点を高めることをねらいとしている。これは，地域社会を基盤として統合ケア（integrated care）を推進することである[15]。こうした取り組みは高齢化が進む先進諸国が直面する，医療と介護あるいは複合的な支援ニーズを持つ人々に対して統合ケアを提供すべきという課題に対応する取り組みであり，ケアサービスの連続性と統合を向上させ，ケアの質，アクセス，効率性を改善することをねらいとしている[16]。筒井は統合ケアの定義は多様で，統一的な定義はないとしながらも，ローゼン（Rosen, R.）らの統合の5つのタイプを紹介している[17]。

(1)システム的統合：政策，ルール，そして規制のフレームワークの強調と提携
(2)規範的統合：組織，専門家集団，個人の間で価値観，文化，視点の共有
(3)組織的統合：組織間での構造，統治システム，関係の強調
(4)管理的統合：事務管理業務，予算，財政システムの提携
(5)臨床的統合：情報とサービスの強調，または患者のケアを統合し，一つの過程にまとめる

さらに筒井は，地域包括ケアシステムは地域の特性によって異なり，より良いモデルを選択していく方法しかないとしつつも，統合は利用者のためにあるという原則さえ共有できていれば，いかなる地域においても利用者のケアを改善するためのサービス統合は可能になると指摘している[18]。

2 地域にある社会資源

◻︎ 社会資源のとらえ方

ケアマネジメントは，複雑で重複した問題をもつ利用者が，必要とするサービス社会資源を利用できるように，利用者のニーズと社会資源を結びつける援助方法である。社会資源は「福祉ニーズの充足のために利用・動員される施設・設備，資金・物品，諸制度，技能，知識，人・集団などの有形，無形のハ

第3章　ケアマネジメントと地域

図3-4　社会資源の構造

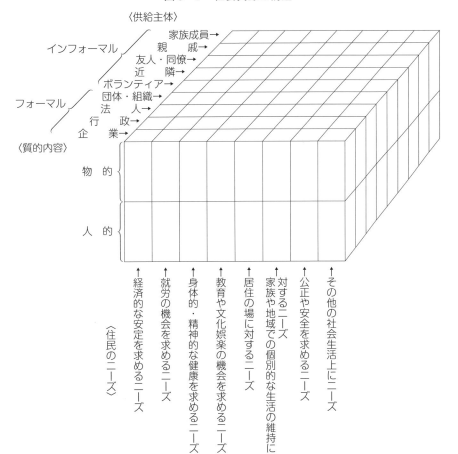

出所：白澤政和（1992）『ケースマネージメントの理論と実際』中央法規出版，119頁。

ードウェアおよびソフトウェアの総称[19]」と定義づけられ，すなわち利用者のニーズを充足することができるものはすべて社会資源と見なすことになる。

　こうした社会資源の分類法について白澤は，①供給主体による分類，②利用者側の生活ニーズによる分類，③質的内容による分類（人的，物的）の三つの指標を組み合わせて分類することができるとしている[20]（図3-4）。

　社会資源を供給主体から考えると，①制度化されたもの（フォーマルな社会資源），②利用者その人や地域の人のつながりの中で提供されるもの（インフォーマルな社会資源）に分類され，さらに③利用者自身が持つ内的資源（ストレングス）もニーズ充足のために活用される資源と考えることができる。この内的資源は利用者のセルフケアの力であり，内的資源の活用は「自助」と，また，家族，友人，知人，近隣住民等の力を借りることは「互助」ということができるだろう。通常，ケアマネジメントにおいて利用者と結びつける社会資源は，フォーマルなサービス供給システムにおいてすでに準備されたサービスであると解されやすいが，利用者の支援ネットワークを構築するためにはインフォーマルな支援ネット

第Ⅰ部 理論編

ワークについても視野に入れ，これらを適切に利用することが求められる。[21]

□ フォーマルな社会資源
① フォーマルな社会資源とは

フォーマルな社会資源の特徴は，社会制度としての枠組みを持っていることにより，その制度が対象とする利用者層が想定され，その利用要件に当てはまれば，どのような人でも利用することが可能なことである。その供給は行政や社会福祉法人，医療法人，NPO法人，民間営利企業等の組織によって担われ，サービス提供は職業として成り立っており，継続性が担保されやすい。さらに，サービス提供者は職業としてその業務を行っており，サービス提供の繰り返しによる熟練や継続的な教育・訓練から質の担保が期待できる。その反面，サービスは契約によってあらかじめその内容，時間，提供場所，サービス量などが決められており，その時々の状況や要望に応じてそれらを変化させる柔軟性には乏しいといえる（ただし，そうした柔軟性をもったサービスとして小規模多機能型居宅介護や定期巡回訪問介護看護などがある）。

以下，さまざまな社会資源について概略を述べておく。

② 介護保険制度

介護保険制度が用意している社会資源としては，何らかの直接サービスを供給する居宅サービス・施設サービス・地域密着型サービスと，相談・調整という間接的サービスを提供する居宅介護支援，地域包括支援センターがある（図3-5）。これらを，提供される生活の場から考えると，以下のようなサービス群が用意されている。

(1)訪問系サービス

利用者宅を訪問し，サービスを提供する。訪問介護，訪問看護，訪問入浴，夜間対応型訪問介護

(2)通所系サービス

利用者を事業所まで送迎し，事業所でサービスを提供する。通所介護，通所リハビリテーション

(3)短期滞在系サービス

施設で短期間利用者を滞在させ，必要なサービス提供を行う。短期入所生活介護，短期入所療養介護

(4)居住系サービス

入居者のすまいであり，必要なケアを含めたサービスを提供する認知症共同生活介護，何らかの居住サービスに介護サービスを付加する特定施設入居者生活介護

(5)施設サービス

介護保険制度における入所施設。介護老人福祉施設（特別養護老人ホーム），介

図3-5 介護サービスの種類

	都道府県・政令市・中核市が指定・監督を行うサービス	市町村が指定・監督を行うサービス
介護給付を行うサービス	◎居宅介護サービス 【訪問サービス】 ○訪問介護（ホームヘルプサービス） ○訪問入浴介護 ○訪問看護 ○訪問リハビリテーション ○居宅療養管理指導 ○特定施設入居者生活介護 ○福祉用具貸与 ◎居宅介護支援 【通所サービス】 ○通所介護（デイサービス） ○通所リハビリテーション 【短期入所サービス】 ○短期入所生活介護（ショートステイ） ○短期入所療養介護 ◎施設サービス ○介護老人福祉施設 ○介護老人保健施設 ○介護療養型医療施設	◎地域密着型介護サービス ○定期巡回・随時対応型訪問介護看護 ○夜間対応型訪問介護 ○認知症対応型通所介護 ○小規模多機能型居宅介護 ○看護小規模多機能型居宅介護 ○認知症対応型共同生活介護（グループホーム） ○地域密着型特定施設入居者生活介護 ○地域密着型介護老人福祉施設入所者生活介護 ○複合型サービス（看護小規模多機能型居宅介護）
予防給付を行うサービス	◎介護予防サービス 【訪問サービス】 ○介護予防訪問介護（ホームヘルプサービス） ○介護予防訪問入浴介護 ○介護予防訪問看護 ○介護予防訪問リハビリテーション ○介護予防居宅療養管理指導 ○介護予防特定施設入居者生活介護 ○介護予防福祉用具貸与	【通所サービス】 ○介護予防通所介護（デイサービス） ○介護予防通所リハビリテーション 【短期入所サービス】 ○介護予防短期入所生活保護（ショートステイ） ○介護予防短期入所療養介護	◎地域密着型介護予防サービス ○介護予防認知症対応型通所介護 ○介護予防小規模多機能型居宅介護 ○介護予防認知症対応型共同生活介護（グループホーム） ◎介護予防支援

注：このほか，居宅介護（介護予防）福祉用具購入費の支給，居宅介護（介護予防）住宅改修費の支給，市町村が行う介護予防・日常生活支援総合事業がある。
出所：厚生労働省。

護老人保健施設，介護療養型医療施設（2018年4月以降，介護医療院に転換（経過期間6年））

(6) 小規模多機能系サービス

通い，訪問，泊まりといった機能を柔軟に組み合わせる小規模多機能型居宅介護，それに看護サービスを加えた看護小規模多機能型居宅介護

(7) 住宅改修・福祉用具系サービス

(8) 相談・居宅介護支援系サービス：居宅介護支援，介護予防支援，地域包括支援センター

(9) 医療系サービス：居宅療養管理指導

③ 保健・医療

(1) 病院，診療所

要介護高齢者等は何らかの疾患を持っている人が多く，主治医や医療機関は要介護高齢者の生活を支える重要な社会資源である。ケアマネジャーは担当する利用者の主治医と密接に連絡を取り，信頼関係を構築し，日常的な連携・協働を図ることが求められる。また，入院前の在宅生活に関する情報提供や，退院に際しての退院前カンファレンスに参加し，利用者の入退院に際しても切れ

目のないケアを提供することも求められる。

(2)在宅患者訪問薬剤管理指導

服薬管理は利用者の健康状態の維持・向上に欠かせない。服薬管理の支援において薬局の薬剤師は連携を図る社会資源となる。

(3)保健所，保健センター，障害者総合支援法関係のサービス

難病や精神疾患などを抱えた利用者を支援する場合，ケアマネジャーがこれらの疾病理解や療養生活支援のための知識を十分に持っているとは限らない。そのような場合，保健所や保健センターに配置されている保健師や精神保健福祉相談員への相談，嘱託精神科医による専門相談などを活用して必要な情報を得ることは有効な手段である。同様に，障害者総合支援法の相談機関である障害者相談支援事業所の相談支援専門員もまた，必要な情報を得たり，介護保険サービスと併用する場合には連携・協働していく社会資源となる。特に，障害者総合支援制度のサービスを利用していた障害者が65歳となり，介護保険制度へと切り換えを求められる際には，ていねいな連携が必要となる。

④ 住宅

利用者が「有料老人ホーム」や「サービス付き高齢者住宅」に住んでおり，種々の介護サービスを利用している場合，ケアマネジャーはこれらの住宅の生活相談員と連携して支援していく。

⑤ 福祉

利用者の中には生活保護を受給している人もいる。そうした場合，福祉事務所のケースワーカー（現業員）との連携は欠かせない。また，生活困窮者相談窓口から介護ニーズを抱えた相談者が送致されてくることもある。さらに，要介護高齢者等の同居者で稼働年齢であるが長期にわたって引きこもっている人がいる場合もある。このような場合，生活困窮者自立支援相談窓口の相談員との連携が必要になってくる。

⑥ 権利擁護

介護保険制度下では介護サービスは契約によって利用することになるが，認知症などで意思能力が低下している場合，契約が困難となる。このような場合，「日常生活自立支援事業」や「成年後見制度」を活用することでサービス利用を可能にしていくことが求められる。ケアマネジャーはこれらの制度を紹介し，活用の働きかけをしたり，既に活用している場合には専門員・生活支援員（日常生活自立支援事業）や後見人・保佐人・補助人（成年後見制度）と連携を図り，利用者の日常生活を支援していく。

⑦ その他

上記にあげた以外にも，たとえば配食サービス事業者や福祉用具事業者等，さまざまな福祉サービス事業者との連携を図っていくことも必要である。また，市場サービスとして利用者とつながりのある商店等も，利用者支援ネットワー

クの構成メンバーとして協働していく場合がある。

□ インフォーマルな社会資源
　① インフォーマルな社会資源とは
　インフォーマルな社会資源は，その支援者が家族，親戚，友人，知人，近隣住民やボランティアなど，専門職ではない人たちによって担われるものである。ボランティア団体が組織的に支援活動を提供している場合は，支援を受ける要件や支援の提供に関する一定のルール化がなされているなど，フォーマルな社会資源に近い形態をとるものもある。インフォーマルな支援者はフォーマルな活動に比べて専門性や継続性は低いものの，状況や要望に応じてその支援の内容を臨機応変に変化させていくことができやすい。また，家族会や患者会などのセルフヘルプグループによる支援では，専門職が持っている以上にきめの細かい情報を支援者側が持っている場合もある。

　多くの場合インフォーマルな社会資源は，当該利用者と地縁や血縁など何らかの結びつきがあり，そしてそこには何らかの感情的な結びつきが形成されている。インフォーマルな支援は支援者と利用者のこうした感情的な結びつきによってつなぎ止められているものである。この感情的な結びつきにはポジティブなものとネガティブなものがある。前者では，たとえば「以前にお世話になったら，今度は私がそのお返しをする番だ」「以前から良く知っているので，今の状態はかわいそうだから助けてあげたい」といったような感情を支援者が持っている場合が考えられる。反対に後者では，「隣に住んでいるが，火でも出されたらかなわない」「同じアパートに住んでいるが，孤独死していたりするかも知れないと思うと気が気でない」など，必ずしも利用者を慮ってということではなく，近隣住民の方が不安を抱えていることが「仕方なく」見守りをする，手助けをするといった行動につながっている場合もある。

　インフォーマルな支援がこうした性質を持つ以上，ケアマネジャーはフォーマルな支援者を利用者と結びつけるとき以上に，この繊細な関係に注意を払わなければならない。そのため，アセスメント段階から利用者に対して，どのような人が関わりを持っているのかを把握するとともに，その関係がどのような感情的結びつきによっているのかを知ることが大切である。さらに，こうした感情的結びつきは強い反面脆いものであることを意識し，インフォーマルな支援者が利用者と関わることについてどういった感情を抱いているのかを知ろうとすることが必要になる。同時に，インフォーマルな支援者が実際にどの程度の支援をすることが可能なのか，どこからは現実問題として難しいのかを知っておくことも必要である。

　もし，インフォーマルな支援者が利用者との関わりに「不安」「苦痛」といったネガティブな感情を抱いているとすれば，支援の関係はそこから綻び，崩

れていく可能性がある。ケアマネジャーはそうした感情を軽減することを考慮し，インフォーマルな支援者に過剰な負担（物理的，心理的）がかからないように工夫してケアプランを作成する必要がある。インフォーマルな支援者はフォーマルな社会資源の補完代替を担うものではなく，支援者が物理的，心理的に過剰な負担がかからない状態で利用者との関わりを持ってもらえるようにしていくことによって，インフォーマルな支援者の力がより発揮され，支援が長続きしていくものである。

② ソーシャルサポートとしてのインフォーマルな支援

人は社会生活を送る上で周囲からさまざまなサポートを受けている。マグワィア（Maguire, L.）はクライエントと出会う最初の段階で，主訴とその経過を確認するとともに，クライエントのソーシャルサポートシステムについても明らかにする必要があると述べている。それらは以下のように例示されているが，重要なことは「誰」がクライエントと関わっているのかだけでなく，「どのように」関わっているのかを知る必要があると指摘していることである。

「夫婦間の地位」「世帯の家族構成」「同胞の数と年齢，および接触の頻度と類型」「現になされている親とのかかわり」「職業上の地位」「近隣とのかかわり」「次のような組織への加入：宗教もしくは教会グループ，自助グループ，女性だけのクラブもしくは友愛組合のような組織，労働組合，民族クラブ，ソーシャルクラブ，政党グループ，スポーツもしくは運動競技のチーム，親のグループ若しくは組織，近隣の「会館」もしくはバー，あるいはストリートコーナーのような「溜り場」（＊ここに例示されているものの中には文化や社会のあり方の違いから，日本の要介護高齢者の支援においては馴染みがないものもある。しかし，利用者の生活における他者とのつながりを理解しようとするとき，このように多様な関わりに注意を払っていく必要があると思われる）。

こうしたインフォーマルな支援者が担うソーシャルサポートについて，ウィルス（Wills, T. A.）は以下のように6つの機能に分類している。

(1) 自己評価サポート：人が自分自身を価値ある存在であることを確認させてくれるようなサポート
(2) 地位のサポート：集団に属し，何らかの役割を果たしていることで得られるサポート
(3) 情報のサポート：自分が必要としている情報を提供してもらうこと
(4) 道具的サポート：課題を解決するための実際的な援助（お金，労働力等）
(5) 社会的コンパニオン：共にいる，出かけるなどによって社会活動をしやすくするサポート
(6) モチベーションのサポート：課題を解決するための努力を継続できるように動機づけを高める

利用者が必要とする支援を介護ニーズからだけ見るのではなく，このように

さまざまな支援を誰から、どのように得ているのかを見ていくとき、利用者の本当の生活の姿が見えてくる。おそらくこれらのサポートの中で介護サービスが主として担うことができるのは道具的サポートであろう。それ以外のサポートが、介護が必要になったとしても提供され続けるためにはどうすればよいか、ケアプランの中でそうした工夫が盛り込まれることは大切である。

③ 当事者が行う支援

近年、障害者福祉領域ではピア（仲間）による支援の力が注目されている。高齢者福祉領域ではまだまだ一般的ではないものの、2014年には認知症当事者の「日本認知症ワーキンググループ」が発足するなど、さまざまな動きが起こっている。家族会や当事者の会には電話相談等の支援活動をしているところもあり、当事者としてのリアルな情報を提供できる社会資源であるといえるだろう。

また、病や障害を得た当事者がどのような道筋を歩んでいくのか、その過程でどういった苦労を背負い込み、それにどのように対処していくのかに関する知識もまた、大切な社会資源といえるだろう。ケアマネジャーは、今現在困難な状況に置かれている人が、そうした過程をすでに経験した当事者の体験を聞き、対処するための知識を得ていくことができるように助力していく必要があるといえる。

利用者の内的資源

利用者自身も、自分が現在直面している状況に対処するための力を持っている。こうした力は、近年では強さ（ストレングス）と表現されることが多い。ストレングス視点では「すべての人びとは、広範な才能、能力、キャパシティ、スキル、資源、願望を持つ」と考え、ラップ（Rapp, C. A.）は強さとは「熱望、能力、自信[25]」だと述べている[26]。また高齢者の支援では、今現在はその力は弱っているとしても「自分はこういうことを大事にして生きてきた」「こういうことを頑張ってきた」というような「自負心」もまた、強さといえるだろう。こうした強さは丁寧なアセスメントによって見出されるが、そのためには利用者との間にしっかりした信頼関係を構築していくことが必要である。ケアマネジャーにはそうした強さを見つけていくために高いコミュニケーション能力が求められる。

強さは本人の中にも、本人を取り巻く環境の中にもある。白澤は、本人のできること／能力（身体機能面）、意欲や嗜好（精神心理面）、本人を支える社会環境（社会環境状況）などの強さを支援に活かしていくことが重要であり、そうした支援は本人の意欲やQOL（生活の質）を高めると述べている[27]。ラップはストレングス・モデルのケアマネジメントを「人々が自身のために設定した目標に達成するのを援助する[28]」ものであると述べている。ケアマネジャーは利用者と

3 ケアマネジメントと地域保健福祉計画

▢ 地域課題という考え方

　2011年6月の介護保険法改正において，保健医療福祉に関する専門職の連携努力義務が定められ（第115条46第5項），その方法として地域ケア会議が位置づけられることになった。地域ケア会議は，①高齢者個人に対する支援の充実と，②それを支える社会基盤の整備を同時に進行し，地域包括ケアを実現させる手法と考えられている。『地域ケア会議運営マニュアル』（2013年）においては，地域課題について明確な定義はなく，地域ごとに個別的な地域課題があるとしている。実際，このマニュアルに掲載された地域ケア会議の実践例において，地域課題は「交通網の整備状況から生まれる買い物難民，閉じこもり」「ボランティアの高齢化による担い手不足」「認知症高齢者の多さ」「単身高齢者の増加」「市民のボランティア活動が活発でない」「地域の高齢者の実態が把握できていない」「老老介護，遠距離介護，セルフネグレクト」など，さまざまなものが挙げられている。

　このように現象面ではさまざまな様態が挙げられるが，白澤は地域課題を「ある層（クラス）の人々と地域社会との間で適切な相互関係を築くことができていないために，そこから解決しなければならない地域の課題が生じている状況」とし，そのとらえ方として「地域の特定の高齢者等の人々と地域の環境との関係がうまく対応できていないことやそのおそれがあることに着目する」ことが必要だと指摘している。人の生活は，その人を取り巻く環境の中にあるさまざまなシステムと関わり合うことで，その生活ニーズを満たしていくことで成り立つものである。生活ニーズの充足が図れないとすれば，それはこうしたシステムとの関係性において，①複数のニーズを充足するために必要な複数のシステムとの関係をうまく結べない（不調和），②ニーズを満たしてくれるシステムがない（欠損），③システムはあるが，うまく機能しておらずニーズが充足できない（欠陥）状況が起こっているということである。社会関係の不調和／欠損／欠陥によって生み出される地域課題は，生活ニーズが満たせていない人の生活を丁寧に見ていくことで発見される。この発見を最もしやすい立場にいるのが，ニーズと資源の接合を主機能として利用者を支援しようとするケアマネジャーである。

第3章 ケアマネジメントと地域

◻ 地域ケア会議とケアマネジャー

　地域包括ケアシステムを構築するためには，保健・医療・福祉その他さまざまな社会資源が用意されるとともに，それらの資源がネットワークで結ばれ，必要に応じて連携協働して機能することが必要になる。地域包括ケアシステムの構築のために，①日常生活圏域ニーズ調査，②地域ケア会議，③医療・介護情報の「見える化」という3つの量的・質的分析をもって地域課題を把握し，地域の関係者による対応策の検討，実施を経て，地域の資源システムを整備していくというPDCAサイクルを展開していく（図3-6）。日常生活圏域ニーズ調査や医療介護情報の見える化が地域課題を「静的」にとらえようとするものであるとするなら，地域ケア会議は今何らかの生活困難な状況にある人の支援を展開しつつ，地域課題を「動的」にとらえていく方法だといえる。

　地域ケア会議には5つの機能があるとされる（図3-7）。

① 個別課題解決機能

　支援困難な事例を検討することで，その事例のアセスメントを掘り下げ，より有効な支援のあり方を模索し，生活課題の解決を図る。

② ネットワーク構築機能

　関係者が一堂に会し，支援について話し合うことを通じて相互のつながりが形成され，強化されていく。

③ 地域課題発見機能

　個別事例の検討や実際の支援を通じて，その利用者の抱えている問題の背景に隠れている「人々と地域の環境との関係がうまくかみ合っていない状況」を見つけようとする。そのことで，その利用者だけではなく，同じような生活困難を抱えているが，まだ発見されていない不特定多数の存在（その生活困難を抱えた層）を見つめるとともに，そうしたことが起こる要因が何らかの資源の不備や不足であることを発見していく。

④ 地域づくり・資源開発機能

　こうして発見された地域課題を解決するために，既存の資源を改善したり，インフォーマル・サポートや地域の見守りネットワークなど新たな資源を地域で開発していく。

⑤ 政策形成機能

　発見された地域課題を解決するために，市町村による地域に必要な施策や事業の立案・実施につなげる。また，都道府県や国への政策の提言を行う。

　このように，個別の事例の検討から地域の課題を見つけていくという働きは，利用者の支援に関わっている関係者が協議し合う実務者レベルの会議においてなされる。この会議が当該市町村で年に何回も開催されていくと，そこで協議され，発見された地域課題をある程度量的に把握することができる。例えば，孤独死やそれに類する事例が多く見られるとすれば，その地域にはそうした問

第Ⅰ部 理論編

図3-6 市町村における地域包括ケアシステム構築のプロセス（概念図）

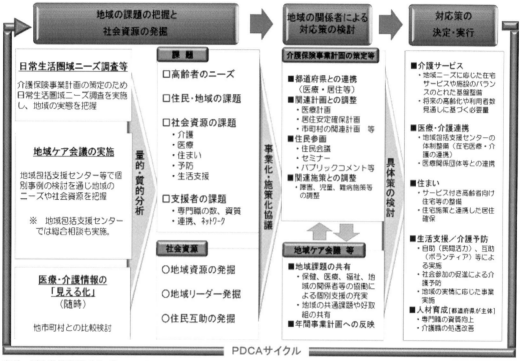

出所：厚生労働省HPより（https://www.mhlw.go.jp/stf/seisakunitsuite/bunya/hukushi_kaigo/kaigo_koureisha/chiiki_houkatsu/）。

図3-7 「地域ケア会議」の5つの機能

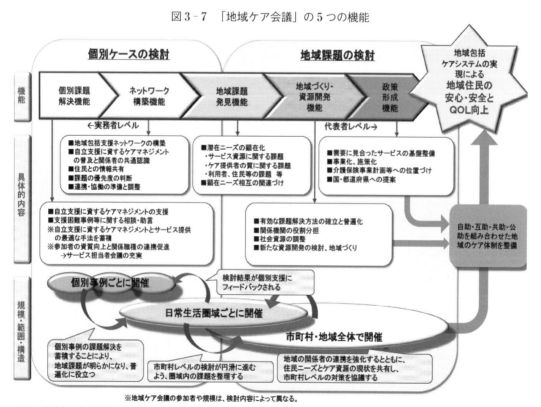

出所：地域ケア会議運営マニュアル作成委員会（2013）『地域ケア会議運営マニュアル』長寿社会開発センター，25頁。

題を引き起こしやすい資源の不備や不足があるとみることができるだろう。

しかし，実際に地域づくり・資源開発や政策形成を行うためには，介護保険事業計画や老人保健福祉計画の策定委員会といった資源開発や政策形成に影響を与える権限を持った場で地域課題が協議される必要がある。

◻ 保健福祉計画に関与するケアマネジメント

市町村の介護保険事業計画は，実際には老人保健福祉計画と一体的に協議，立案される。

介護保険事業計画策定委員会は当該市町村の介護保険事業において，どのような資源をどれほど整備するか，またそのための財源となる介護保険料の額をどう設定するか等を検討する会議である。さまざまな地域課題が生起する背景には，やはりさまざまな要因がある。たとえば，先にあげた孤独死問題は介護保険制度の課題だけではなく，各種のフォーマルな社会資源間の情報共有のあり方や，親族・近隣ネットワークからの疎遠，社会的孤立といった要因が大きい。そのため，フォーマルな資源への注意喚起，地域住民間のつながりづくりや声かけ，見守りなどの取り組みが不可欠になる。このように考えると，地域課題は市町村の老人保健福祉計画の策定委員会で協議される必要があると考えられる。

こうした計画は当該市町村の高齢者の実態を把握するとともに，従前行われてきた各種の事業の評価を行いながら，次期計画で取り組むべき課題を設定し，その課題の解決策として用意されるべき施策の数値目標，実現のための手続きや年次計画などを設定していく。その守備範囲は健康づくり・生きがいづくり，社会参加促進や就労機会創出，高齢者クラブの育成，高齢者福祉・医療施設の整備，健康づくり施設の整備，介護保険事業の実施体制と施設整備，介護保険対象外高齢者への福祉サービス，高齢者虐待の防止や権利擁護体制の整備等，多岐にわたる。このような会議に，先にあげた地域ケア会議から発見された地域課題と，その解決策（案）が提示されるとすれば，地域課題を解決できるような事業計画が立案される可能性が生まれてくる。

そのためには，地域課題がしっかりと把握されていることが必要になる。ケアマネジャーが個別支援のなかで発見する地域課題が政策立案に反映されていくためには，政策立案側がそれをアジェンダ（検討課題）にできるようにする必要がある。ケアマネジャーが個別支援に視点を置くのに対して，政策立案側は当該制度がその対象（たとえば当該自治体に居住する市民全員）に対して平等・公平に資源配分を行うことを責務と考える。そのため，一つの事例を根拠とする訴えは現実的には政策協議の俎上には登りにくい。しかしながら，地域ケア会議でたくさんの事例が検討され，半年間あるいは1年間で検討した事例を累積的に検討することで，その中に隠れているさまざまな組織や制度の不備があ

ぶり出されれば，その可能性は高まる。また，一事例であっても深刻な課題であれば，その利用者と同様の状況に置かれている人が当該市内にどれくらいいるかを推計することで政策課題に取り上げられる可能性が生まれてくる。こうした動きを作り出していく出発点は一つひとつの支援困難事例である。このように考えると，ケアマネジャー側からできることは自分の担当する利用者の抱えている困難の背景に何らかのシステムの不備を発見するとき，その事例を意識的に地域ケア会議に提出し，政策課題化するための証拠を積み上げていくことであろう。そのためには，ケアマネジャーには個別支援の視点はもちろん，個別事例の向こう側に地域の資源システムの問題を透かして見るような視点を持つことが求められるといえるだろう。

○ 注
(1) 二木立（2015）『地域包括ケアと地域医療連携』勁草書房，6頁。
(2) 地域包括ケア研究会（2009）「地域包括ケア研究会報告書——今後の検討のための論点整理」7頁。
(3) 神原文子ほか（2009）『よくわかる現代家族』ミネルヴァ書房，157頁。
(4) 二木立（2015）『地域包括ケアと地域医療連携』勁草書房，16-18頁。
(5) 白澤政和（2014）「地域包括ケアの考え方と方法」日本社会福祉学会事典編集委員会編『社会福祉学事典』丸善出版，556頁。
(6) 二木立（2015）『地域包括ケアと地域医療連携』勁草書房，3頁。
(7) 地域包括ケア研究会（2010）『地域包括ケア研究会報告書』三菱UFJリサーチ＆コンサルティング，27頁。
(8) 地域包括ケア研究会（2015）『地域包括ケアシステムの構築における今後の検討のための論点』三菱UFJリサーチ＆コンサルティング，2頁。
(9) 前掲書，5頁。
(10) 地域包括ケア研究会（2016）『地域包括ケアと地域マネジメント』三菱UFJリサーチ＆コンサルティング，4-5頁。
(11) 前掲書，6頁。
(12) 地域包括ケア研究会（2013）『地域包括ケア研究会報告書』15頁。
(13) 宮島俊彦（2013）『地域包括ケアの展望』社会保障研究所，26頁。
(14) 社会保障制度改革国民会議（2013）『社会保障制度改革国民会議報告書』13頁。
(15) 筒井孝子（2014）『地域包括ケアシステム構築のためのマネジメント戦略』中央法規出版，86頁（原典はShaw, S., Rosen, R. and Rumbold, B.（2011）*Research report overview of integrated care in the NHS ; what is integrated care ?*, Nuffield Trust, p. 8）。
(16) 前掲書，33頁
(17) 前掲書，45頁。
(18) 前掲書，241頁。
(19) 小笠原慶彰（1993）「社会資源」京極高宣監修『現代社会福祉学レキシコン』雄山閣。
(20) 白澤政和（1992）『ケースマネージメントの理論と実際』中央法規出版，119頁。
(21) Roberts-Degennaro, M.（2008）*Case Management. Encyclopedia of Social Work* 20th Edition, NASW PRESS, p. 223.

第3章 ケアマネジメントと地域

(22) マグワィア, L. 著, 小松源助他訳 (1994)『対人援助のためのソーシャルサポートシステム』川島書店, 18頁.

(23) ここに例示されているものの中には文化や社会のあり方の違いから, 日本の要介護高齢者の支援においては馴染みがないものもある。しかし, 利用者の生活における他者とのつながりを理解しようとするとき, このように多様な関わりに注意を払っていく必要があると思われる。

(24) 渡部律子 (2011)『高齢者援助における相談面接の理論と実際 第2版』医師訳出版, 42-51頁 (原典は Wills, T. A. (1985) Supportive Functions of Interpersonal Relationships, Cohen, S. and Syme, S. L. (Eds.) *Social Support and Health,* Academic Press, pp. 61-82).

(25) 狭間香代子 (2001)『社会福祉の援助観』筒井書房, 103頁 (原典は Weick, A., Rapp, C, Sullivan, W. P. and Kisthard, W. (1989) 'A Strengths Perspective for Social Work Practice', *Social Worker,* 34(4), p. 352).

(26) チャールズ・A・ラップ著, 江畑敬介監訳 (1998)『精神障害者のためのケースマネージメント』金剛出版, 50-56頁.

(27) 白澤政和 (2009)『ストレングスモデルのケアマネジメント』ミネルヴァ書房, 11-15頁.

(28) 前掲書(26), 65頁.

(29) 地域ケア会議マニュアル作成委員会 (2013)『地域ケア会議運営マニュアル』長寿社会開発センター, 18頁.

(30) 同前書, 24頁.

(31) 白澤政和他編 (2017)『主任介護支援専門員研修』中央法規出版, 199頁.

(32) 白澤政和 (2013)『地域のネットワークづくりの方法』中央法規出版, 14頁.

(33) 小坂善治郎 (2007)「社会福祉計画の分野」岡本民夫他編『エンサイクロペディア社会福祉学』中央法規出版, 462-463頁.

第Ⅱ部

実 践 編

■第4章■
対象別ケアマネジメントの実際

1 介護保険におけるケアマネジメント

1 背 景

□ 介護保険制度とは

　介護保険制度は，40歳以上の人々が保険料を拠出し，それと公的財源を合わせて，彼らが心身の慢性疾患ゆえに長期ケアが必要な要介護や要支援状況になったときに，保健・医療・看護・介護・福祉機器などの諸サービスを給付されるものである。なお，40歳以上65歳未満については，初老期認知症・脳血管障害・筋萎縮性側索硬化症・関節リウマチ・回復の見込みがない状態に至ったと医師が判断したがんなど，法に定める特定疾病により長期ケアが必要になった要介護・要支援者に限られる。

　給付されるサービス内容は，要介護者，要支援者，さらには介護予防・生活支援サービス事業対象者（特段必要のない場合は，要支援者と介護予防・生活支援サービス事業対象者を合わせて，要支援者等とする）に分かれており，**表4-1**のようになる。

　在宅の場合は，要支援者や要介護者の要介護状態別でのサービス支給限度額が設定されており，限度範囲内であれば，原則1割の自己負担でサービスが利用できることになる。一部の所得の高い者は2割と3割の負担となる。

　この介護保険が導入されるに至った理由としては，大きく3つあげられる。

　第1は，今後の人口の高齢化に対応して急増する要介護高齢者の長期ケアへの財源の確保が，従来の税方式では困難になってきていたことである。

　第2の理由は，日本の介護は，家族，とりわけ女性の犠牲の上に成り立っており，介護の社会化をすすめ，サービス水準を北欧に近づけることにある。

　第3は，それまでの老人福祉と老人医療はサービス内容が類似しているが，税金と保険というよりどころが異なるため，サービス内容・利用料金・手続きなどに矛盾が生じており，それらに整合性をもたせることである。

第Ⅱ部 実践編

表4-1 対象者別の給付されるサービス

	要介護者	要支援者	介護予防・生活支援サービス事業対象者
居宅サービス	訪問介護 通所介護 訪問入浴介護 訪問看護 訪問リハビリテーション 通所リハビリテーション 短期入所生活介護 短期入所療養介護 居宅療養管理指導 特定施設入居者生活介護 福祉用具貸与 特定福祉用具販売 住宅改修 居宅介護支援	介護予防訪問入浴介護 介護予防訪問看護 介護予防訪問リハビリテーション 介護予防通所リハビリテーション 介護予防短期入所生活介護 介護予防短期入所療養介護 介護予防居宅療養管理指導 介護予防特定施設入所者生活介護 介護予防福祉用具貸与 特定介護予防福祉用具販売 介護予防住宅改修 介護予防支援	介護予防支援
地域密着型サービス	定期巡回・随時対応型訪問介護看護 夜間対応型訪問介護 認知症対応型通所介護 小規模多機能型居宅介護 認知症対応型共同生活介護 地域密着型特定施設入居者生活介護 地域密着型介護老人福祉施設入所者生活介護（要介護3以上） 地域密着型通所介護 看護小規模多機能型居宅介護	介護予防認知症対応型通所介護 介護予防小規模多機能型居宅介護 介護予防認知症対応型共同生活介護（要支援2のみ）	
介護予防・生活支援サービス		訪問型サービス 通所型サービス その他の生活支援サービス	訪問型サービス 通所型サービス その他の生活支援サービス
施設	介護老人福祉施設（要介護3以上） 介護老人保健施設 介護医療院 介護療養型医療施設(注)		

注：介護療養型医療施設は2024年3月末までの6年間延長される。
出所：筆者作成。

□ 介護保険制度へのケアマネジメントの位置づけ

　介護保険制度では，要介護者や要支援者等に対して，各種の居宅介護サービスや施設入所サービスを直接提供するだけでなく，居宅介護支援サービス（要支援の場合は，介護予防支援サービス）とよばれるケアマネジメントが実施される。この居宅介護支援サービスでは，要介護者には，介護支援専門員とよばれるケアマネジャーにより居宅サービス計画を作成・実施することになっている。

　要支援者には，原則地域包括支援センターが，介護予防サービス計画を作成する。

　一方，介護老人福祉施設（特別養護老人ホーム），介護老人保健施設（老人保健施設），介護医療院，介護療養型医療施設の介護保険施設の入所者に対して作

第4章 対象別ケアマネジメントの実際

図4-1 要支援者等への介護予防支援サービス

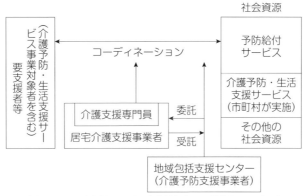

注：介護予防・生活支援サービス事業対象者は予防給付サービスを利用できない。
出所：白澤政和（1998）『介護保険とケアマネジメント』中央法規出版，128頁を一部改変。

図4-2 要介護者への居宅介護支援サービス

出所：図4-1と同じ。

成されるケアプランを施設サービス計画書とよんでいる。

在宅の要支援者等に対する介護予防支援サービスは図4-1に，要介護者に対する居宅介護支援サービスは図4-2のようになる。要支援者等には地域包括支援センター（介護予防支援事業者）が介護予防支援サービスを実施する。要介護者には居宅介護支援事業者（ケアマネジメント実施機関）の介護支援専門員が居宅介護支援サービスを実施することになる。なお，地域包括支援センターは，要支援者等の介護予防支援サービスを居宅介護支援事業者の介護支援専門員に委託することができる。

ただし，地域包括支援センターや介護支援専門員が利用者のニーズに合わせてコーディネーション（調整）する社会資源は，表4-1のような介護保険の予防給付サービスや介護給付サービスが中心になるとしても，さまざまな社会資源が活用されることになる。これには在宅医療サービス，市町村が実施する保健・福祉サービス，民生委員やボランティア等のインフォーマルな支援といった社会資源が含まれる

介護支援専門員は，現在は5年の実務経験のある医師・歯科医師・薬剤師・

保健師・助産師・看護師・理学療法士・作業療法士・社会福祉士・精神保健福祉士・介護福祉士等の国家資格を有する専門職が基本である。さらに，資格は有しないが，介護老人福祉施設の生活相談員，介護老人保健施設の支援相談員，障害者領域のケアマネジャーである相談支援専門員，生活困窮者自立支援事業の主任相談支援員が相談事業に5年以上従事した場合に該当する。筆記試験に合格ののち実務研修を受講することで，都道府県知事から介護支援専門員として認定されることになる。

□ 介護保険制度でのケアマネジメントの過程

介護保険サービスを利用するにあたっては，①～④のような過程を経ることになる。

① 申請

被保険者は主治医意見書を添えて，要介護認定又は要支援認定を保険者に申請する。

② 認定

被保険者は要介護認定に関する調査を認定調査員から受け，調査結果に基づき，コンピュータによる一次判定を行う。さらに一次判定結果と主治医意見書等の資料を基にして，介護認定審査会が自立，要支援1・2，要介護1から5のいずれかの二次判定を行う。最終的に，市町村が認定し，被保険者に通知する。総合事業が始まり，認定を受けず，地域包括支援センターが実施する基本チェック項目によるスクリーニングでもって介護予防・生活支援サービス事業対象者となることができることになった。

③ 居宅サービス計画の作成・実施

認定を得た被保険者は自らの選択により給付サービスを選択することも可能であるが，要支援者等については地域包括支援センター職員に介護予防サービス計画，要介護者については居宅介護支援事業所の介護支援専門員に，居宅サービス計画の作成を依頼する。具体的には，課題分析（アセスメント）をもとに，介護予防サービス計画や居宅サービス計画書を作成し，それに基づき給付サービスを利用することになる。ただし，要支援者等の介護予防サービス計画は，地域包括支援センターから居宅介護支援事業所に委託し，介護支援専門員が担当することができる。なお，①の申請さえすれば，申請した当日から給付サービスを利用することができることになっている。

④ 要介護認定更新・介護サービス計画の変更

要介護・支援の認定については，原則として，有効期間は市町村が定める期間となっており，新規認定では3か月から6か月，更新認定では，要介護者は3か月から24か月，要支援者は3か月から12か月の範囲となっている。

一方，介護予防サービス計画や居宅サービス計画の作成変更は，被保険者の

図4-3 介護サービス利用の過程

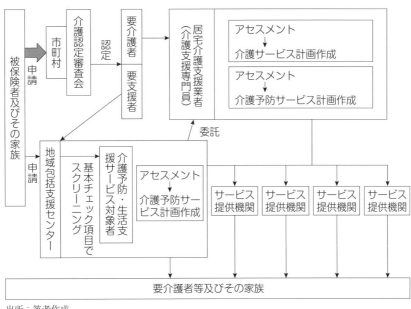

出所：筆者作成。

生活全般の解決すべき課題（ニーズ）の変化に対応して，再度課題分析を実施することで，継続的に介護支援専門員や地域包括支援センター職員と認定を受けている者やその家族との合意のもとで実施されることになっている。

　以上の過程を示すと，図4-3の通りとなる。

　要介護者等が在宅で生活をするためには，あるいは病院を退院して在宅生活を始めるためには，様々なサービスや地域のインフォーマルな支援が必要不可欠である。その際に，要介護者等やその家族のみでは，必要とするサービスやサポートを全て利用することは不可能に近いといえる。要介護者等が必要とするサービスやサポートをコーディネーションしてくれる介護支援専門員や地域包括支援センターが利用者の状況を把握し，生活ニーズを明らかに（アセスメント）し，そこからケアプランを，利用者と一緒に作成する。さらに，利用者の生活ニーズの変化に合わせて，モニタリングを行い，ケアプランの変更を行っていく。

◻ 介護保険とケアマネジメントの関係

　介護保険での要介護者とケアマネジメントの関係は，図4-4のように示すことができる。つまり，長期ケアを必要としている者が，要介護認定のもと要介護者と認定された場合には，保険でサービス利用できる支給限度額を決定する要介護状態区分が認定され，介護保険の介護給付サービスの該当者となる。それをふまえて，要介護者は，各種の介護給付サービスを利用するにあたり，居宅介護支援事業者における居宅介護支援サービスを介して，計画的に生活設

第Ⅱ部 実践編

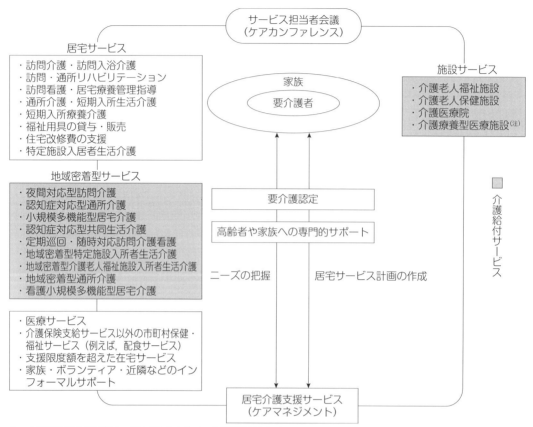

図4-4 介護保険での要介護者とケアマネジメントの関係

注：介護療養型医療施設は，2024年3月末までの6年間延長される。
出所：筆者作成。

計の支援を受けることができる。ここでの介護支援専門員は，要介護者の生活上のニーズを明らかにし，これらのニーズと社会資源とを結びつけることで，要介護者の自立した在宅生活を支援することを目的として，ケアマネジメントを実施することになる。日本では，介護保険の導入とケアマネジメントの確立が同時に提唱された結果，両者は一心同体のようにとらえられがちである。しかしながらドイツには介護保険の制度はあるが，当初はケアマネジメントはなかったが，最近制度化された。韓国は介護保険制度はあるが，現在はケアマネジメントの仕組みはない。一方，イギリス，オーストラリア，カナダ，台湾等では，ケアマネジメントの制度的な仕組みはあるが，介護保険制度は存在しない。そのためわが国の制度は，介護保険とケアマネジメントをつなぐ世界で初めての試みであったといえる。

　介護保険という制度とケアマネジメントの仕組みは，基本的に原理が違うものである。介護保険制度の根底には，国民が財源を出し合い，誰かが困った際に，その人に必要なサービスを提供しようとする共助の精神がある。具体的にいえば，国民が保険料を払い，介護が必要になった際に在宅や施設の介護サー

ビスを利用できるのが介護保険制度である。一方, ケアマネジメントは, 個々人の生活上でのニーズに合わせて, 必要な社会資源を提供し, 在宅生活を支援していくことにある。つまり, 国民の共助による制度を準備することと, 個々人のニーズとサービスを結びつける仕事は基本的に異なるわけである。

ケアマネジメントの意義は, その人の地域生活上での困りごとと, さまざまな社会資源を結びつけることにある。この結びつけることを「コーディネーション」や「リンキング」といい, この仕事がケアマネジメントである。

介護保険の枠内にケアマネジメントが取り込まれれば, ケアマネジメントの対象者がある特定の要援護者層に限定され, かつ利用できる社会資源も介護保険の給付品目内にとどまることになりかねない。その意味では, 介護保険の枠を超え, 多様な利用者にできる限り多岐にわたる社会資源を駆使して, 利用者の自立した在宅生活を支えることが, 日本全体で求められるケアマネジメントであるといえる。

そのため第1には, ケアマネジメントのなかの主要な社会資源として介護保険の給付サービスを位置づけるとしても, 介護保険の給付サービス品目以外を社会資源としてとらえる。

第2には要介護者等の認定を受けられなかった高齢者についても, ケアマネジメントを必要とする人々は存在する。こうした人々に対しても, 地域包括支援センターでの総合相談を介して, ケアマネジメントを活用して, そうした人々の在宅生活を支援していくことが求められる。

実際にアメリカでは, マネジド・ケアとよばれる民間医療保険やメディケイドのなかで医療財源抑制のためにケアマネシメントが活用されている。ケアマネジメントは, 財源抑制のためにも, 利用者の生活の質を高めるためにも活用できる, いわば両刃の剣の側面をもっている。その意味では, 介護保険とケアマネジメントをうまくかみ合わせることで, 第一義的な目的として要介護者等の生活の質を高める在宅生活を支援することが求められる。このためには, 繰り返すことになるが,「ケアマネジメントの仕組みのなかに介護保険の給付サービスを位置づける」ことが必要であり,「介護保険制度のなかにケアマネジメントを位置づける」ことがあってはならない。

2 実際の流れ

介護保険制度において, ケアマネジメントがどのように展開していくのかは, 介護支援専門員の要介護者に対するケアマネジメント過程を明らかにすることによって, 説明することができる。

□ エントリー（入口）

まず, 図4-5に表したような, エントリー（入口）における介護支援専門員

第Ⅱ部 実 践 編

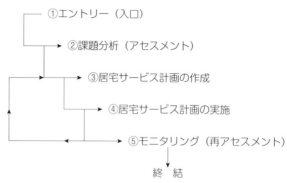

図4-5 介護支援専門員によるケアマネジメント展開過程

出所:筆者作成。

の職務内容について述べる。介護支援専門員が要介護状態にある者と最初の接触をもつのは,2つの場面が想定できる。

1つは,介護支援専門員が地域の人々から連絡を受けて,要介護状態にある者を発見した場合である。その場合は,介護支援専門員は要介護認定を保険者に代理申請すると同時に,要介護状態にある者の依頼に基づいて居宅サービス計画を作成する。

もう1つは,要介護状態にある者が,保険者が設置している介護認定審査会への要介護認定の申請を終えて,要介護状態区分が明らかになったかどうかは別にして,要介護状態にある者や保険者からの連絡に基づいて居宅サービス計画を作成する場合である。

前者の場合は,最初の接触の際に,要介護状態にある者とその家族から介護支援サービスをはじめる旨の了解をとることが必要である。具体的には,介護保険制度の内容にはじまり,介護支援サービスとは何か,またその目的,さらに課題分析(=アセスメント),居宅サービス計画の作成・実施,モニタリング等の内容をわかりやすく説明し,保険者の要介護認定を受けるように勧める必要がある。同時に,居宅介護支援事業者に頼らず,要介護者や家族自らも居宅サービス計画を作成できることも説明しなければならない。

なお,保険者から要介護認定の調査委託を受けている場合は,保険者に要介護認定に関する認定調査を開始する旨の連絡をとり,認定調査を実施し,その結果を保険者に報告する。認定調査の委託を受けていない場合は,保険者に連絡して認定調査の実施を申請する。

後者の場合は,決定された要介護状態区分の内容のほか,介護保険制度の内容や要介護状態区分による支給限度額,介護給付サービスの内容について,また,横出しサービスや上乗せサービスなど,介護保険以外のサービスの活用についてもあらかじめ説明し,了解をとっておく必要がある。

その際,要介護者やその家族に,上記の事柄をわかりやすく説明して了解を

得る行為をインテークとよび，重要事項を説明し，介護支援サービスを利用する契約を要介護者と結ぶことになる。

◻ 課題分析（アセスメント）

次の段階として，介護支援専門員は，アセスメント用紙にそって，主として面接や観察を通じて，要介護者やその家族とのコミュニケーションを深めながら，要介護者の生活の全体像を把握することになる。一般的には，要介護者からの相談内容である「主訴」をもとにして，コミュニケーションを深めていく。その結果として，要介護者が生活していく上での生活課題（ニーズ）や，利用可能な社会資源を把握していく。

ここでの要介護者の生活像をとらえるために，1つのツール（道具）としてアセスメント用紙が数多く開発されている。ここでは，よく使われる2つのアセスメント用紙の特徴と出典を，表4-2に示しておく。

◻ 居宅サービス計画原案の作成とサービス担当者会議（ケアカンファレンス）の開催

まず最初に介護支援専門員は，課題分析の結果をもとに，要介護者や家族と一緒に居宅サービス計画原案を作成する。**資料4-1**と**資料4-2**にあるような「居宅サービス計画書」を作成する。**資料4-1**は，利用者や家族の生活に対する意向と総合的な援助の方針を示すもので，一般には要介護者を支援する目標を示すものであり，大目標の設定とも言われている。**資料4-2**は一般にケアプランとよばれる「居宅サービス計画」の具体的な内容である。**資料4-2**の記入項目は，生活全般の解決すべき課題（ニーズ），目標，サービス内容のほか，サービスの種別や頻度，サービスの提供期間，実際のサービス事業者名，保険給付対象の有無である。

① 支援目標の設定

居宅サービス計画の作成にあたっては，**資料4-1**に示してあるような，要介護者や家族の今後の生活に対する意向を確認することからはじまる。総合的な援助の方針では，要介護者が最終的に到達すべき方向性や状況，あるいは困っていることに対する望ましい解決の方向を提示するものである。

提示した支援目標は，**資料4-2**の居宅サービス計画の上位に位置づけられ，今後の道しるべとなるものである。ひいては，要介護者の自立や生活の質の向上にかかわる方向づけを行うものである。同時に，要介護者にサービスを提供することになる事業者の支援の目標にもなる。

支援目標の設定にあたっては，介護支援専門員は，要介護者やその家族とともに，①要介護者等はどこで生活したいのか，②要介護者はどのような生活を望んでいるのか，という2点を見極めることになる。その結果，要介護者の自

第Ⅱ部　実　践　編

表4-2　課題分析（アセスメント）用紙の種類

	開発経緯	課題分析項目	収載書籍
MDS-HC2.0 (Minimum Data Set-Home Care)	施設で使われていたMDS/RAPs[*1]の在宅版として、ヨーロッパや日本など20カ国の研究者の非営利団体であるinterRAI[*2]により開発された。1996年に『MDS-HC在宅ケアアセスメントマニュアル』が出版されたが、現行の『MDS-HC2.0』はその改訂版。	●相談受付表 Ⅰ　受付情報　Ⅱ相談内容と決定事項 Ⅲ　基本情報　Ⅳ家族に関する情報 Ⅴ　現在の状態及びサービスの内容 Ⅵ　居住環境 ●在宅アセスメント票 AA基本情報／Aアセスメント情報／B記憶／Cコミュニケーション・聴覚／D視力／E気分と行動／F社会的機能／Gインフォーマルな支援の状況／H IADLとADL／I排泄／J疾患／K健康状態及び予防／L栄養状態／M歯及び口腔状態／N皮膚の状態／O環境評価／P治療方針の順守／Q薬剤／Rアセスメントへの参加／S薬物治療調査票	『日本版MDS-HC2.0─在宅アセスメントマニュアル』モリス，J. N. ほか編著，池上直巳訳，医学書院，2004年
居宅サービス計画ガイドライン	全国社会福祉協議会が福祉関係の各団体との協力により，在宅版ケアプラン作成方法検討委員会で開発した方式。介護職・看護職とソーシャルワーカー・保健師など職種によるアプローチの違いをふまえ，高齢者の全体像を把握する前半部分と，個々のケアの組み立てをチェックする後半部分を組み合わせ，介護保険給付対象者に焦点をあてたことが特徴である。	〔アセスメントの構成〕 ●生活全般部分 1フェースシート　2家族状況とインフォーマルな支援の状況　3サービス利用状況　4住居等の状況　5本人の健康状態・受診等の状況 ●ケア部分 6本人の基本動作等の状況と援助内容の詳細（要介護認定調査項目を含む） ●総括部分 7全体のまとめ 8　1日のスケジュール	『居宅サービス計画ガイドラインVer. 2─アセスメントから計画作成へのマニュアル付』全国社会福祉協議会，2017年

注：[*1]　MDS/RAPs：アメリカのナーシングホーム入所者のほぼ全員にRAI（Resident Assessment Instrument）に基づいたケアプランの策定が義務づけられている。このRAIの構成要素はアセスメント部分の，MDS（Minimum Data Set）と，ケアプランを策定する上での指針となるRAPs（Resident Assessment Protocols）に分けられる。
　　　[*2]　inter RAI：1993年1月以来，RAI-HC（在宅ケアプランマニュアル）の開発に取り組んできた国際的な研究者と臨床家グループ（非営利団体）。
出所：白澤政和（1998）『介護保険とケアマネジメント』中央法規出版，167-171頁を一部改変。

立を支援し、生活の質の向上を図ることを目的とした将来の方向性を、介護支援専門員と要介護者が合意することになる。なお、その際の主役は要介護者本人であり、介護支援専門員は側面的なサポーターにすぎないことは当然である。

②　生活課題の明確化

次に、資料4-2の居宅サービス計画の作成に具体的に入っていく。「生活課題（ニーズ）」の明確化は、本人の支援目標を達成することに向けた計画作成のスタート台となるものである。要介護者がいくつももっている生活課題をどうとらえるかについては、課題分析の結果をもとに要介護者の身体機能的状況、精神心理的状況、社会環境的状況の相互関係のなかから、地域で生活する上で困っている問題点を導き出す必要がある。

第4章　対象別ケアマネジメントの実際

資料4-1　居宅サービス計画書(1)

作成　年　月　日

初回・紹介・継続　　認定済・申請中

利用者名　　　　　殿　　生年月日　年　月　日　住所
居宅サービス計画作成者氏名
居宅介護支援事業者・事業所名及び所在地
居宅サービス計画作成（変更）日　　年　月　日　　初回居宅サービス計画作成日　　年　月　日
認定日　　年　月　日　　認定の有効期間　年　月　日～　年　月　日

要介護状態区分	要介護1・要介護2・要介護3・要介護4・要介護5
利用者及び家族の生活に対する意向	
介護認定審査会の意見及びサービスの種類の指定	
総合的な援助の方針	
生活援助中心型の算定理由	1．一人暮らし　2．家族等が障害，疾病等　3．その他（　　　　）

資料4-2　居宅サービス計画書(2)

利用者名　　　　　殿　　　　　　　　　　　　　　作成　年　月　日

生活全般の解決すべき課題（ニーズ）	目標				援助内容					
	長期目標	(期間)	短期目標	(期間)	サービス内容	＊1	サービス種別	＊2	頻度	期間

＊1　「保険給付対象か否かの区分」について，保険給付対象内サービスについては○印を付す。
＊2　「当該サービス提供を行う事業所」について記入する。

③ 目標の設定

　介護支援サービスの展開過程における目標は、各々の生活課題に関する要介護者等や家族側の「本来……してほしい」といった訴えと、そこで明らかになった本人側の希望をもとに、支援者側から示されるものである。そのため、目標とは、明確化された生活課題に対応して、いかにそれを実行するか、その目標を要介護者と介護支援専門員の間で設定するものである。この目標には、長期目標と短期目標がある。ただし、ケースによっては長期・短期の構造に分化できないものもあり、長期だけ、あるいは短期だけという設定も可能である。

　長期目標とは「最終的には……したい」であり、短期目標とは「何か月（何週）間で……したい」である。要介護者は、介護支援専門員の支援を受けながら、それぞれの生活課題について「どうしてほしいのか」を自己決定することにより、目標が設定され、さらにそれに対して、介護支援専門員の立場から個々の生活課題に対する支援の方向性を示すことになる。目標設定にあたっては、本人や家族の希望を十分にふまえ、支援目標で示した本人や家族の意向を前提として、生活の質の向上と、自立の促進と、残存能力の活用等に配慮しながら、要介護者と介護支援専門員が一緒になって確定していくことになる。

④ 介護サービス内容の決定

　以上のような手順で生活課題と目標を設定したのち、これに対応する介護サービス等の内容を確定する。その内容が明らかになれば、サービスの種類や期間・頻度、さらには担当するサービス事業者を提示していく。居宅サービス計画を作成する過程で、要介護者はそれぞれの要介護状態区分のもとで、1割から3割の自己負担で支給される限度額が決められているため、介護支援専門員はあらかじめ要介護者や家族と相談の上、自己負担レベルを明らかにしておく。実際に作成された居宅サービス計画が自己負担の限度を超えている場合には、頻度や時間数を減らしたり、本人にとって優先度の低い生活課題についてはインフォーマルな社会資源で補うよう修正することも必要である。

⑤ サービス担当者会議

　居宅サービス計画の原案は、このように要介護者と介護支援専門員が一緒に作成する。そして、それをもとに計画に合まれているサービス事業者と相談・協議することが必要となる。これによって、サービス事業者と支援目標を共通のものとし、事業者間での役割分担が明らかになることで、介護サービスをより効率的に提供することができる。そのために介護支援専門員は、要介護者や家族と一緒にサービス提供者を集めて、サービス担当者会議を主宰する。この会議では、支援目標や生活課題についての確認を行い、さらに提供されるサービス内容や頻度について検討する。なお、サービス担当者会議は新規の居宅サービス計画を作成する場合や、継続ケースでも要介護者本人の要介護度が変化した際には、開催しなければならないことになっている。

また，要介護者や介護者等の環境が変化し，居宅サービス計画を修正しなければならない場合にもサービス担当者会議を開催する必要がある。一般にケアカンファレンスは，参加者全員でケアプランを作成していく問題解決型と，作成されたケアプランに基づく情報共有型とに分けられる。介護保険下でのサービス担当者会議は両方の要素をもっているが，特に後者の機能が強いといえる。

❏ 居宅サービス計画の実施

居宅サービス計画の実施にあたって，介護支援専門員は，計画に含まれている居宅サービス事業者等に対して，サービスの内容，頻度，時間数などを明確にした依頼を文書で通知する。これは，介護保険における給付サービスを依頼する場合だけでなく，他の医療サービスや一般的な高齢者保健福祉サービス，ボランティアなどインフォーマルなサポートの提供機関に依頼する場合もほぼ同様である。

❏ モニタリング

初めての面接で居宅サービス計画を作成する場合，計画を一度に確定することはむずかしい。そのため，当初1週間程度は微調整する必要がある。これもモニタリングという。その後のモニタリングは，要介護者等の状況の変化をチェックし，新たな生活課題が発生したり，従来の居宅サービス計画では生活を支援できない場合に，居宅サービス計画を変更していくことになる。そのため，要介護者に対しては月に1回以上のモニタリングが義務化されている。要支援者等については，3か月に1回以上のモニタリングの義務がある。

同時に，要介護認定の調査項目と照らし合わせて本人の要介護状態に変化が生じていれば，保険者に連絡をし，要介護認定の更新を求める。当然，その新たな要介護状態区分によって，居宅サービス計画の内容が修正されることになる。また当然のことであるが，要介護者や家族からサービス事業者に対しての苦情等があった場合には，サービス事業者に連絡し，その善処を求めることになる。

以上のように展開する過程で，要介護者等が在宅から施設に移行する段階，あるいは在宅で死を迎えた段階で，介護支援サービスは終結する。また，要介護者や家族が自分で居宅サービス計画を作成するために終結したり，あるいは別の介護支援専門員を選択することで終結する場合もある。

一方，介護支援専門員は，このようないくつもの機能を果たすことによって，要介護者の生活を最もよく知る立場に立つ。そのため，介護支援専門員は，個々の要介護者に対して個別的な弁護的機能（ケース・アドボケイト）を果たすことになる。この機能は，さまざまな介護サービスが適切かつ効率的に利用者

第Ⅱ部 実　践　編

図 4-6　総合事業の枠組

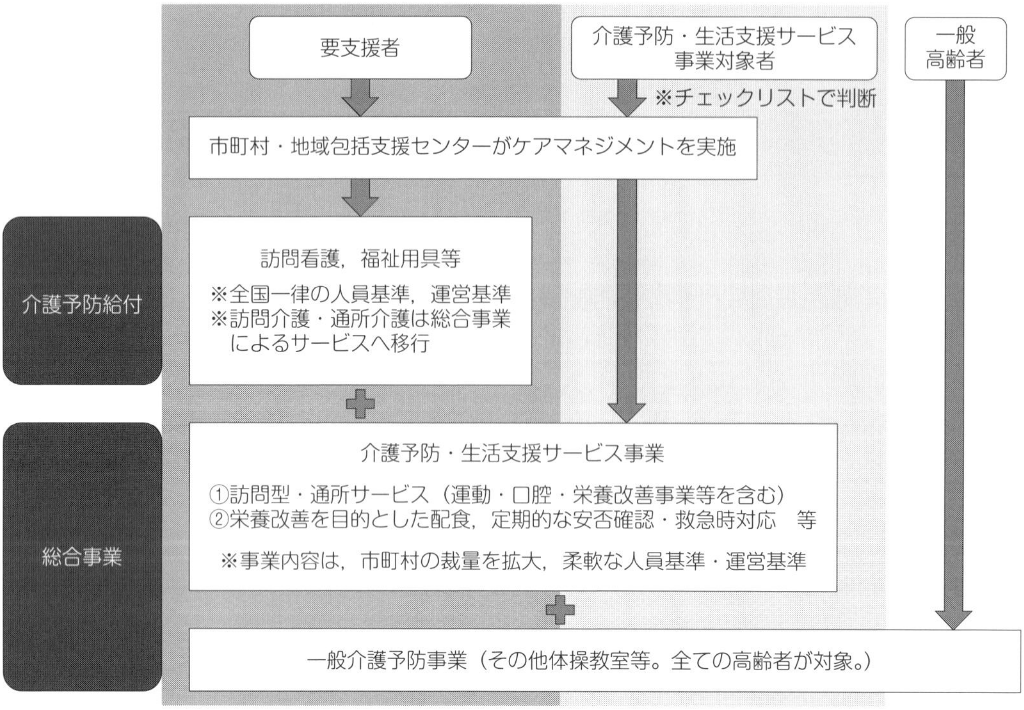

	要支援者	介護予防・生活支援サービス 事業対象者	一般 高齢者
		※チェックリストで判断	
	市町村・地域包括支援センターがケアマネジメントを実施		
介護予防給付	訪問看護，福祉用具等 ※全国一律の人員基準，運営基準 ※訪問介護・通所介護は総合事業によるサービスへ移行		
総合事業	介護予防・生活支援サービス事業 ①訪問型・通所サービス（運動・口腔・栄養改善事業等を含む） ②栄養改善を目的とした配食，定期的な安否確認・救急時対応　等 ※事業内容は，市町村の裁量を拡大，柔軟な人員基準・運営基準		
	一般介護予防事業（その他体操教室等。全ての高齢者が対象。）		

出所：厚生労働省。

　側に立って提供されるよう，介護支援専門員がサービス事業者に強くはたらきかけていくことである。こうして，要介護者に適切なサービスやサポートが提供されるよう監視していくことになる。

　他方，介護支援専門員は，それぞれの市町村で，地域的な視点から，社会資源の設置状況やその課題点を指摘することができる。このため，介護支援専門員は保険者に対して，施策への要望等をはたらきかけることができる。これも介護支援専門員の重要な役割であり，これをコーズ・アドボケイト（クラス・アドボケイト）とよんでいる。

　介護支援専門員は要介護者に対する介護支援サービスを，以上のような過程を経て実施している。このことは，要支援者等に対して地域包括支援センターの職員や委託された介護支援専門員が介護予防支援サービスを実施するのも，ほぼ同じ過程を経ることになる。

□　総合事業のもとでのケアマネジメント

　2016年度までに，すべての市町村は総合事業を実施することになった。図4-6に示してあるように，認定された要支援者に加えて，新たに介護予防・生活支援サービス事業対象者が作られた。これら両者が要介護者にならないよう予防したり，あるいは自立に戻っていくよう，介護予防支援サービスとしてケアマネジメントを実施している。そのため，こうした人々に対するケアマネジ

メントでは，利用者の有している意欲を高め，潜在的な能力を高めていくことを目的にしている。

なお，介護予防・生活支援サービス事業対象者については，保険者による要介護認定を受けることなく，支援の必要性を把握する25項目の基本チェックリストを使って，定められた基準にしたがって地域包括支援センターが決定していく。

要支援者は予防給付サービスを利用してきたが，介護予防訪問介護と介護予防通所介護が介護予防給付から除外され，市町村が実施する総合事業を利用することになった。総合事業のサービスは，介護予防・生活支援サービス事業と一般介護予防事業に分かれている。介護予防・生活支援サービス事業としては，訪問型サービス，通所型サービス，その他の介護予防・生活支援サービスがある。訪問型サービスには，従来の訪問介護サービス，従来の訪問介護サービスの基準を緩和したサービス，有償型の家事支援，自立のための短期間利用の訪問介護サービスがある。通所型サービスには，従来の通所介護サービス，従来の通所介護サービスの基準を緩和したサービス，地域の人々が実施するサロン活動やコミュニティ・カフェ，自立のための短期間利用の通所介護サービスがある。その他の介護予防・生活支援サービスには，配食サービス，見守りサービス，緊急時通報サービス等がある。一般介護予防事業には介護予防教室等が相当する。

一方，介護予防・生活支援サービス事業対象者については，介護予防給付は利用できないが，総合事業のサービスと一般介護予防事業を利用することができる。

地域包括支援センターでは要介護者と介護予防・生活支援サービス利用者に対してケアマネジメントを実施していく。その際に，居宅介護支援事業者に委託し，介護支援専門員が実施する場合もある。こうした人々へのケアマネジメントでは，利用者の有している能力や意欲といったストレングスをアセスメントしたり，それをケアプランに結び付けていくことが求められている。

3 評価と課題

介護保険にケアマネジメントが導入された意義としては，何よりもケアマネジメントの考え方が提示され具体化されたことにある。このことは，いくつかの課題はあるとしても，将来のケアマネジメント発展の可能性を大きくふくらませた。

具体的には，居宅介護支援事業者でケアマネジメントが実施されるため，ワンストップによる一元的なサービス提供ができるようになった。このため要介護者は居宅介護支援事業所1か所ですべての生活課題を解決することができることになり，円滑なサービス利用が可能となった。ここが最も評価できる点である。従来は図4-7のように，介護保険制度ができる前は，縦割り行政により，利用者は様々な相談窓口におもむかなければサービス利用につながらな

第Ⅱ部 実 践 編

図4-7 介護保険導入以前でのサービス利用の例示

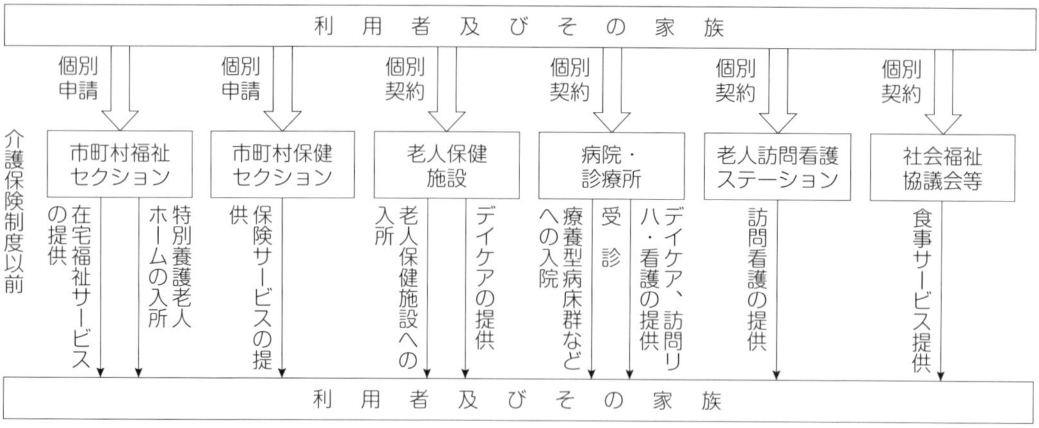

出所：筆者作成。

った。介護保険制度にケアマネジメントが導入された結果，利用者のニーズに合わせたサービスやサポートを一か所で利用できることになった。

介護保険制度でのケアマネジメントの課題としては，以下のようなものがある。

① 居宅介護支援事業所は他の介護サービス事業も提供する法人の中に位置づけられていることが大多数であるが，介護支援専門員は公正中立の立場で居宅サービス計画書を作成する必要がある。

② 介護保険制度は利用者の自立支援を目的にしており，介護支援専門員は利用者の自立支援に向けて，居宅サービス計画書を作成・実施していく必要がある。

③ 介護保険法には明記されていないが，介護者の介護負担軽減が利用者の在宅生活の継続につながる側面が強い。介護支援専門員は介護者の介護負担の軽減を目的にした居宅サービス計画書の作成・実施をしていく必要がある。

2 障害者領域におけるケアマネジメント

1 背 景

□ アメリカにおける障害者ケアマネジメントの歩み

最初に，アメリカにおける障害者ケアマネジメントの歩みを概観する。アメリカにおける障害者へのケアマネジメントの始まりは，1950年代と1960年代にかけてなされた脱施設化政策にみることができる。特に，1963年のケネディ教書に示された脱施設化政策に基盤を置いた障害者施策の推進は，これまでの入

所施設，精神科病院を中心に行われてきた障害者施策の転換を促進する上で大きな影響を与えた。この時期に，アメリカではノーマライゼーションの展開のもとで脱施設を中心とした制度改革に取り組むことが知的障害者の問題から生じ，数々の大規模州立施設の縮小・閉鎖と地域生活の推進のための基盤（グループホームなどの小規模住居）整備が行われた。

このことは精神保健分野にも波及し精神医療における長期入院解消のための退院促進の取り組みが始まった。その後，精神障害者への退院促進の取り組みは，重度の精神障害者の再入院と地域で支援を受けずに孤立した精神障害者の貧困化，ホームレス化といった大きな社会問題を生みだした。このような状況に対応するために，1970年代になると精神障害者が地域で生活をするためには，医療的な支援，福祉サービスの提供，生活の場の確保，所得保障などのさまざまな地域サービスを提供しなければならないことが，さまざまな支援実践の中で明らかになってきた。特に，地域支援の拠点となる機関を設置して，地域サービス提供の調整を行う取り組みの必要性が認識された。このような取り組みは地域における多様な社会資源を組み合わせて障害者に提供する方法を生みだし，ケアマネジメント実践の契機となった。

1980年代以降は，精神保健サービスにケアマネジメントが位置づけられ，さまざまなケアマネジメントモデルの有効性の評価研究が行われるようになった。1990年代以降は，連邦政府によりACT（集中型・包括型ケアマネジメント）プログラムの標準化の実践研究が推進されるようになった。他方，知的障害者に対しては，1990年代以降，パーソンセンタードアプローチの取り組みが進み，専門職主導のケアマネジメントから当事者中心のアプローチへの転換が推進されてきた。

□ 日本における障害者ケアマネジメントの歩み

日本においても，1990年代以降，障害者福祉に関連する制度改革が進み，特に，1997年の「今後の障害者保健福祉施策のあり方について（中間報告書）」，1998年の「社会福祉基礎構造改革について（中間まとめ）」，1999年の「今後の障害者保健福祉施策のあり方について」などの一連の改革や試案の提起によって，障害者の領域でも，障害者の地域生活の支援施策の整備の必要性が認識されてきた。特に，「社会福祉基礎構造改革について（中間まとめ）」と「今後の障害者保健福祉施策のあり方について」の2つの審議会報告書では，障害者に対してケアマネジメント手法による効果的なサービス提供の必要性について論じている点で重要な内容を含んでいた。同じ時期に，1998年には，身体障害者，知的障害者，精神障害者の3障害者用のケアガイドラインが国から公表され，それぞれの障害特性に応じた基本理念，介護の原則，ケアマネジメントの具体的な進め方などの点が明らかにされた。さらに，2002年には，3障害分野に共

通した障害者ケアガイドラインが公表された。[4]

その後，2003年に施行された支援費制度では，身体障害者，知的障害者を対象に，従来の措置制度から契約制度に転換すること目的とし，利用者の自己決定と選択の重視，契約に基づいたサービス利用，利用者の選択とサービスの質の向上といった社会福祉基礎構造改革の趣旨にそった制度の変更がなされた。支援費制度の施行後，当初の国の想定以上の在宅サービスの利用者の増加，サービスの障害種別の格差，サービス水準の地域間格差，在宅サービス予算の増加と財源問題，などの問題が生じた。こうした問題へ対処するために，2005年に障害者自立支援法が成立し，2006年度より施行された。

2009年には，障害のある当事者委員が半数以上を占める「障がい者制度改革推進会議」（以下，「推進会議」とする）が内閣府に設置された。推進会議では，障害者権利条約の批准と国内法の整備，障害者基本法の抜本的な改正，障害者差別禁止法，障害者自立支援法に代わる新法の制定，などの案件の検討がなされた。

その後，推進会議は2010年6月に1次意見書をまとめ，内閣に提出した。1次意見書の内容としては，障害者基本法の抜本的な改正，障害者差別禁止法（意見書における名称）の制定，「障害者総合福祉法」（意見書における名称）の制定，などの法改正に加えて，障害者政策関連分野（労働・雇用，教育，所得保障，医療，障害児支援，虐待防止，建築物・交通アクセス，情報アクセス・コミュニケーション，政治参加，司法手続，国際協力など）の法制度に関しての検討にふれている。障害者自立支援法の廃止に伴う新法の検討に関しては扱う内容が多岐にわたるため，「推進会議」の下に「総合福祉部会」が設置され，2011年に新法の骨格を示す意見書（以下，骨格提言）をまとめた。[5]

この骨格提言とは別に，障害者自立支援法による第2期障害福祉計画と障害者自立支援法以前の旧体系の経過措置が2011年度で終了し，新法の施行予定の2013年度との間に空白期間が生じることがあるため，その空白を埋める法律が必要となった。2011年に障害者自立支援法の改正法が障害者総合支援法の施行までの期間限定の条件で成立し，すべての障害福祉サービスの利用者に対して，2012年度から3年間かけて「サービス等利用計画」の作成が義務づけられた。この取り組みにより，これまで制度的にあいまいな位置づけであった障害者ケアマネジメントの制度化が障害者自立支援法において正式になされた。

障害者自立支援法に代わる新法に関しては，2012年に，「障害者総合支援法」が成立し，2013年度から施行された。障害者総合支援法では，障害者自立支援法の名称の変更，対象の拡大（難病を対象），介護給付と訓練等給付に分かれていたケアホームとグループホームの一元化，重度訪問介護の利用拡大，障害福祉計画の定期的な見直し，障害程度区分（2014年度から障害支援区分に変更）のあり方および支給決定方法の施行後3年後での見直し，などの事項が定められた。

第4章 対象別ケアマネジメントの実際

　障害者総合支援法施行後3年後の見直しに関しては社会保障審議会・障害者部会で法改正向けての審議がなされ，2015年に報告書が公表された。この報告書の指摘事項をふまえて，2016年に障害者総合支援法が改正された。この改正で新たに設けるサービスとしては，①入所の施設やグループホームを利用した後，地域で一人暮らしなどをしている障害者に対して，定期的な巡回訪問し相談支援を行うサービス（自立生活援助），②就労定着のために事業所・家庭との連絡調整をする就労定着支援サービス，③重度障害児に対して居宅訪問して発達支援をするサービスの3つが定められた。その他，④重度訪問介護の利用者が医療機関に入院した場合の同サービスの利用，⑤低所得の障害福祉サービス利用者が介護保険サービスに移行した場合の負担軽減，⑥保育所等訪問支援の乳児院・児童養護施設の障害児への適用拡大，⑦医療的ケア児に対する保健・医療・福祉等の連携促進などが定められた。

2 実際の流れ

障害者ケアガイドラインにおける流れ

　ここでは，2002年の障害者ケアガイドラインに示されている事項をもとに[6]，ケアマネジメントの進め方について記した。

　ケアマネジメントの進め方では，①入口，②アセスメント（対象者の真のニーズの把握），③支援の目標設定とケア計画の作成，④ケア計画の実施，⑤サービス提供状況の監視およびフォローアップ（モニタリング），⑥再アセスメント（再点検），⑦終了の7段階からなっている。①入口はアウトリーチとも呼ばれ，地域の中でサービスを必要としている人を発見し，最もサービス効果のある対象者を把握することが重要である。②アセスメントは全体的な情報を集約するため包括的なアセスメントと呼ばれることが多い。④ケア計画の実施は多様なサービスの調整・連携がなされるためサービス・リンキング（リンゲージ・サービス）と呼ばれることが多い。ケアマネジメントによる支援はこれら①から⑦の段階を進むプロセスとしてとらえることが重要である。

　特に，⑤サービス提供状況の監視およびフォローアップ，⑥再アセスメントにみられるように，ケアマネジメントは一回で終わるのではなく，フォローアップや再アセスメントを繰り返しながららせん的に終了に向かう。ケアマネジメントを繰り返すことは，正確なニード把握をする上で，あるいは，適切なサービスを提供する上で非常に重要である。

障害者総合支援法における流れ

　障害者総合支援法では，障害者（児）および保護者からの支給申請が行われた後，市町村は障害支援区分の認定と支給決定の判断を行う。そのために，市町村職員（あるいは市町村から委託された相談支援事業者）により，心身の状況，環

第Ⅱ部 実 践 編

図4-8 障害者総合支援法における支援決定プロセス

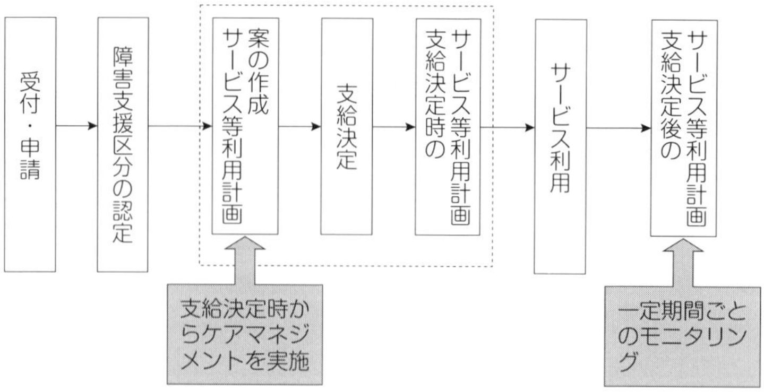

受付・申請 → 障害支援区分の認定 → [サービス等利用計画案の作成 → 支給決定 → 支給決定時のサービス等利用計画] → サービス利用 → 支給決定後のサービス等利用計画

支給決定時からケアマネジメントを実施

一定期間ごとのモニタリング

出所:厚生労働省資料。

境などの障害支援区分調査を所定の項目にそって実施する。あわせて,指定された相談支援事業者によりサービス等利用計画書の作成を行い市町村に提出する(図4-8)。

障害支援区分は,障害者と障害児に対する障害福祉サービスの必要性を客観的に明らかにすることを目的にしている。障害者の心身の状態を総合的に勘案し,それに基づいて,要介護状態と福祉サービスの必要性を示す区分として厚生労働省令で定めることにした。障害支援区分を判定するために,共通の調査項目として,医療,移動,動作,身辺,行動,コミュニケーション,生活の状況,行動障害などに関する80項目が定められた。これらの項目で1次判定を行い,市町村審査会で医師の意見書,認定調査票の特記事項などを勘案して2次判定を行って障害支援区分の認定を行う。

このように,障害者総合支援法では,通所,入所,居宅サービスの利用者全員に対して,相談支援事業所の相談支援専門員により「サービス等利用計画書」を作成することが義務づけられた。また,地域移行・地域定着支援のための相談支援事業が創設され,精神科病院からの退院促進と入所施設からの地域移行促進を強化することになった。サービス利用計画に関しては,市町村によるモニタリングが実施され,毎月実施者,6か月ごとに1回実施者,1年ごとに1回実施者など,それぞれに対象者の条件が示されている。

ただし,通所,入所施設等のサービスの利用者にとっては,相談支援事業所によるサービス利用計画と(通所,入所施設等の)利用している事業所におけるサービス等管理責任者による個別支援計画の2つのプランづくりが同一の対象者に課されることになるため,この2つのプランに関して整合性をとるための調整の必要がある。

3 特 徴

障害者ケアマネジメントの特徴は,支援の対象者(サービス利用者)の社会生

活上のニーズのアセスメントがあげられる。これは，支援の対象者が社会生活を推進する上で何に困っているのかといった生活ニーズ，あるいは，何を希望する（したい）のかといった利用者の希望・願望に基盤を置いたニーズアセスメントであり，医学における障害や疾患の特性に焦点をあてたニーズアセスメントとは異なる点である。これらの生活ニーズや希望・願望は医学的な障害や疾患の理解と異なり，個々の障害者によって大きな違いがみられることが多い。したがって，ニーズアセスメントの際には個別性を重視した理解が重要である。

次に，アセスメントで把握されたニーズを充足するために適切な社会資源（サービス）と結びつける取り組みである。この取り組みはサービス調整と呼ばれる。障害者の場合は高齢者に比べて，社会資源やサービスが量的にかなり少ないことがいわれており，適切な社会資源や社会サービスが現状ではみつからない場合，それらの資源やサービスを開発することがケアマネジメント実践に求められている。特に，精神障害者の場合は，身体障害者や知的障害者に比べて現実的に利用できる社会資源が少ないので社会資源やサービスを開発することはきわめて重要である。同時に，制度に束縛されない資源（インフォーマルサービス）を含めてケアマネジメントを進めることも大事である。

これらの障害者に対するケアマネジメント実践に一貫している考えとして重要なことは，個別性を重視した支援，サービス利用者のニードが中心になる考え（利用者中心），生活者として障害者をとらえる考え（QOL（生活の質）の重視），利用者自身が問題解決能力をつけていく考え（エンパワメント），自己決定（意思決定）を中心においた自立観，利用者の意思決定の支援と権利擁護（アドボカシー），が重要である。特に，障害者では，このうち，利用者自身が問題解決能力をつけていく考え（エンパワメント），自己決定を中心においた自立観，利用者の権利擁護（アドボカシー），の3点が特に重要であり，障害者のケアマネジメントの特徴である。これらの特徴をふまえて，障害者へのケアマネジメント実践がなされる必要がある。

最終的なケアマネジメントの目標としては，自己決定（意思決定）を主とした自立の達成，利用者のエンパワメントの向上が重要になるが，これに加えて，地域福祉の推進という目標も重要である。それには，地域の社会資源（サービス）の質の向上（障害者のニーズに適切に対応することができる点での質の向上），必要な社会資源（サービス）の開発，社会資源間の連携，これらの取り組みの結果としての社会資源（サービス）の効果的な配置と利用をあげることができる。

4 問題点と将来展望

障害者総合支援法の支給決定における課題

障害者総合支援法の障害者のケアマネジメントに関する問題をまとめると，障害者総合支援法の利用手続きの入口（対象者の範囲），障害支援区分によるサ

ービスの必要性の判断，サービス等利用計画（ケアプラン）とケアマネジメントシステム，の3点に整理できる。

骨格提言では，障害の認定に関しては，心身機能に基づいた障害程度区分を廃止することを明記している。障害者の認定に関しては，市町村は，「心身機能の障害」があることを示す証明書によって法律の対象者となる障害者であるか否かの認定を行う。この証明書は，障害者手帳，医師の診断書，もしくは意見書，その他，障害に関して専門的な知識を有する専門職の意見書を含むものとする。これまで申請の入り口の部分で，対象にならない障害が生まれてくることを排除するために，障害者手帳の有無にかかわらず，支援を必要とする障害者に対してサービス提供がなされることを目的としている。

支給決定でサービスの必要性を判断するためには，個別の状況に応じてケアマネジメントを実施しケアプランを作成しサービスの必要性を判断する取り組み，支援の必要性の尺度によってサービスの必要性を判断する取り組み，両者をあわせて支援の必要性の尺度を用いた上でケアプランを作成してサービスの必要性を判断する取り組み，の3つが考えられる。このうち両者をあわせて支給決定を行っていくことがもっとも真のサービスニーズに近い実践として考えられ，障害者総合支援法において見直す支給決定システムにおいて検討する必要がある。

骨格提言では，サービス利用申請のための前提として，障害当事者によるエンパワメント支援事業，相談支援事業の充実の必要性に言及している。そのためには，市町村によるニーズアセスメント能力の向上，コミュニケーション支援の充実も指摘している。次の段階として，市町村は，申請により，先に記したような「障害」（機能障害）に認定を行い，さらに，本人（代理人）が作成したサービス利用計画に基づいて，支援ガイドラインに基づき，ニーズアセスメントを行う。申請内容が支援ガイドラインの水準に適合しない場合は，市町村と本人（代理人）とが協議調整を行い，その内容によって支給決定をする。調整が不調の場合，第3者機関として合議機関が支給決定を行う（図4-9）。

市町村の判断指針のために，国による，地域で暮らす他の者との平等を基礎として生活することを可能とする支援の水準，の支給決定のガイドラインのモデルの策定に関しても骨格提言では言及されている。国のガイドラインは，他の者（障害のない一般国民）との平等，地域生活の実現，を原則とし，支援度の類型化をもとに，類型ごとの標準プランを示している。類型に関しては，長時間介護，見守り支援，複数介助，移動支援の必要性を含めて検討して作成する。ただし，あくまで国のモデルはミニマムであり，市町村の支給水準がこの水準を下回らないようにすることを，骨格提言は勧告している。

第4章 対象別ケアマネジメントの実際

図4-9 支給決定のフローチャート

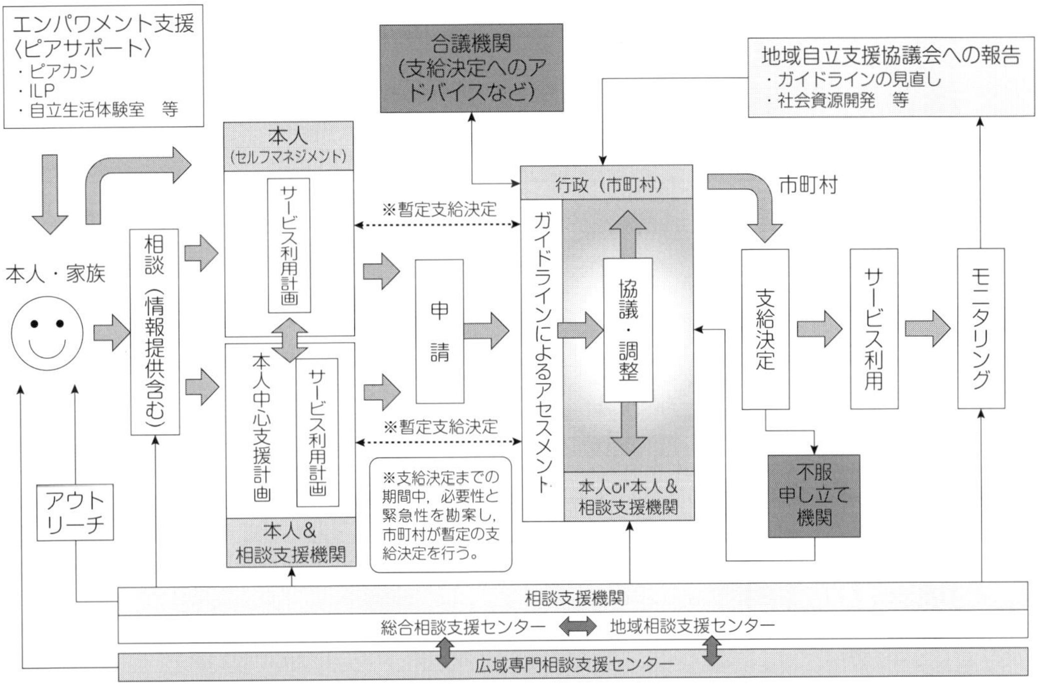

出所:障がい者制度改革推進会議・総合福祉部会(2011)「骨格提言」。

障害者総合支援法の今後の展望

ケアマネジメントを「ニーズ優先アプローチ」と「サービス優先アプローチ」、「専門職主導」と「利用者主導」の2つの軸に分ける考え方がある。ここでは、「ニーズ優先アプローチ」と「サービス優先アプローチ」の2つの類型に関して取り上げる。「ニーズ優先アプローチ」とは、利用者の全体的なニーズを把握し、総合的なサービスの調整と提供、必要なサービス(社会資源)の開発、利用者の権利擁護、サービスの質の評価などを行うケアマネジメントモデルであり、主に、精神障害者や知的障害者へのサービス提供で実践、開発されてきたものである。これに対して、「サービス優先アプローチ」は、サービス支給基準を設定し、その基準に対応した利用資格とサービスの予算枠を設け、サービス予算の執行権をケアマネジャーに委ね、予算枠内でサービスを提供するモデルである。このモデルは、主に、長期のケアを必要とする高齢者の医療費抑制のために費用対効果の高いサービス提供のために開発されたものである。

このことは、障害者総合支援法におけるケアマネジメントにも大きな影響を与える。ケアプラン作成では、障害支援区分の判定に基づいて決められた枠組みを前提に作成される可能性がある。確かに制度上では障害支援区分を個別給付の基準に用いることはないことになっているが、国から市町村に対して支給される「国庫負担基準額」の算出根拠に障害支援区分が用いられ、自治体によってはこれに基づいて個別の支給上限額を適用しているところも存在している。

第Ⅱ部　実　践　編

　　障害者ケアマネジメントでは，障害者ケアガイドラインで強調されてきた「ニーズ優先アプローチ」ではケアプラン作成は利用者の総合的なニーズアセスメントに基づいて作成されることになっている。なぜならば，現行の障害支援区分の判定は，すでに指摘したように，利用者の総合的なニーズの判定，必要なサービス量の判定と理論的に関係したものではなく，必要とされる介護時間に基づいたサービス受給の資格審査という性格があり，「ニーズ優先アプローチ」における考え方が適用しにくいことが考えられる。そのため障害者総合支援法ではこの問題を克服する必要がある。

　さらに，障害支援区分の判定に基づいた枠組みでケアプラン作成を行うにしても，障害者総合支援法で給付されるサービス種類は決まっており，この決められたサービスの組み合わせのケアプランになることが多いと思われる。障害者総合支援法で，インフォーマルサービスを含めてケアプラン作成を行うこと，利用者のニーズに対応したサービス（社会資源）が存在していない場合，新たな社会資源の開発をどのくらいケアマネジメントに反映させるかはきわめて重要である。

　障害者ケアマネジメントにおける支援の必要性を考える前提条件として，ケアマネジメントの実施者である相談支援専門員の資質も重要である。相談支援専門員の業務はケアマネジメントのプロセスに合わせて考えると，利用者とのインテーク（面接及び主訴の聞き出し），利用者のニーズの記述と把握（アセスメント），ケアプラン作成能力，サービス調整（サービスリンゲージ），利用者の自己決定の支援，利用者のエンパワメントの強化，モニタリング，権利擁護をあげることができる。この役割に対応して相談支援専門員に必要な専門性としては，インテークにおける面接及びコミュニケーション能力，アセスメントにおける正確で重要な情報収集の能力および利用者のケアプラン作成への参加を促進する働きかけの能力，サービス調整における社会資源の内容理解力，利用者の主体性（エンパワメント）を重視する能力があげられる。そのため都道府県では，相談支援専門員の研修に取り組んでいるが，現行の研修でこのような能力を身につけることはかなり困難な状況があり，2019年度以降の研修の見直しが予定されており人材育成と研修の充実がより一層求められている。

　その結果，2020年度から相談支援専門員の研修は新しい標準カリキュラムに変更がなされた。

③ 子ども家庭福祉領域におけるケアマネジメント

1 背　景

□ 子ども家庭福祉制度にみるケアマネジメント

　子ども家庭福祉領域では，高齢者や障害者等の他の福祉領域に比較して，ケアマネジメントを導入し活用する志向性の弱さが指摘されている。白澤は，その理由として，子ども家庭福祉領域における在宅サービス事業の制度・量が少ないこと，施設サービスが重視されていること，深刻化してからの支援体制を中心とすること，活用する社会資源がフォーマルな資源に編重していることの4点をあげる。その背景には，柏女が指摘するように，子ども家庭福祉の供給体制が2000年代に入ってもなお，「都道府県中心，職権保護中心，施設中心，事業主補助中心，税中心，福祉と教育の分断，限定的司法関与（欧米との比較）」を堅持していたことの影響も考えられる。

　一方で，2000年以降，対象を状態でとらえる障害者福祉の領域では，乳幼児から成人までを継続的，包括的に支援する制度や事業が創設され，子どもを含め個別の支援計画を作成し，個々の状態や状況に応じた支援の実施も認められるようになった。たとえば，2005年に施行された発達障害者支援法に基づく発達障害者支援体制整備事業では，市町村単位で早期発見・早期発達支援体制の構築やアセスメントツールを導入した個別支援ファイルの作成があげられている。この個別支援ファイルは，保護者や関係機関と情報を共有しながら発達に支援を要する子どもの育ちを支えることを目的として作成されるものである。また，乳幼児期から学校卒業後まで，各関係機関が連携しながら一貫した支援を行うための計画（個別支援計画）も作成されている。個別支援ファイルや個別支援計画はケアプランそのものではないが，ケアマネジメントの理解が個別支援計画の効果的な活用につながると考えられる。また，要保護児童家庭の仕組みは，2005年度から市町村が子ども虐待相談等家庭相談体制の第一次的窓口となり，要保護児童対策地域協議会が市町村に設置されるなど，市町村における支援体制の整備が図られた。このように子ども虐待に対する介入強化と並行して子ども家庭相談体制が充実されたことにより，地域において要保護児童家庭の生活を支援する事業や取り組み，それらのマネジメント機能が重視されるようになった。ただし，要保護家庭に対するケアの取り組みが十分であるとは言い難く，子ども虐待に関する施策の課題となっている。

　さらに，都道府県や市町村独自の取り組みの中には，地域の子育て支援事業

等においてケアマネジメントの手法を参考にケアプランを作成している事業もある。たとえば，2005年から実施されている石川県のマイ保育園制度では，妊娠や出産，転居を契機として地域の保育園に登録をすれば，一時預かり事業が数回無料で活用できるチケットが配布され，育児相談を活用することができる。子育て支援コーディネーターが配置されている保育所では，子育て家庭が必要な保育サービスを計画的かつ継続的に利用できるよう，子育て支援コーディネーターと共に「子育て支援プラン」を作成し，市町村が実施するサービスの紹介を受けることも可能である。

　子ども家庭福祉領域でケアプランの作成を位置づける国の事業としては，利用者支援事業の母子保健型がある。利用者支援事業は，2012年に制定された子ども・子育て支援法の地域子ども・子育て支援事業の一つに位置づけられている事業である。子ども・子育て支援法では，「子ども及びその保護者がおかれている環境に応じて，子どもの保護者の選択に基づき，多様な施設又は事業者から，良質かつ適切な教育及び保育その他の子ども・子育て支援が総合的かつ効率的に提供されるよう，その提供体制を確保すること」とされ，子ども・子育て支援事業の計画的な供給体制を整備する仕組みがつくられた。しかし，個別の子育て家庭が，多様な子ども・子育て支援事業から自らの家庭に応じた適切な事業を把握し，活用することが困難であると予想され，個別の家庭のニーズを把握し，適切な施設や事業等を円滑に利用することを目的とした利用者支援事業が創設されることとなった。

　ただし，ケアプランの作成が明示されている母子保健型を含め，全ての類型で求められる本事業の個別支援の機能は，介護保険法に基づくケアマネジメントとは異なり，いわゆるケースマネジメントに近い機能となっている。白澤は，「ケースマネジメントもケアマネジメントもその意味では，基本的に同じ内容であり，利用者の地域生活を支援することを目的としている」と述べている。そこで，本節では，子ども家庭福祉領域におけるケアマネジメントをケースマネジメントと同義ととらえた上で，利用者支援事業において利用者の地域生活を支援するプロセスを解説する。

◻ 利用者支援事業

　利用者支援事業（資料4-3）は，子ども・子育て支援法第59条1の「子ども及びその保護者が，確実に子ども・子育て支援給付を受け，及び地域子ども・子育て支援事業その他の子ども・子育て支援を円滑に利用できるよう，子ども及びその保護者の身近な場所において，地域の子ども・子育て支援に関する各般の問題につき，子ども又は子どもの保護者からの相談に応じ，必要な情報の提供及び助言を行うとともに，関係機関との連絡調整その他の内閣府令で定める便宜の提供を総合的に行う事業」と規定されている。そして，事業の目的は，

第4章　対象別ケアマネジメントの実際

資料4-3　利用者支援事業

「利用者支援事業」について

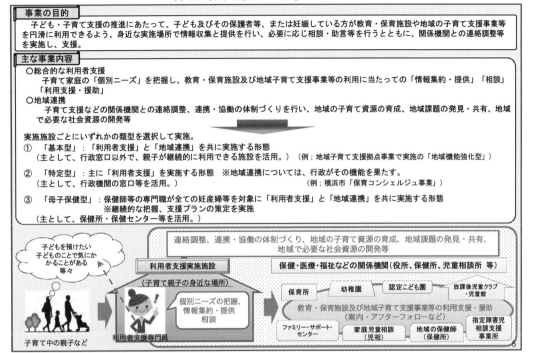

出所：内閣府・厚生労働省資料「地域子ども・子育て支援事業について」（平成27年1月）（http://www8.cao.go.jp/shoushi/shinseido/administer/setsumeikai/h270123/pdf/s3-1.pdf）（2015.7.15）。

「一人一人の子どもが健やかに成長することができる地域社会の実現に寄与するため，子ども及びその保護者等，または妊娠している方がその選択に基づき，教育・保育・保健その他の子育て支援を円滑に利用できるよう，必要な支援を行うこと」である。

　つまり，本事業は，「一人一人の子どもが健やかに成長することができる地域社会の実現」のために，妊娠期を含む子育て家庭を地域の中にあるがままにしながら，個々のニーズに応じて，家庭が地域の中に子育ての体制をつくることを支えていく事業である。本事業の対象は，情報さえあれば自ら社会資源を利用しながら子どもを育てることが可能な家庭から，心配な家庭，要支援家庭までを対象としている。この機能や対象からも，要保護家庭を対象とする要保護児童対策地域協議会のマネジメント機能と比較して，予防型のマネジメント機能を有する事業といえる。利用者支援事業の役割には，「利用者支援」と「地域連携」の二つがあり，「利用者支援」は，子育て家庭のニーズを把握して家庭と地域の資源をつなげながら，個々の家庭が地域の中に子育ての体制をつくっていくことをサポートする働きである。一方，「地域連携」は，家庭の子育てを支える地域資源側に働きかける働きである。この「利用者支援」と「地域連携」の二つを同時並行的に行う類型が「基本型」，「利用者支援」の保育サ

図 4-10 各類型の主な対象範囲

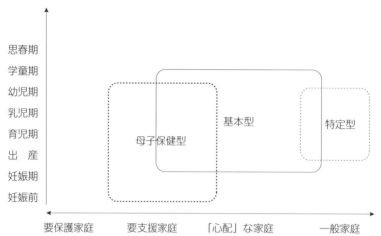

注：各類型の対象範囲を示す枠組みは，主たる対象であり市町村の状況によってより広範になることもありうる。
出所：橋本真紀（2015）「利用者支援事業の概要」柏女霊峰監修・橋本真紀編著『子ども・子育て支援新制度利用者支援事業の手引き』第一法規出版，26頁。

ービス等の紹介を主とする類型が「特定型」，すべての妊産婦等の状況を継続的に把握し，必要な家庭には支援プランを策定し継続的に支援を行う類型が「母子保健型」である（図4-10）。

なお，全ての類型に利用者支援事業を専任で担当する利用者支援専門員が配置される。既述のとおり「基本型」には，インフォーマルな地域資源を視野に含めた「地域連携」の役割が規定されており，かつ地域に不足する地域資源の発掘や開発の働きも求められている。つまり，「基本型」に配置される利用者支援専門員の役割には，その家庭なりに子育てに取り組んでいくプロセスをサポートすることと並行して，地域資源の側に働きかけ，子育て家庭が一つの資源に関わると必要な資源に辿りつけるように，インフォーマルな資源を含む地域の資源間をつなぎ，その関係調整を行う機能も含まれている。さらに，地域に必要な資源がない場合は，子育て家庭や地域の人々，他の専門機関とともに資源をつくることもあり，子育て支援の啓発，地域資源の関係調整や資源開発等を通して子育て家庭が地域につながりやすい環境を整えることも役割とされている。

2 実際の流れ

利用者支援事業の基本型，特定型では，ケアプランを作成することは義務付けられていないが，ケアマネジメントを理解しその手法を参考に取り組むことは，個々の子育て家庭のニーズや地域の状況に応じて利用者支援事業を実施する上での一つの手がかりになると考えられる。特に，白澤が述べるようにケアマネジメントが「利用者の地域生活を支援することを目的としている」ならば，

その効果は大きいと予想される。そこで，本節では，利用者支援事業における「利用者支援」（個別支援）についてケアマネジメントの展開過程を援用しながら解説を行う。ただし，子育て家庭へのケアマネジメントは，制度に位置づいていないことから認定手続きを経ることもなく，またその手続きも共有されていないため，利用者支援事業に共通すると考えられる対応をケアマネジメントのプロセスで整理する。実際の援助のプロセスにおいては，必要に応じて適宜組織内外における事例検討会やスーパービジョンが行われる。なお，利用者支援事業の「基本型」「母子保健型」「特定型」では，対象等の差異も影響してケアマネジメントの留意点が異なることもあることから，以下，より地域生活の支援に重点を置く「基本型」を中心に実際の流れを紹介する。

☐ インテーク（利用のきっかけ）

利用者支援事業の利用は，利用認定の手続きが必要とされないこともあり，「基本型」「特定型」「母子保健型」それぞれの類型により異なる。「特定型」は，子育て家庭が保育サービス等の利用を希望し相談窓口を訪れることが多い。「母子保健型」は，妊娠，出産，転居等を契機として保健師等による相談が開始されることとなる。一方で「基本型」では，子育て家庭が相談を目的として利用者支援専門員が配置される施設を自ら積極的に訪れてケアマネジメントが開始されることは少ない。子育て家庭の中には，漠然とした不安を感じつつも相談窓口を訪ねることを「思いつかない」家庭がある。その理由には，支援を受けられることに気づいていない，支援を受けたくない，自分が何を必要としているのかわからないなどがある。「基本型」では，そのような子育て家庭が生活を営む地域に出向いて，子育て家庭にとって馴染みのある場所で話を聴き，子育て家庭と共に状況を解きほぐしながらニーズや課題を明らかにすることから支援を開始する。

☐ アセスメント（利用者のニーズや状況の把握）

アセスメントは，家族をより深く理解する作業であり，子育て家庭を対象とする際には，心身の健康状態や就業の有無等親の状態と意向，子どもの発達や状態，経済状況や子育てへの協力等家族の状態と意向，身近な相談相手や利用しているサービス等の社会資源との関係，必要に応じて妊娠の経過や状態，虐待の兆候等を理解することが求められる。また親になったことに対する戸惑い，親役割の受けとめの過程，拙いなりの親としての工夫，取り組みなどを含め，客観的な状況とともに親自身がとらえる主観的な状況も把握する。子育て家庭側からの主観的な状況をとらえることは，既存の事業やサービスに子育て家庭をあてはめるのではなく，子育て家庭のニーズや状況に事業やサービスの側が合わせて支援に取り組むきっかけとなる。さらに子育てのニーズに限定しない

家庭がかかえる全てのニーズや課題とともに，家庭のストレングスを含む生活の全体像をとらえることも重要であるとされ，白澤は，アセスメントにおけるストレングスの観点として，本人の「能力」「意欲」「嗜好」「社会環境」の4点をあげている。このようにアセスメントは，利用者支援専門員が子育て家庭を深く理解する作業であるが，最も重要なことは，子育て家庭が自らのニーズや状況を把握し，整理するプロセスを支えることにある。

ケアプランの作成（目標設定とケアプランの作成）

利用者支援事業においては，「母子保健型」以外の類型にはケアプランの作成は規定されていない。しかし，子育て家庭と地域の資源をつなげるにあたって，親や家族と共にニーズと状況を確認したうえで，何を目標にどのような方法で取り組んでいくかの検討は，全ての類型で検討され取り組まれている。子育て家庭には，親が親としてどうありたいか，子どもとどのような関係を築いていきたいのか等，自覚されていないことも多くあるが，その家庭なりの子育てに関わる目標がある。まずは，その家庭が有する目標を共に明らかにし言語化することを促す。その目標は，「子どもと二人の生活を続けたい」など，拙なくてもその家庭の主体的な子育てに関わる「願い」であることが多い。目標を明らかにした後，親が子どもと自身のために目標に向けて，具体的な取り組みや活用する社会資源を選択することを支える。その際，インフォーマルな資源を含む社会資源の情報を伝えながら，その社会資源を用いた時のメリット，デメリットについても共に検討していく。同じ母子家庭であっても，祖父母の援助が受けられない，就労が継続しない，母親が外国籍である等，個々の家族の状況により求める支援が異なり，また社会資源をどれくらいどのように活用するかは，その家庭の経済状態と大きく関連する。個々の家庭が資源の活用について費用を含め現実的に検討できるよう個々の家庭に応じた具体的な解説を心がける。

子育て家庭を核としたサポート体制を構築するためには，何を目標に取り組んでいくのかを，親や家族と利用者支援専門員との間で共有しておくことが重要となる。状態を適切に確認し目標を共有することは，親が自らの状態に相応しい取り組みや適切なサービス等を選択することを支え，さらに家族や事業者，他の支援者からの協力も得やすくなる。そのうえで，その目標に向けて誰が何にどのように取り組むのか，親，家族，利用者支援専門員，事業者，地域の資源等の役割を確認し共有しておくことにより，親子の変化や支援の有効性をとらえることが可能となり，子育て家庭と関係機関，利用者支援専門員が協力しての総合的な援助を実現しやすくなる。ケアプランの作成は，親子を含む家族の状態，ニーズ，取り組みの目標，支援方法を視覚化することとなり，利用者，家族，利用者支援専門員の間の情報共有と支援の評価を支える。

■ 支援の実施

　子育て家庭が，ケアプランに基づき子育て家庭の支援に関わる社会資源を活用する段階である。利用者支援事業は，要支援家庭から情報を得て自ら子育てを行える家庭を対象範囲とすることから，事業や機関の窓口担当者を紹介することで資源の活用に至る事例が多い。しかし，要支援家庭等，特別なニーズを有する事例においては，家庭と社会資源の関係をつなぐ機能がより重要となる。子育て家庭は，結婚，妊娠，出産，転勤等によってその地域で生活を始めたばかりの家庭も多く，高齢者領域の家庭と異なり，地域で生活する基盤が築けていないこともある。サービス等の利用が地域生活の入口として機能することや，サービス等との出会いが地域の印象となること，地域生活の開始を支えることに留意して，子育て家庭と社会資源を媒介することが必要である。さらに，子育て家庭が必要とする保育サービス以外の資源の多くは，インフォーマルな資源といわれる祖父母，近隣の子育て家庭，子育てグループ等であり，地域のインフォーマルな資源については，利用者支援専門員が日常的に子育てひろばや公園，当事者活動等に出向いてそれらの資源との関係をつくり，その関係を媒体としながら子育て家庭とつないでいくこととなる。さらに，子育て家庭側から社会資源につながることを促すと同時に，資源側にも働きかけて子育て家庭と資源の関係の開始を支える。事前に社会資源の通常の対応範囲を把握するだけでなく，その子育て家庭の状況やニーズに応じて融通できる範囲を交渉しておくなども重要な役割となる。既述のとおり，子育て家庭への支援は，高齢者や障害者領域に比較して，サービスが少ないことや保育以外のサービスをインフォーマルな資源に頼ることが多くある。既存の資源の取り組みの対象や活動時間を広げてもらう，近隣の人々の日常生活の範囲で子育て家庭の様子を確認してもらうだけで，子育て家庭が支援を得られることもある。

　子育て家庭の社会資源の活用においては，社会資源の利用を支えるのみでなく，子育て家庭が自ら資源につながっていく，子育てをする体制を地域の中につくっていくそのプロセスを支えるということへの理解が求められる。そして，子育て家庭が地域の中につくった子育てをする体制は，そのまま子どもが育つ環境になる。

■ モニタリング

　子育て家庭に関わる情報収集と分析は，ケアマネジメントのプロセスと並行して常に取り組まれ，子どもと親の育ちへの見通しに基づきつつストレングスを含む家族に関わる情報収集し，その情報に基づき見通しを修正していくモニタリングの作業が求められる。モニタリングでは，子育て家庭が社会資源を活用したことにより，その生活がどのように変化したか，その変化が子育て家庭が有する目標に向かう変化であるかを確認する。変化に伴う支援内容の修正作

業は,子育て家庭と共に行うとともに,支援に取り組む機関の見解も踏まえて行い,子育て家庭,他の支援機関,利用者支援専門員等で支援内容の修正内容について共通理解を図る。

このようなモニタリングの作業を行うタイミングは,ケアプランの作成の際に子育て家庭と共に検討し予定しておく。3歳未満の子どもは,1か月単位で子どもの発達的変化が認められることから,乳幼児を含む子育て家庭のケアプランは,子どもの状態に応じて1か月単位で見直すこともある。

3 特　徴

利用者支援事業のケアマネジメントの特徴として,介護保険制度との比較における制度上の特徴と,ケアマネジメントのプロセスが子どもの育ちや親になることを支えるプロセスになること,子育て家庭が核となるサポート体制は子どもの育つ環境になることの3点について解説する。

子ども・子育て支援新制度は,社会保険方式ではないことから,介護保険制度で求められる給付と負担の関係を明確にするという意味でのケアプランの作成とケアマネジメントは行われていない。そのため利用者支援事業には,介護保険制度の介護認定や支給決定のような手続きを経る必要がない。保育所,幼稚園,認定こども園等の利用の際には認定が必要となるが,申請手続きや利用認定・調整は市町村の担当課で行われる。利用者支援事業の役割は,保育所等の社会資源を利用することを思い当たらない段階で子育て家庭の相談を受けるところから始まり,その家庭が活用しうる社会資源との関係を仲介し,子育て家庭が保育所等の利用を希望する場合は,市町村の担当課につなぐこととなる。利用者支援事業の働きは,子育て家庭の希望や利用者支援専門員,地域の人々の気づきにより開始され,子育て家庭の必要に応じて継続される。制度に位置づかない弱さもあるが,より柔軟に予防的に機能する可能性を有している。

2つ目の特徴としては,子どもの育ちと,親が親になっていくプロセスを支えるという観点と見通しが必要となることがあげられる。乳幼児期の子育て家庭は,「育てられるものから育てるものへ」[16]移行する時期であり,その移行を支える役割が求められる。利用者は,子どもが生まれることにより親という社会的役割を担うこととなる。あるいは,子どもの親として保育所や学校を利用するなど,親という役割を担ったことで社会資源との関係を作り直すことも必要となる。ケアマネジメントのプロセスにおいて親は,親となったことや子どもの成長に応じて家庭や社会での役割が変化していく自身を相対化することや再認識することもあり,親自身の気づきや行動の変化を見極め支える働きが求められる。同時に子どももまたそのプロセスと並行して成長することから,子どもの育ちを的確に把握し,その育ちを親や家族と共有することが必要となる。つまり子ども家庭福祉領域におけるケアマネジメントのプロセスは,子育て家

庭が子どものために状況に応じて地域の資源をコーディネートし暮らしていくという意味における「自立」を支えるプロセスでもある。

3つ目の特徴としては，子育て家庭が核となるサポート体制は子どもの育つ環境になることがある。これまで述べてきたようにケアマネジメントは，家庭を核としたサポート体制を地域の中につくっていくプロセスともいえる。妊娠，出産，転居等によりその地域で子育てを始めることとなった家庭は，そのプロセスを通じて他の子育て家庭，近隣住民，保育サービス，子育てひろば等の地域資源とのつながりをつくっていく。子どもは，その中で育つこととなり，ケアマネジメントのプロセスとケアマネジメントがつむぐ関係は子どもが育つ環境となる。このように子ども家庭福祉領域におけるケアマネジメントでは，家庭のサポート体制が子どもの育ちを支える環境となることを踏まえながら取り組むことが求められる。

4 問題点と将来展望

子ども家庭福祉領域の利用者支援事業を中心とする予防的なマネジメント機能における課題として，他専門機関等との情報共有を含む協働体制の構築をあげておきたい。

利用者支援事業の実施要綱では，従事者の秘密保持義務を規定するとともに，守秘義務が課せられた関係機関との情報共有や連携を図るとされている。しかし，利用者支援事業では，事業としてマネジメント機能を求められつつも，他の専門機関から必要な情報の提供を拒まれるという事態も生じている。その最も大きな理由としては，本事業が子ども・子育て支援法制定後の新規事業であり，児童相談所等の専門機関から認知されていないことがある。ただし，保育所や事業創設から20年を経過する地域子育て支援拠点事業においても同様の状況が認められることから，要保護家庭を主たる対象とするような専門機関は，地域生活を支える資源や事業を支援の際に活用する資源ととらえており，協働の対象ととらえていないとも考えられる。その背景には，白澤や柏女が指摘するように従来の子ども家庭福祉の支援体制が深刻化してからの支援体制を中心とし，活用する社会資源も施設等の既存のフォーマルな資源に偏重していたことの影響も推察される。

社会福祉施策は，社会福祉基礎構造改革以降，地域において一人の人間の一生を包括的に保障することを目指し，地域を基盤とした総合的な支援体制の整備が推進されてきた。それは，地域包括ケアシステムと称され，生活困窮者支援法の制定等に結実し，地域において人の一生を包括的に保障する制度が整いつつある。子ども家庭福祉領域においても，2012年に子ども・子育て支援法が制定され，地域の子育て支援を含めた包括的制度の実現に向けた改革が行われていく。今後，実践においても，虐待がある家庭等の早期把握や見守りのため

第Ⅱ部　実　践　編

の地域ネットワークの構築，地域生活を支えるための包括的な支援策の整備などが求められることとなる。このような子育て家庭の地域生活の支援は，従来の制度に基づく専門機関のみでは担いきれない。既存の専門機関と，利用者支援事業等新制度に基づく事業，NPO法人や民間企業，インフォーマルの取り組みなどが，地域の中で協働しながら子育て家庭を核としたサポート体制をつくっていくことが必要となる。個人の尊厳の尊重や子育て家庭が主体であることを前提とした地域の多様な資源間における情報交換を含む協働の成立に向けて，市町村単位での具体的な方法の検討，仕組みの構築や手続きの確認は喫緊の課題と考えられる。

4　生活困窮者に対するケアマネジメント

1　背　景

　生活保護受給者数は2015（平成27）年4月時点で約216万人であり，2011（平成23）年に過去最高を更新し，それ以降増加傾向が続いている。受給者の内訳をみると，高齢化に伴い，当然のことであるが高齢者世帯が約半数を占めており，増加傾向にあるが，他方で，稼働年齢層と考えられる「その他の世帯」の割合が大きく増加していることに特徴がある。後者の背景には，失業等により生活保護に至る世帯を含む世帯が急増していることがうかがえる。同時に，非正規雇用労働者や低年収の給与所得者など，経済的な生活に困窮するリスクの高い人々も増加しており，リスク予防の観点で，生活保護受給に至る前段階から生活困窮者の就労・自立の促進を図ることが大きな課題となっている。
　そのことは，稼働年齢層の生活保護受給世帯への自立助長のケアマネジメントが重要であるとともに，生活保護に陥るリスクの高い稼働年齢層を世帯主とする世帯に対しての予防的ケアマネジメント支援が必要である。本節では，後者についてのケアマネジメントについて主に検討してみる。
　このような生活保護に陥るリスクのある世帯主を生活困窮者とし，2015年3月に「生活困窮者自立支援法」が創設された。一般に，経済的な生活が困窮することを支える最初の第1のネットには医療・年金等の社会保険施度や労働保険制度があり，これにより経済的な困窮に陥ることを予防している。このネットから落ちこぼれた場合には，従来は生活保護制度で対応してきた。この法律は，ラストストップとされる生活保護受給に至る前のネットを構築することであり，生活困窮者に対して総合的に取り組むことである。
　ここでの生活困窮者の定義は，同法第2条第1項で「現に経済的に困窮し，

最低限度の生活を維持することができなくなるおそれのある者」となっている。こうした生活困窮者は複合的なニーズを有していることから，できる限り対象を広くとらえ，排除のない対応を行うことになっている。この対象者の例示として，厚生労働省は以下のような人を想定している。[17]

・離職後，求職の努力を重ねたが再就職できず，自信を失ってひきこもってしまった人
・高齢で体の弱った親と二人暮らしを続けるうちに，地域から孤立してしまった人
・家族の介護のため，時間に余裕はあるが収入の低い仕事に移った人
・配偶者からの暴力を逃れて家を飛び出したが，子供が幼いために就業が難しい人
・いじめなどのために学校を中退し引きこもりを続けるうち，社会に出るのが怖くなってしまった人
・家計の管理がうまくできないために，借金の連鎖を止められない人

「生活困窮者自立支援法」では，生活保護に至る前段階の自立支援策の強化を図るため，生活困窮者に対し，自立相談支援事業の実施，住居確保給付金の支給その他の支援を行うための所要の措置を講ずることになっている。具体的には，以下の事業が実施されることになっている。

① 福祉事務所設置自治体は，必修事業として「自立相談支援事業」の実施および「住居確保給付金」を支給する。
　・「自立相談支援事業」は就労その他の自立に関する相談支援，事業利用のためのプラン作成等を実施する。
　・「住居確保給付金」は離職により住宅を失った生活困窮者等に対し家賃相当の給付金（有期）を支給する。

② 福祉事務所設置自治体は，任意事業として，「就労準備支援事業」「一時生活支援事業」「家計相談支援事業」等を実施する。
　・「就労準備支援事業」は，就労に必要な訓練を日常生活自立，社会生活自立段階から有期で実施することである。
　・「一時生活支援事業」は，住居のない生活困窮者に対して一定期間宿泊場所や衣食の提供等を行う事業である。
　・「家計相談支援事業」は，家計に関する相談，家計管理に関する指導，貸付のあっせん等を行う事業である。
　・その他に，生活困窮家庭の子どもへの「学習支援事業」や，その他生活困窮者の自立の促進に必要な事業を任意で実施する。

これらすべての事業は，自治体が直営のほか，社会福祉協議会や社会福祉法人，NPO等への委託も可能である。

以上の「生活困窮者自立支援法」での，市，福祉事務所を設置する町村，都

図4-11 自立相談支援事業について

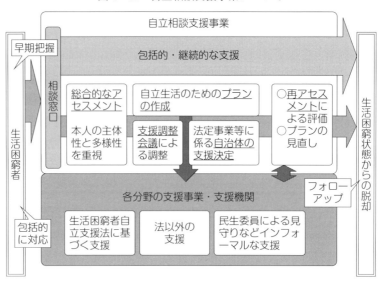

　道府県が必修事業として実施する「自立相談支援事業」にはケアマネジメントの手法が援用されており，このケアマネジメントをもとに，本法律で規定されている「住居確保給付金」「就労準備支援事業」「一時生活支援事業」「家計相談支援事業」「学習支援事業」が重要な社会資源として活用されることになる。
　これら生活困窮者自立支援法に規定されている制度に加えて多様なフォーマルおよびインフォーマルな社会資源を活用して，自立相談支援事業を介して，①就労支援，②多様な就労機会の提供，③居住確保支援，④家計相談支援，⑤健康支援，⑥子ども・若者の支援を実施していく。結果として，生活困窮者の自立を促進していくことになる。

2 実際の流れ

自立相談支援事業の過程

　生活困窮者への「自立相談支援事業」は，生活困窮者からの相談に早期かつ包括的に応ずる相談窓口となり，生活困窮者の抱えているニーズについてアセスメントし，ニーズに基づく「自立支援計画」を作成・実施する。具体的には，図4-11のようなケアマネジメント過程で進められることになる。生活困窮者からの相談を受け，生活困窮者と相談員が一緒になり，アセスメントに基づきニーズを把握し，ニーズに応じた自立支援計画を策定し，計画に記述された各種支援が包括的に行われるよう，関係機関との連絡調整を実施することになる。その場が支援計画会議である。自立相談支援事業を自治体から委託している場合には，自治体は受託機関と連携して制度を運営し，支援調整会議に参画し，支援決定を行うほか，社会資源の開発を担うことになる。さらに，作成・実施された支援計画について初回プランで終了する場合もあるが，モニタリングが

なされ，支援計画を変更していくことで，生活困窮から脱却していくことになる。これは，まさにケアマネジメント過程であり，生活困窮者は複合的なニーズを有していることが多く，ケアマネジメントが有効な対象者であるといえる。ただ，生活困窮者自立支援法では，自立相談支援事業とは呼ぶが，ケアマネジメントという用語は一切使われてはいない。

こうした自立相談支援事業は，主任相談支援員，相談支援員，就労支援員で実施していくことになっている。主任相談支援員は，業務のマネジメントや社会資源の開拓などを行い，社会福祉士などの資格保持者や相談業務経験者が望ましいとされている。相談支援員は，相談者へのプラン作成などを行うが，資格保持者が少ない地方を考慮し，資格要件は定めていない。就労支援員は，ハローワークとの連携や企業の求人開拓を行い，ハローワーク職員OBなどが望ましいとされている。

❏ 自立相談支援事業の成果

2016（平成28）年3月に出された「生活困窮者自立支援制度の自立相談支援機関における支援実績，対象者像等に関する調査研究事業報告書」（厚生労働省平成27年度生活困窮者就労準備支援事業費等補助金　社会福祉推進事業）では，自立相談支援事業の成果として，初回の計画作成に限ってであるが，次のような結果が出ている。

初回のプラン作成により，どのような変化が生じたかを経済的な変化とその他の変化について調査しているが，その結果は図4-12のようになっている。生活困窮者の経済的な変化については，「就労開始（一般就労）」が34.4％で最も多く，次が「生活保護適用」の19.8％，「就労活動開始」の14.4％，「家計の改善」の13.5％，「就労収入増加」の12.4％が続いている。その他の変化では，「住まいの確保・安定」（29.2％），「自立意欲の向上・改善」（21.1％），「精神の安定」（14.6％），「医療機関受診開始」（13.4％），「健康状態の改善」（12.9％），「孤立の解消」（9.4％）が続いている。以上のことから，生活困窮者へのケアマネジメントは，一部生活保護制度につなぐことが必要な人もいるが，就労につながっていく事例が多いことが分かる。同時に，社会関係の再構築に向けて，環境や健康・心理状態を整えていくことができていることが分かる。

なお，初回プランで終結する事例とそうでない事例については，以下のように整理ができる。前述した生活困窮者自立支援事業は第2のネットに相当し，第1の通常の社会保険制度による第1のネットと，生活保護という第3のネットがあり，中間のネットとなる。初回の計画作成で修了する者は，ある意味では，第1のネットや第3のネットを結びつけることで生活困窮の問題解決ができたことになる。ただ，生活困窮者自立支援事業は可能な限り第1のネットに戻す支援である以上，第1のネットに戻った場合は本来の業務を果たせたとい

第Ⅱ部 実 践 編

図4-12 変化の内容（経済的変化／それ以外）（初回プランのみ）

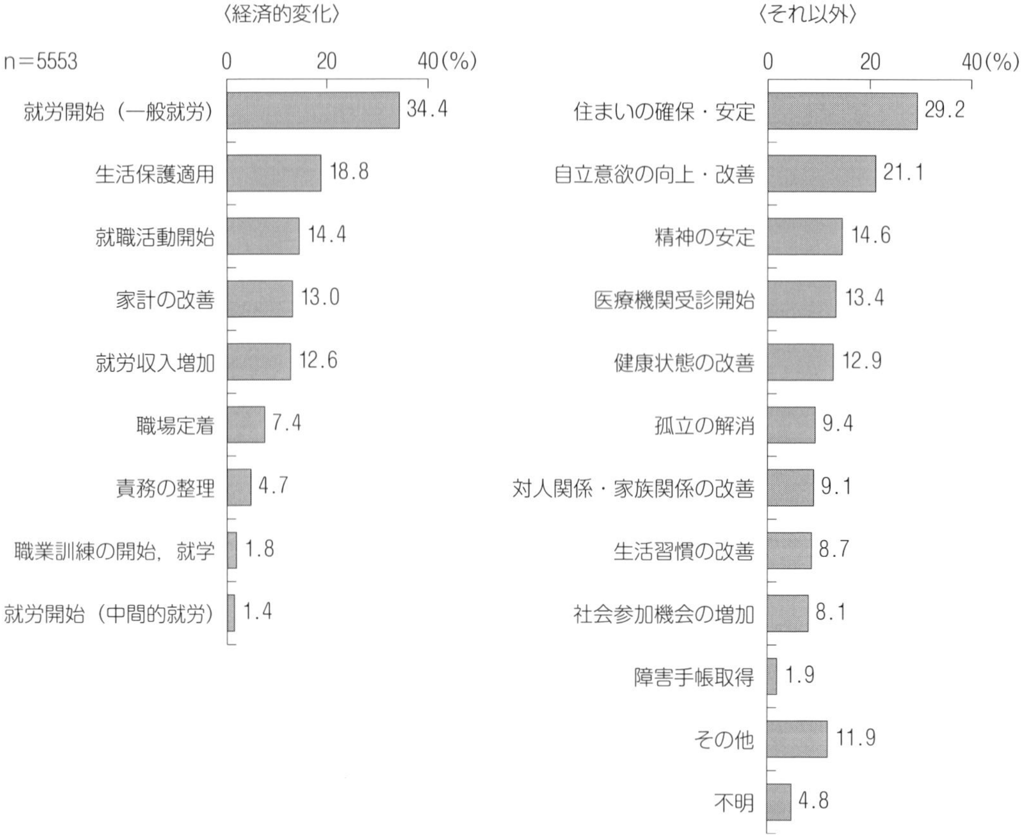

〈経済的変化〉

n=5553

- 就労開始（一般就労） 34.4
- 生活保護適用 18.8
- 就職活動開始 14.4
- 家計の改善 13.0
- 就労収入増加 12.6
- 職場定着 7.4
- 責務の整理 4.7
- 職業訓練の開始，就学 1.8
- 就労開始（中間的就労） 1.4

〈それ以外〉

- 住まいの確保・安定 29.2
- 自立意欲の向上・改善 21.1
- 精神の安定 14.6
- 医療機関受診開始 13.4
- 健康状態の改善 12.9
- 孤立の解消 9.4
- 対人関係・家族関係の改善 9.1
- 生活習慣の改善 8.7
- 社会参加機会の増加 8.1
- 障害手帳取得 1.9
- その他 11.9
- 不明 4.8

出所：みずほ情報総研株式会社（2016）『生活困窮者自立支援制度の自律相談支援機関における支援実績，対象者像等に関する調査研究事業報告書』（厚生労働省平成27年度生活困窮者就労準備支援事業費等補助金　社会福祉推進事業）。

える。一方，第3の生活保護のネットに移行した利用者については，再度，第2や第1のネットに戻れるよう，生活保護制度の中でケアマネジメント支援が求められる。

3 特　徴

□ 生活困窮者の自立支援

　生活保護について，厚生労働省は2016（平成18）年に「生活保護受給者等就労支援事業」活用プログラムが施行されたが，その中で「就労自立は，日常生活自立及び社会生活自立の達成・維持を前提とする場合が多い。稼働年齢層で雇用情勢が良好な地域に居住している被保護者であっても，昼夜が逆転した生活を送るなど日常生活が乱れている場合には，直ちに就労活動を行い，実際に就労することは非常に困難であろう。このような場合にはまず日常生活自立を目指して規則正しい日常生活を実現し，さらに対人関係で様々な問題がある場合にはこれを改善して社会生活自立を実現した上で，就労自立を目指すことが適切であり，実施機関においてはそのそれぞれの段階に応じた支援を実施する

必要がある」としており，働くことを目指す就労自立，規則正しい日常生活を目指す日常生活自立，良好な対人関係を目指す社会生活自立に分けており，これら3つの自立を助長していくこととしている。

　こうした考え方が，生活困窮者に対するケアマネジメントにも援用されており，日常生活自立，社会生活自立，就労自立を一体的に助長することを目的にしている。そのため，本法律のベースになった「社会保障審議会　生活困窮者の生活支援の在り方に関する特別部会報告書」（平成25年1月25日）では，経済的自立の前提として，「つながりの再構築」が強調されており，「生活困窮者が孤立化し自分に価値を見出せないでいる限り，主体的な参加へ向かうことは難しい。一人一人が社会とのつながりを強め周囲から承認されているという実感を得ることができることは，自立に向けて足を踏み出すための条件である」としている。

　このことは，自立支援計画の策定においても，つながりの再構築は，初回のプランで終わることの方が稀であり，3つの自立を段階的に助長することになる。その際に，就労支援については，自分で就職活動ができる人から，生活リズムが崩れている人まで，相談者の状態を表4-3のように5区分に分類し，一般就労が難しい人に対しては，支援付きの就労の場である「中間的就労」が提供される。このように，ケアマネジメントのモニタリング過程をもとに，就労支援についていえば，段階的に，就労支援担当者の就労支援・指導等の「非雇用型の就労訓練事業」，就労条件における一定の配慮の基で，雇用条件に基づく「支援付雇用型就労訓練事業」，必要に応じた就労支援担当者のフォローアップによる雇用契約に基づく「一般就労」の順番に理念的には進んでいき，就労の自立が得られることになる。そのため，このような業務を遂行するために，自立支援計画の策定を主に担う相談支援員に加えて，就労支援担当者が配置されている。

❒ 生活困窮者の尊厳の確保とその支援方法

　生活困窮者の多くは自己肯定感や自尊感情を失っていたり，失いつつあることを考慮し，常に尊厳の確保に当たらなければならない。そのため，利用者の自己決定や自己選択を基本に支援することが不可欠である。さらには，本人の内面からわき起こる意欲や想いを自ら引き出すことを支援することが求められる。そのため，肯定的な自己づくりが求められるため，否定的な自己を肯定的な自己に移行していく支援方法であるリフレーミングやリラベリングを活用することが有効である。同時に，利用者の意欲，能力，好みといったストレングスをアセスメントし，それを活用する自立支援計画の作成を試みる必要がある。そのため，利用者がストレングスについて言語的・非言語的に発言できるよう，支援者側がそうした雰囲気づくりをすることが求められる。

表4-3 生活困窮者の状態に応じた就労支援

対象者の状態	支援主体・事業	支援内容
1．自主的な求職活動により就労が見込まれる者	ハローワークの一般職業紹介	一般的な職業相談・職業紹介 ※公共職業訓練，求職者支援制度も利用。
2．就労に向けた準備が一定程度整っているが，個別の支援により就労が見込まれる者	生活保護受給者等就労自立促進事業 ※自立相談支援事業の就労支援員とハローワークの担当者によるチーム支援	（ハローワーク） 担当者制による，キャリアコンサルティング，職業相談・職業紹介，公的職業訓練による能力開発，個別求人開拓，就労後のフォローアップ　等 （自立相談支援事業の就労支援員） 対象者の選定，ハローワークへの支援要請等
3．2の者と比較すると就労に向けた準備が不足しているが，ある程度時間をかけて個別の支援を行うことで就労が見込まれる者	自立相談支援事業の就労支援員	就労意欲の喚起を含む福祉面での支援とともに，担当者制によるハローワークへの同行訪問，キャリア・コンサルティング，履歴書の作成指導，面接対策，個別求人開拓，就労後のフォローアップ　等
4．生活リズムが崩れている，社会との関わりに不安がある，就労意欲が低いなどの理由で，就労に向けた準備が整っていない者	就労準備支援事業 ※自立相談支援事業の就労支援員が，ボランティア，就労体験などの場を提供することもあり得る（就労準備支援事業に比べ簡素・軽微なものを想定）	就労に向けた準備としての基礎能力の形成からの支援を，計画的かつ一貫して実施
5．就労への移行のため柔軟な働き方をする必要がある者	就労訓練事業（中間的就労）	支援付きの就労・訓練の場の提供 ※自立相談支援事業の就労支援員は，就労訓練事業者の開拓を実施。

注：自立相談支援事業の就労支援員は，上記のほか，利用者の状態の定期的・継続的な確認を行う。
また，就労意欲が希薄等の理由により就労準備支援事業の利用に至らない者に対する就労意欲の喚起，セミナーの開催等必要な就労支援を実施。
出所：厚生労働省資料。

生活困窮者支援を通じた地域づくり

　生活困窮者支援においては地域づくりが基本になければならない。これは，生活困窮者が地域社会とのつながりを実感しなければ主体的な参加に向かうことは難しいとの考え方が基礎にあり，地域の人々と生活困窮者が「支える，支えられる」という一方的な関係ではなく，両者が「相互に支え合う」地域を構築することである。そのために，自立相談支援事業には，こうした地域づくりを主に担う主任相談支援員が配置されている。
　この地域づくりについては，地域で生活困窮者に関わる機関や団体がネットワークを組むことで，生活困窮者の早期発見や見守り支援を進めていくことになる。中間就労といった非雇用型就労機関や一般雇用機関を開発することで，働く場や参加する場を広げていくことである。

□ アウトリーチによる利用者の発見

　生活困窮者に対する自立相談支援事業の特徴の一つは，申請主義ではなく，アウトリーチにより利用者を発見することにある。生活困窮者はある意味では，ラストストップともいえる生活保護制度を今後利用する可能性がある予備軍といえる。しかし自ら相談支援に出向いていく意識は強くない。そのため，地域の人々からの情報をもとに，自立支援相談員が生活困窮者を発見することが必要になる。地域の人々から生活困窮者についての情報が提供されるためには，生活困窮者を核にした地域での機関や団体によるネットワークづくりが不可欠である。このネットワークは，先に示したように，生活困窮者と「相互に支え合う」ことも目指すことになる。

4 問題点と将来展望

　PDCAサイクルによるケアマネジメントは，本来生活保護に陥った人々への支援においても有効である。しかしそうした視点での支援は，生活保護制度の受給者には未だ対応できていない。現在「その他世帯」受給者が急増しているために，キャリア・コンサルティング，職業相談・職業紹介，職業準備プログラム，トライアル雇用，公的職業訓練等の能力開発，個別求人開拓，就労後のフォローアップといった「就労支援メニュー」が整えられている。いま最も重要なことは，自立に向けての個々の利用者や家族の生活ニーズを把握し，それらのニーズを充足することで，自立助長に向けて相談支援を展開していくことにある。

　これは福祉事務所の生活保護担当ケースワーカーの仕事となるが，その際には，受給者と自立助長に向けての目標を設定し，PDCAサイクルでアセスメントをし，計画を作成し，実施していくことが必要である。ただ，ここで目標となる自立は，経済的な自立だけでなく，日常生活自立や社会生活自立を目標にすることになる。これは，生活困窮者に対するケアマネジメントが利用者の経済的な自立を支援するだけでなく，社会関係の再構築を目指すことになるからである。

　一方，生活困窮者を対象とするケアマネジメントは，アウトリーチを主眼にする以上，法的に規定された生活困窮者への支援に留まるものではない。第1のネットは多くの人々が社会保険制度等を活用することであり，第3のネットは生活保護制度である。これらの中間に位置づけられる第2のネットとなる生活困窮者支援でのケアマネジメントは，必然的に，第1のネットで支援可能な人々や第3のネットでなければ支援できない人々も発見する機能を有している。

　その場合には，第1のネットでは医療保険，年金保険，労災保険等に結び付けることで，問題の解決を図っていくことになる。同時に，第3のネットである生活保護制度に結び付けることは，個々人の生活保障を支援していくことに

なるため，生活保護受給者が増大する仕組みでもある。その意味でも，生活保護受給者に対するケアマネジメントを実施する時には，自立助長の支援が必要不可欠であるといえる。

こうした生活困窮者には障害者や要介護高齢者が，時には刑を終えた出所者（刑余者）がいる場合も想定できる。そのため，要介護者がいれば介護保険制度での介護支援専門員と，障害者がいれば障害者総合支援法の相談支援専門員と，刑余者の場合は保護司と協働して，ケアマネジメントを実施していくことになる。その場合，理論的には，アウトリーチ機能を有している生活困窮者自立支援センターが発見機能を果たすことが考えられるが，現実的には介護支援専門員や相談支援専門員の方が量的に多いため，こうしたケアマネジャーが生活困窮者自立支援センターにつなぐことが多いといえる。

5 司法福祉領域におけるケアマネジメント

1 背 景

☐ 司法福祉領域における従来からのケアマネジメント

司法福祉領域におけるケアマネジメントには，さまざまな対象や分野が考えられる。司法福祉と聞いて，まず思い浮かぶのは刑事司法領域における非行・犯罪をした人を対象とする福祉的機能を伴う活動，具体的には家庭裁判所調査官（以下，調査官という），保護観察官・保護司，社会復帰調整官などによるものであろう。

司法福祉という概念は，少年司法の分野で最初に提唱された。調査官は，非行などをした少年に対する保護事件の審判に必要な調査を行うことを専門とする職種である。調査官による調査は，裁判官の命令を受けて行われ，対象となる少年はこれを拒否することはできないため，通常の福祉領域のケアマネジメントとは異なる面もあるが，調査を行い（アセスメント），その結果にもとづいて少年への処遇意見を作成する（プランニング）という過程には類似性がみられる。また，調査官の活動のひとつに「試験観察」がある。試験観察は，審判による終局処分決定を一定期間猶予し，その間に少年に能動的な保護的措置を加える中間処分であるが，これは実際に保護措置を計画・実施・評価するという意味でよりケアマネジメントに近い活動であるといえる。

更生保護の分野における保護観察官・保護司による保護観察業務にもケアマネジメントの機能が含まれている。保護観察には，対象者への監視・監督としての側面をもつ「指導監督」，犯罪行為や非行からの立ち直りのための援助と

しての「補導援護」の両面がある。前者は非行少年や犯罪行為者に対する国家による監視機能を含むためにいわゆるケアとは異なるが，補導援護には援助的な側面が強く，対象者のニーズに応じて援助を提供し，その過程をマネジメントするという意味では，保護観察にもケアマネジメント機能に類似した面があるととらえられる。

　保護観察所に所属する社会復帰調整官による活動は，一般的なケアマネジメントの形により近いだろう。社会復帰調整官は，2005年に施行された「心身喪失等の状態で重大な他害行為を行った者の医療及び観察等に関する法律（医療観察法）」によって新たに設けられた職種であり，裁判所による審判の結果，入院・通院して精神科医療を受けることを命じられた対象者の生活環境の調査・調整と精神保健観察を主な業務としている。裁判所による当初の審判から医療観察法による処遇が終了するまでのあいだ，社会復帰調整官は一貫して対象者の医療や福祉の提供過程にかかわっている。また，入院処遇から通院処遇，あるいは医療観察法による処遇から地域における一般精神科医療への移行も支援していることから，社会復帰調整官の活動は対象者への処遇過程に一貫してかかわるケアマネジメントであるといえる。ただし，医療観察法は強制的に精神科医療を行う制度であることから，クライエント自身が希望するか否かにかかわらず関与するという点においては，社会復帰調整官による活動は高齢者や障害者福祉領域における契約に基づくサービス提供とは異なっていることには注意が必要だろう。

◻ 司法福祉領域における新たなケアマネジメント

　これら従来からの分野に加えて，近年になって司法福祉の実践領域が拡大してきたことによって，ケアマネジメントが行われる場も広がってきている。このような変化は2000年ごろから起こりはじめ，その後も活発化してきている。その理由は，各種の社会問題への対処を目的とした立法によって，司法機関が社会福祉問題に関与する場面が増えてきたためである。こうした立法の例として，民法改正による「成年後見制度」の整備（1999年）をはじめとして，「児童虐待の防止等に関する法律」（2000年施行），「配偶者からの暴力の防止及び被害者の保護に関する法律」（2002年施行），「犯罪被害者等基本法」（2005年施行），「高齢者虐待の防止，高齢者の養育者に対する支援等に関する法律」（2006年施行），そして，「障害者虐待の防止，障害者の養育者に対する支援等に関する法律」（2012年施行）などがある。これらの新しい法が作られたことをきっかけとして，児童虐待や配偶者・家族への暴力，犯罪被害者支援，高齢者虐待，障害者虐待などに関連する分野でケアマネジメントが実践されるようになってきている。

　このように司法福祉領域におけるケアマネジメントには多様な活動が含まれ

図4-13 刑事司法手続の流れと地域生活定着支援の関係

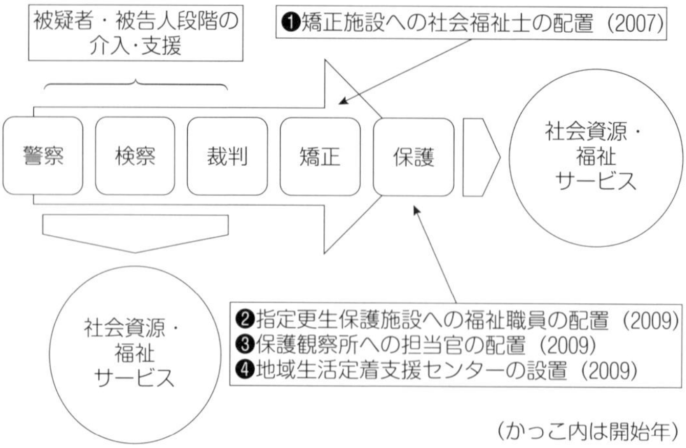

被疑者・被告人段階の介入・支援：警察／検察／裁判
❶矯正施設への社会福祉士の配置（2007）：矯正
→社会資源・福祉サービス

保護
→社会資源・福祉サービス
❷指定更生保護施設への福祉職員の配置（2009）
❸保護観察所への担当官の配置（2009）
❹地域生活定着支援センターの設置（2009）

（かっこ内は開始年）

出所：水藤昌彦（2016）「近年の刑事司法と福祉の連携にみるリスクとセキュリティ──福祉機関が「司法化」するメカニズム」『犯罪社会学研究』41, 48頁。

ており，そのすべてをここで紹介することはできない。そこで，本節では，本領域のなかでも比較的新しい動きであり，これまでケアマネジメントの視点から取り上げられることがあまりなかった，高齢あるいは障害があって犯罪をした人への社会福祉専門職による支援，「地域生活定着支援」におけるケアマネジメントにテーマを絞って記述していく。

まず，全体像を確認する。図4-13は，刑事司法手続と地域生活定着支援を含む福祉サービスとの関係を示したものである。

図の中央に位置するのは刑事司法手続の流れである。地域生活定着支援におけるケアマネジメントでは刑事司法手続が密接に関係していることから，まず，その内容を確認しておく。図の左側から順に見ていく。警察によって犯罪の嫌疑が認められると，事件に関する情報や資料の収集がなされる。その結果，被疑者が検挙・確保され，証拠が保全されると，その事件は検察官に送致される。検察官がさらに捜査を遂げた結果，裁判所による審理を求めることが適当だと判断すれば，公訴が提起される。これを「起訴」と言う。この時点から被疑者は被告人となり，事件への対応の場面は裁判所に移る。審理の結果，有罪と認定され，すぐに刑務所に収容するという判決が確定すれば「実刑」となり，被告人は矯正施設に収容され，受刑者となる。そして，一定の要件を満たして刑務所からの「仮釈放」を許可された場合には，保護観察所による保護観察を受けながら，刑の残りの期間を社会の中で生活しながら過ごすことになる。

地域生活定着支援として最初に実施されたのは，図の右側にある矯正施設からの釈放段階での4つの制度であった。2007年から矯正施設へ社会福祉士等が配置され，釈放時に支援が必要になると見込まれる受刑者の発見，適切な福祉サービスへの導入などの業務を担当している（図中❶）。2009年からは，指定更

生保護施設へ社会福祉士や介護福祉士などの福祉職員が配置され，ケアの充実や福祉サービス利用の促進を図っている（図中❷）。また，同年には保護観察所に専門の担当官が配置され，各都道府県で「地域生活定着支援センター」（以下，定着支援センターという）の設置が開始された（図中❸と❹）。両者は協力して，釈放後に必要と考えられる社会福祉サービスの利用促進を図っている。これらの対応・支援は，刑事手続の最終段階で行われるので「出口支援」との通称でよばれることもある。

　出口支援が開始された直後から，捜査・裁判段階での被疑者・被告人への支援の必要性が指摘されていた。これらは図の左側に示されている部分であり，出口支援との対比で「入口支援」とも呼ばれている[24]。紙面の制約のため，ここでは入口支援については説明しないが，入口・出口支援のいずれも，刑事手続の対象となったことをきっかけとして，対象者の更生支援や地域生活定着支援に必要だと思われる社会資源や福祉サービスへつないでいこうとするという点は共通している。

2　実際の流れ

　刑務所からの釈放段階で受刑者に関わる主な福祉専門職としては，刑務所に配置された社会福祉士，定着支援センターに勤務する職員，釈放後のサービス提供を担う地域の支援者などがいる。それぞれの立場からケアマネジメントに関わることになるが，ここでは釈放前後で中心的な役割を担うことが期待される，刑務所に配置された社会福祉士と定着支援センター職員の業務に着目しながら実際の流れを見ていく。

□　刑務所からの釈放

　まず，刑務所からの釈放についての基本的な仕組みを確認しておこう。裁判で実刑の判決が確定すると，成人の場合は原則として刑務所に収容される。刑の執行が開始されると，釈放時に帰る場所（帰住地）とその人を指導監督する人（身元引受人）がいるかどうかが受刑者本人に対して確認される。帰住地があり，そこに身元引受人がいると受刑者が申し出た場合は，その人が収容されている刑務所所在地の保護観察所を経て，帰住地を管轄する保護観察所が身元引受人候補者に連絡し，引き受けの意思確認と身元引受人としての適性を判断する。

　刑務所からの釈放には，刑の期間が満了したことによる満期釈放，刑の途中で仮に釈放を許され，刑期の残り期間を社会内で保護観察を受けながら過ごす仮釈放の2種類がある[25]。仮釈放には許可基準が設けられているが，実務上は帰住地と身元引受人の両方が確定していることが必要とされる。そのため，これらがない場合には，受刑態度が良好であったとしても仮釈放は許可されない。

高齢あるいは障害がある受刑者は，帰住地がなく，身元引受人がいないために満期で釈放される場合が多い。そして，社会内に戻る場所や頼れる人が存在しないために，短期間のうちに再犯に至って刑務所に戻ってくることが問題として指摘されてきた。

◻ 特別調整におけるケアマネジメント

　受刑者の社会復帰を円滑に進めることを目的として，保護観察官または保護司が帰住地や身元引受人などを調査し，必要に応じて調整を図る活動を環境調整というが，釈放時に福祉サービスを必要とする高齢や障害のある受刑者に対する環境調整は，特別な調整が必要とされるという意味で「特別調整」と呼ばれている。

　成人への特別調整の一環として行われるケアマネジメントの典型的な流れは，次のとおりである。まず，刑務所に配置された社会福祉士をはじめとする担当職員が，釈放時に福祉サービスによる支援を必要としていると思われる人を受刑者のなかから見つける。次に施設内部での検討を経て，当該受刑者の情報が刑務所から保護観察所に伝えられる。保護観察所では，**表4-4**に示す要件にもとづいて，その者を特別調整の対象とするかどうかを判断する。

　特別調整対象者（以下，本人という）として認定されると，収容されている刑務所在地の保護観察所から定着支援センターに対して，帰住地における福祉サービス利用の調整が依頼される。その際，定着支援センターには，保護観察所から本人についての基本的な情報が提供される。

　定着支援センターでは，職員が刑務所を訪問して本人と面接したり，関係機関に連絡をとったりして，これまでの生活の様子，釈放後の生活に関する希望などについて情報を集める。そして，地域生活定着支援のための計画を作成する目的でアセスメントを行う。その結果にもとづいて，支援のために必要とされる社会資源や福祉サービスを帰住地で探し，実際の支援提供者を確定させ，支援のためのネットワークを作っていく。これと並行して，市町村の担当部署などと連絡調整し，福祉サービスを受給するための手続を進める。また，必要に応じて，刑務所で支援者と本人が面接する機会を設けたり，釈放後に利用する施設の写真やパンフレットなどを用いて，支援計画の内容を説明したりすることもある。釈放日には，定着支援センター職員などが刑務所まで迎えに行くこともあり，市町村窓口での手続，福祉サービス利用のための手続などを支援し，サービスへの導入をサポートする。

　地域での生活を開始した後，定着支援センターは一定期間のフォローアップを実施する。フォローアップの内容や期間はさまざまである。そして，生活の状態が安定してきたと判断すると相談支援事業所，地域包括支援センターなど地域の調整機関に引き継ぎ，マネジメントを終了する。

第4章　対象別ケアマネジメントの実際

表4-4　特別調整対象者の要件

●矯正施設に入所中であり，以下のすべての要件を満たすこと。
1　高齢（おおむね65歳以上）であり，又は障害を有すると認められること
2　矯正施設退所後の適当な住居がないこと
3　矯正施設退所後に福祉サービス等を受けることが必要と認められること
4　円滑な社会復帰のために，特別な手続による保護観察所の生活環境調整の対象とすることが相当と認められること
5　上記調整の対象となることを希望していること
6　上記調整の実施のために必要な範囲内で，個人情報を公共の保健福祉に関する機関等に提供することに同意していること

出所：法務省矯正局長・保護局長連名通達「高齢又は障害により特に自立が困難な矯正施設収容中の者の社会復帰に向けた保護，生活環境の調整等について」（平成21年4月17日付保観244）。

なお，本人が帰住地とは別の都道府県の刑務所に収容されていることもよくある。その場合は，刑務所所在地の定着支援センターから帰住予定地の定着支援センター対して協力が依頼される。そして，サービス調整に関わる業務やフォローアップは，帰住予定地の定着支援センターが担うことになる。

以上のように，刑務所に配置された社会福祉士，定着支援センター職員は，保護観察所の担当官と協働しながら，特別調整の対象となる者を発見するためのインテイク，支援ニーズを明らかにするためのアセスメント，帰住地でのサービス調整というプランニングの役割を担っている。

3　特　徴

司法福祉領域での地域生活定着支援におけるケアマネジメントの特徴は，以下の3つのポイントにまとめられる。

刑事司法と社会福祉の違いを理解する

第一は，刑事司法と密接に関係したなかで支援が展開されるが，刑事司法と福祉では，それぞれの目的や依拠する基本原理，機能に違いがあるという点である。刑事司法は再犯防止を目的として，保安という基本原理に依拠し，社会防衛という機能を果たしている。犯罪行為をしたことに対する責任を問い，その責任の分量に応じて，刑罰として本来であれば法によって守られるべき法益をあえて奪うので，刑事司法による対応は対象者への不利益処分となる。一方，福祉は人間的成長を目的として，教育という基本原理に依拠し，自立援助という機能を果たしている。支援対象者本人が利用を希望し，同意を得て提供される福祉による支援には，対象者に何らかの利益をもたらすことが期待されている。つまり，国家が賦課する不利益処分としての刑事司法機関による介入・処遇，支援対象者の幸福や福利の向上のための福祉機関による支援，という違いが両者のあいだには存在している。

この違いは対象者を決定する過程にもみられる。特別調整の対象者は，保護観察所によって「選定」される。社会福祉の価値からすると，サービスを受ける者を選定するというのは違和感を感じさせる。しかし，矯正・更生保護は国家による強制処分としての処遇であり，受刑者や保護観察対象者に対して，サービスを受ける権利や利益を認めるものではない。対象とされた者には，改善更生のために処遇を受ける義務があるとされる。そのため，刑務所や保護観察所という国家機関が特別調整の必要性と相当性について検討し，対象として適当である者を選ぶという考え方をする。

このように司法福祉におけるケアマネジメントでは，通常の社会福祉とは大きく異なる考え方，クライエント観に接することがある。こうした違いに適切に対処するためには，刑事司法の側がなぜそのような考え方をするのか，その根拠を知り，同時に福祉の依拠する目的や価値を見失わないことが重要になる[30]。

◻ 支援対象者が拘禁されていることによって生じる制約に対応する

第二は，支援対象者が拘禁され，身体の自由を奪われていることによって生じる様々な制約があるという点である。その影響が顕著に現れるのは，特に面接や情報提供，サービス提供開始までの期限などである。まず，面接や情報提供にあたっての制約には次のようなものがある。対象者への面接は刑務所内で実施されるが，定着支援センター職員や帰住先で利用が予定されている福祉事業所の職員などが対象者に会うときには，必ず刑務官が立会する。刑務官の役割のひとつは，施設内での保安を確保し，規律を維持することである。そのような役割を担う刑務官が同席する面接は，通常の福祉機関における面接とは異なった環境とならざるを得ない。また，対象者の意思決定を支援するために情報提供しようとする際にも，身体の自由が奪われているために提供できる情報の種類や方法に制約が生じる。通常，利用予定先の施設などを見学したり，釈放前に体験利用をしたりすることはできない[31]。

また，サービス提供開始までの期限の問題がある。緊急性の低いケースのケアマネジメントであれば，サービスをいつから利用するかは状況によって流動的であり，クライエントや家族，関係者の状況，サービス提供者の事情に応じて，見学，体験利用などを経て，準備が整ったと判断した段階で利用開始となるのが一般的である。しかし，特別調整の場合にはそのような柔軟性は極めて低い。たとえば，満期釈放者については支援を開始することになる釈放日は刑期満了日の翌日と決まっており，その日が週末や祝日・年末年始に当っていても，どんなに悪天候であったとしても変更はない[32]。また，支援の準備が整っているかどうかも考慮されず，支援対象者は釈放日に刑務所から必ず出ることになる。つまり，サービスの調整にあたっては，限られた期間内に支援計画を立案し，釈放と同時にサービスが提供できるようにする必要がある。このため，

ケアマネジメントに携わる者は，時として時間制限の強い圧力を感じることになる。

◻ 犯罪原因論的ニーズを理解し対応する

第三は，アセスメントにあたって，通常の支援ニーズに加えて，犯罪行為に至った要因についての視点からのニーズ分析と対応が求められるという点である。これは犯罪原因論的ニーズについてのアセスメントであり，生物（疾患，障害，気質，発達特性など）・心理（認知，感情など）・社会（周囲との関係性，支援対象者をとりまく環境など）のそれぞれの視点から，対象者および環境についての情報を収集，分析する。そのうえで，なぜ，そのような行為に至ったのかを一定程度まで説明できる仮説，いわゆる見立てを考えていくことが求められる。同時に，対象者が犯罪行為に至るリスク要因，あるいは犯罪行為をしないように作用する保護要因が何であるのかを知り，リスクが高まると思われる状況での対応方法について一緒に考えていく。

犯罪原因論的ニーズについては，保護観察官との連携によって定着支援センター職員がアセスメントしていくことが多い。地域生活定着支援の対象者のなかには，障害，貧困，虐待やその他の被害体験，社会的孤立，反社会的な交友関係など，さまざまな要因の影響を受けながら，複雑な生活経験をしてきている人が多くいる。従って，これまでの生活をふり返ってみて，その人の生きづらさの原因がどこにあったのかを考えることが犯罪原因論的ニーズを探ることにつながる場合が多い。犯罪原因論的ニーズを地域の支援者と共有していくことで，生活の質の向上を目指していくこと，つまり保護要因を増やすよう働きかけることが支援にあたっては肝要である。

なお，アセスメントにあたっては，刑事司法機関から提供された情報の利用について注意が必要である。刑事司法機関が収集する情報は，先に確認した刑事司法手続の各段階に応じて，それぞれの特徴がある。たとえば，罪名は捜査・裁判段階において犯罪構成要件との関係で決められるが，支援のためのアセスメントでは，罪名よりもどのような状況で何が起こったかという行為の具体的な内容を知ることが重要になる。また，矯正施設から提供される情報は，対象者の施設内での様子を保安と規律維持の観点から評価した記録が中心となるが，釈放後の生活を考えるには，地域で自由に暮らしていたときの状況について知ることが大切となる。

4 問題点と将来展望

ここまで，地域生活定着支援，特に特別調整に関わるケアマネジメントの流れと特徴について概観してきた。最後に，この領域の問題点として以下の3点を挙げておきたい。

① 福祉による支援の目的の問題

これまで述べてきたように，刑事司法と福祉のあいだには目的の違いがある。理念的には，刑事司法の目的は再犯防止であり，福祉の目的はクライエントの人間的成長であると説明される。しかし，実際の地域生活定着支援の実践では福祉専門職によって再犯防止が強調されることも多く，福祉による支援が何を目的にしているのかが必ずしも明確ではない事例がみられる。このような状況が発生しているのは，犯罪をした人に対して福祉が何を目的として関わるべきなのかについての考え方が十分に共有されていないためであると思われる。支援を通じて犯罪原因論的ニーズにつながるような生活のしづらさが改善・解消し，それによって犯罪行為からの離脱が起こることの反射的効果として再犯が防止される。このように考えれば，福祉による支援の目的は離脱過程への援助であり，そのために生活モデルに基づくケアマネジメントが求められていると言える。

② 地域生活定着支援に関連する制度の安定性の問題

財政と担い手の問題が特に大きい。まず，財政的な問題としては，代表的な支援の仕組みである定着支援センター事業が法制化されておらず，単年度ごとに予算措置がなされているという点がある。過去には，年度途中で定着支援センター予算の削減が検討されるという事態も起こっており，財政基盤の不安定さが目立つ。

それに加えて，担い手の問題もある。刑務所に配置されている社会福祉士は非常勤職員としての採用が多く，雇用状態が不安定である。大規模庁や女子施設を中心にして福祉専門官として任期付の常勤職員が配置されるようになってきてはいるが，この動きがさらに広がる必要がある。雇用の不安定さについては，一部の定着支援センターにおいても問題となっている。また，ほとんどすべてのセンターは都道府県から各種の団体に事業が委託されているが，実際の支援内容や質にセンター間でばらつきが生じていると指摘されている。この理由のひとつとして，刑事司法領域で働く社会福祉職に対する教育や研修が十分ではないことがある。

③ 社会からの排除の問題

現在整備されている地域生活定着支援の仕組みでは，刑務所に配置された社会福祉士と定着支援センターが中心となって支援対象者のケアマネジメントをすすめる形がとられている。ケアマネジメントの仕組みが有効に機能するためには，実際に利用可能なサービス，社会資源が存在しなければならない。しかし，社会において，犯罪行為者を社会からの逸脱者として特別視し，排除する対象としてとらえる見方は根強い。現実には犯罪をした人に対して支援を提供することに戸惑いを感じたり，拒否感をもったりする支援者も数多く存在している。そのため，必要とされるサービスや資源が利用できない，あるいは選択

第4章　対象別ケアマネジメントの実際

の余地がないといった問題が起こっている。各種の啓発活動や研修が実施されているが，これらとあわせて，実際の支援事例を積み重ねながら，こうした見方を変化させるように働きかけ続けていくことが重要である。

地域生活定着支援が本格化してからの10年を振り返ってみると，犯罪をした人に対して，必要に応じて福祉による支援を提供していこうとする動きは確実に活発化してきている。今後，さらにケアマネジメント実践の場は広がっていくと思われる。これに対応するためには，地域生活定着支援を含む司法福祉領域におけるケアマネジメントの理論化や援助技術の開発・改善を目的とした研究・教育活動を推進していく必要があるだろう。

○ 注
(1) 大島巌，伊藤順一郎（2002）「米国における脱施設化と集中型・包括型ケースマネジメント──その経験から学ぶこと」『病院・地域精神医学』45(4)，18-25頁。
(2) 久野恵理（2005）「米国におけるACTの歴史──実践普及における障壁と解決策」『精神障害とリハビリテーション』9(2)，26-33頁。
(3) O'brien, C. L. and O'brien, J. 著，橋本由紀子訳（2005）「PCP（本人を中心に据えた計画づくり）の起源──実践的地域グループ活用モデル」Holburn, S. and Vietze, P. M. 編著，中園康夫・武田則昭・末光茂監訳『知的障害，認知症のための実践マニュアル　パーソンセンタードプランニング──研究，実践，将来の方向性　上』，相川書房，3-30頁。
(4) 佐藤光正・遅塚昭彦・広沢昇（2003）『図解　障害者ケアガイドライン──利用者主体の生活支援をめざして』，環境新聞社，8-13頁。
(5) 障害者総合福祉法の骨格に関する総合福祉部会の提言（http://www.mhlw.go.jp/bunya/shougaihoken/sougoufukusi/dl/110905.pdf）。
(6) 厚生労働省社会援護局・障害保健福祉部（2002）『障害者ケアガイドライン』（http://www.mhlw.go.jp/topics/2002/03/tpo331-1.html#3）。
(7) 岡田進一（2011）『ケアマネジメント原論──高齢者と家族に対する相談支援の原理と実践方法』ワールドプランニング，15-31頁。
(8) 白澤政和（2006）「ケアマネジメントの概要」『新版・社会福祉学習双書』編集委員会『ケアマネジメント論』全国社会福祉協議会，3頁。
(9) 白澤は，子ども家庭福祉領域のケアマネジメントの導入の志向性の弱さの理由として，森望（2000）の見解から4つに整理した。
(10) 柏女霊峰（2008）『子ども家庭福祉サービス供給体制──切れめのない支援をめざして』中央法規出版，5-7頁。
(11) 柏女霊峰（2011）『子ども家庭福祉・保育の幕開け──緊急提言　平成期の改革はどうあるべきか』誠信書房，49頁。
(12) 子ども・子育て支援新制度における地域の子ども・子育て支援事業とは，利用者支援事業，地域子育て支援拠点事業，妊婦健康診査，乳児家庭全戸訪問事業，養育支援訪問事業，子どもを守る地域ネットワーク機能強化事業，子育て短期支援事業，ファミリー・サポート・センター事業，一時預かり事業，延長保育事業，病児保育事業，放課後児童クラブ（放課後児童健全育成事業）等がある。

⒀　前掲書⑻，3頁。
⒁　虐待が疑われる場合には，児童虐待のアセスメントツールが用いられている。
⒂　白澤政和（2009）「本人の強さを生かすケアプランをつくる」『ストレングスモデルのケアマネジメント』ミネルヴァ書房，9-13頁。
⒃　鯨岡峻（2002）『〈育てられる者〉から〈育てる者〉へ』NHKブックス，161頁。
⒄　内閣府大臣官房政府広報室（2017）「どんな人を支援するの？」暮らしに役立つ情報（http://www.gov-online.go.jp/useful/article/201504/2.html#anc01）。
⒅　非行と犯罪の定義は異なる。法的には，犯罪とは，法律に定められた構成要件に該当する，違法で有責な行為であると定義される。一方，非行には，犯罪に限らず，そのままでは犯罪をしてしまうおそれのある状態（これを「ぐ犯」という）までが含まれており，少年に対して用いられる。本稿では，これらふたつを総称して犯罪という語を用いている。
⒆　調査官であった山口幸男によって，1968年にはじめて司法福祉という語が使用され，1970年代から80年代にかけて，司法福祉は調査官による活動を主たる関心領域として発展したという歴史がある。
⒇　少年保護事件以外に，調査官は家事事件の審判や調停に必要な調査も行う。
㉑　地域生活定着支援が開始されるまでの経緯，現在までの展開などについては，水藤（2018）を参照のこと。
㉒　刑事司法手続には，ここで述べた以外にも多くの処分や手続が存在する。代表的なものとしては，警察段階での微罪処分，検察段階での不起訴処分，裁判段階での無罪判決，罰金刑や刑の執行猶予，矯正段階での満期釈放，上訴手続などである。ここでは地域生活定着支援に関係が深いと考えられるものに限って，単純化して説明している。福祉専門職を読者に想定して刑事司法手続について分かりやすく解説した書籍として，堀江まゆみ・水藤昌彦監修，東京TSネット編（2016）『更生支援計画をつくる──罪に問われた障害のある人への支援』現代人文社がある。
㉓　矯正施設とは，刑事施設（刑務所，少年刑務所，拘置所）と少年院，婦人補導院の総称。これらはすべて異なる機能を持つ。
㉔　入口支援，出口支援という名称には批判もある。その理由は，出口と入口が刑事司法手続を基準としたものであって，福祉による支援という観点からは，矯正施設から出てきたときこそ社会への「入口」であり，刑事司法手続に取り込まれることは社会生活からの切断を意味するので，ここここそが社会からの「出口」になるというものである。
㉕　満期釈放者は保護観察の対象にならない。保護観察は国家による権力を用いた指導監督であり，不利益処分とされる。ただし，保護観察には対象者への支援機能もあり，これを補導援護という。
㉖　対象者が成人であるか少年であるかによって，司法における手続や処遇には大きな違いがある。こうした違いは，地域生活支援のためのケアマネジメントの流れにも影響する。刑務所に配置された社会福祉士や定着支援センター職員は特別調整対象者以外も支援しているが，ケアマネジメントの流れをわかりやすく示すために，ここでは成人を対象とした特別調整の場合に限って説明している。
㉗　矯正施設からの釈放時支援に関する入門書として，国立重度知的障害者総合施設のぞみの園編（2017）『理論と実践で学ぶ知的障害のある犯罪行為者への支援』（国立のぞみの園による有償頒布刊行物）がある。なお，実務においては，犯罪をしたという属性のある人との関わりに支援者が不慣れなことから不安感が強いために定着支援センターがフォローアップを終了できない状況，あるいは支援の継続のために頻度の低い関わりを

⒇　定着支援センターが意図的に維持している場合もあると報告されている。
⒇　受刑者の年齢・性別・執行すべき刑期・犯罪傾向などによって収容する刑務所が決められるが，その際に拘禁される前の居住地や帰住地は考慮されないため，こうした現象が起こる。女子受刑者については，このような分類収容はされていないが，女子を収容する施設の数は少ないため，やはり帰住地と収容先が離れていることは多い。
⒇　加藤幸雄（2012）「司法福祉とは」日本司法福祉学会編『司法福祉』生活書院。
⒇　水藤昌彦（2015）「刑事司法と福祉の連携による犯罪行為者への対応――これまでの展開と今後に向けての課題」『精神保健福祉』46（4），274-279頁。
⒇　これは刑務所に収容されているときに特に問題となる。少年院の場合は，法務教官が同行しての事前の施設見学も実施されている。
⒇　特別調整対象者のほとんどは満期釈放となっている。

参考文献

[第3節]

森望（2000）「児童問題とケアマネジメント」竹内孝仁・白澤正和・橋本泰子監修『ケアマネジメント講座第2巻　ケアマネジメントの実践と展開』中央法規出版，66-67頁。

橋本真紀（2015）「利用者支援事業の概要」柏女霊峰監修，橋本真紀編『利用者支援事業の手引き』第一法規，23-34頁。

橋本真紀（2015）『地域を基盤とした子育て支援の専門的機能』ミネルヴァ書房，9-17頁。

[第5節]

加藤博史・水藤昌彦編著（2013）『司法福祉を学ぶ――総合的支援による人間回復への途』ミネルヴァ書房。

浜井浩一（2006）『刑務所の風景――社会を見つめる刑務所モノグラフ』日本評論社。

田島良昭（2009）『厚生労働科学研究（障害保健福祉総合研究事業）報告書罪を犯した障がい者の地域生活支援に関する研究（平成18-20年度）』。

法務省法務総合研究所編（2008）『平成20年版犯罪白書――高齢犯罪者の実態と処遇』太平印刷社。

星野周弘・米川茂信・荒木伸怡・澤登俊雄・西村春夫（1995）『犯罪・非行事典』大成出版社。

堀江まゆみ・水藤昌彦監修，東京TSネット編（2016）『更生支援計画をつくる――罪に問われた障害のある人への支援』現代人文社。

水藤昌彦（2016）「近年の刑事司法と福祉の連携にみるリスクとセキュリティ――福祉機関が『司法化』するメカニズム」『犯罪社会学研究』41，47-61頁。

水藤昌彦（2018）「対人援助ニーズを有する犯罪行為者への福祉による支援の理論的位置づけ」刑事立法研究会社会内処遇班編・土井政和・正木祐史・水藤昌彦・森久智江責任編集『「司法と福祉の連携」の展開と課題』現代人文社。

山口幸男（2005）『司法福祉論　増補版』ミネルヴァ書房。

山本譲司（2003）『獄窓記』ポプラ社。

■第5章■
在宅生活支援とケアマネジメント

 居宅介護支援事業所におけるケアマネジメント

1 事例の概要

　この事例は，60歳を迎えて間もない時期に前側頭葉型認知症と診断された夫をこれからも在宅で支えていきたいという思いとやりがいを感じている現在の仕事を続けたいという思いの間で悩む妻への支援のあり方を検証することにより，若年性認知症が有する介護の課題について考察を行うものである。

□ Aさんについて
　61歳，男性。
　主な介護者は同居の妻。子どもはいない。本人及び妻にはそれぞれ姉がいて支援を行うことのできる状況。
　要介護度2，日常生活自立度A2，認知症の日常生活自立度Ⅳ。
　健康状態は，現在，高血圧症（50歳ぐらいから），前側頭葉型認知症（60歳から）。経済状況は，本人は，50歳代半ばで退職したが，妻は中堅企業の管理職として勤務しており，子どももいないことから経済的にはある程度ゆとりがある。
　住居の状況は，住宅地の分譲マンションに居住している。
　ADLは，次のとおりである。
　移動：歩行は可能。歩くのも早い。
　食事：セッティングをすると自力で摂取可能。落ち着いて食べることが難しい。
　排泄：もぞもぞしたりすると，声かけや促しをしてトイレにて排泄する。後始末に支援が必要である。
　入浴：入浴の声かけをして，指示をして理解できる時もあれば，全介助を要する時もある。
　更衣：ズボンなどを後ろ前にはいたり，シャツを何枚も重ね着したりするので，声かけ・見守りが必要である。

IADLは，次のとおりである。

　家事：基本的に妻が行い，妻の姉，本人の姉が行うこともある。

　外出：一人で外出すると帰れなくなるため，通院等の外出時は妻が付き添っている。

2 ケアマネジメントのプロセスと展開

□ 支援までの経緯

　当事業所には，Aさんの妻の知り合いを通じて紹介があり，事業所から電話でアポイントメントをとって初回訪問を行った。初回訪問当日は，Aさんと妻の他に紹介者である妻の会社の同僚，Aさんの姉，妻の姉が同席し，自己紹介の後，Aさんの妻から，今回の介護保険の利用に到るまでの経緯について次のような説明があった。

　Aさんは，永年勤めた会社を57歳で早期退職し，別の会社に再就職して働いていたが，職場でいじめにあっている等の発言が何度かあり，新しい仕事になじめない様子が見られた。妻は，新しい職場でストレスを感じているのだろうと思い，その都度Aさんを励まして2年余りは仕事を続けることができた。1年前頃より，インターネットでゴルフクラブなど全く同じ商品を重複して購入するなどの行動が見られ，半年前頃より，穏やかな性格であったAさんが些細なことで急に怒り出して怒鳴ったりするようになった。

　その後，夜間眠れずに室内を歩き回ることや急に外に出て行くなどの行動が目立つようになったため，妻はAさんを説得して心療内科に受診した結果「軽い鬱状態」と診断された。このことを機にAさんは会社も退職して，しばらくは自宅で療養に専念していたが，精神安定剤を服用しているにもかかわらず，暴言が目立つようになったため，心療内科の医師に相談して病院の脳神経内科を受診した。脳神経内科で脳の画像診断等の検査を行った結果，前側頭葉型認知症の一つであるピック病と判明し，医師から病気の特性と今後の進行等について説明を受けた。妻は，若年性認知症に関して自分なりに書籍やインターネットでことをいろいろと調べてみたが，Aさんが60歳になったばかりで若いこともあり，夫の病気を受け入れることはできなかった。このため，病院から介護保険の申請や在宅サービスについてのパンフレットをもらったが，そのままの状況で生活を送ることとした。

　妻は，中堅企業の管理職としてフルタイムで働いており，朝はAさんが朝食を済ませてから出勤し，できるだけ早く帰るようにしていたが，帰りは19時を超えることも少なくなかった。

　若年性の認知症と診断されてからは，Aさんの姉と妻の姉が時間の取れる範囲で，昼前に訪問して昼食の世話などを行うことも多かったが，それも毎日というわけではなかった。

その後，Aさんが一人で外出して帰宅できずに警察に探してもらうことがたびたび発生したことで，自分たちだけでAさんを看ていくことに限界を感じ介護保険の申請に至った。

これまでの経過について一通り聞いた後，ケアマネジャーが妻に今後の生活に対する意向を聞いたところ，Aさんが急に家を飛びだしたりするのでどうしていいか分からなくなる。自宅で介護をすることがこんなに大変とは思わなかったが，施設などに入れることは考えたくない。自分もあと数年したら定年を迎えるので，それまでは何とか仕事を辞めずに在宅で介護していきたいとのことであった。

夫の姉からは，義理の妹が一人で介護をしている姿を見てこれは大変と思って手伝っているが，急に家から飛び出そうとすると押さえられないので自分たちもどうして良いかわからないとのことであった。妻の姉からは，妹は体が丈夫でないので，仕事と介護の両立は難しいと思う。妹には無理をしてほしくない。施設なども考えてはどうかという意見があった。妻は，その言葉にこれ以上迷惑をかけたくないが，施設に入れることは……と号泣された。妻の取り乱した様子から，年度末の時期でもあるため，仕事の多忙さもあり，十分な睡眠がとれていない状況であることが推測された。

このため，妻の睡眠時間の確保と疲労の回復を第一優先とし，姉たちのインフォーマルな支援も破たんしかけていることを考慮して，まずはショートステイを1週間利用してみることを提案した。妻は，夫が自宅を離れて生活することについて不安を示したが，姉たちからもまずはしっかり休んでこれからのことを一緒に考えようと背中を押してくれたこともあり，ショートステイの提案について承諾を得ることができた。そこで，介護保険の申請を行うことの必要性とその手順などを説明し，現在受診している脳神経内科の医師への面談について妻の了解を得た。

こうした検討が行われる中，Aさんは落ち着きなく，ソファーから立ち上がっては部屋を歩きまわり，ソファーに腰掛ける動作を繰り返していた。妻が，話の途中で嗚咽し，涙を流していても特別な感心を示すような様子は見られなかった。

話の区切りがついて，こちらからAさんにあいさつをすると，「初めましてAです」と自己紹介をする。話しかけるたびにその動作を繰り返していた。

主治医との面談

病院の医療連携室を通じて脳神経内科の主治医へ面接を依頼し，後日，病院を訪問して面談を行った。主治医からは，前側頭葉型認知症の一つであるピック病であり，脳の萎縮がかなり進行しているとの説明を受けた。また，BPSDはこれから厳しい状況になることが予測され，在宅生活を継続するには相応の

支援体制と妻の認知症に対する理解と受容が鍵になるとのことであった。ケアマネジャーからは，在宅では昼間Aさんが一人になることもあるため，食事や水分の摂取が十分に出来ていない状況であることを説明した。また，妻の介護負担が過剰となり疲労がピークに達していることに加え，夫の姉と妻の姉の支援も限界であることから，緊急措置として1週間のショートステイを導入したことを説明した。

今後は，妻の意向を尊重し，在宅生活を支援するための介護サービスとして，デイサービスの利用と不意の外出時に居場所を探すためのSOSネットワークへの登録を図ることを説明し，主治医意見書の記載について了解を得た。

主治医からは，できるだけ早く介護サービスの導入を図ってほしいとの意見が出た。

ケアプランの作成

Aさんは，簡単な問いかけには応じてくれることもあるが，唐突な問いかけには脈略のない返答をすることも多く見られた。このため，本人の意向を聞きだすことはできないが，妻の名前を繰り返し呼ぶことや，妻が仕事の準備をすると落ち着きがなくなる様子から，妻と自宅での生活を望んでいるものと推察される。

妻は，社内で初めての女性管理職としてこれまでやりがいを感じながら働いて来られたのは夫の理解のおかげであり，とても感謝していると言われる。現在，自宅マンションのローンも完済しており，子どももいないため，今ある蓄えで年金が出るまでの3年間はどうにか生活はできるので仕事を辞めてしまおうかと考えることもあるという。その一方，やはり定年までやり遂げたいとの思いもあり，面接中に気持ちが揺れ葛藤している様子に加え，疲労も限界に達しているのが見えた。

昼間は，Aさんの姉や妻の姉に来てもらうことが多いが，いったん外へ出ようとする衝動が高まるとそれを抑えることが難しくなってきたことから，2人の不安と負担感もかなり増大してきている。今回，こうしたことを踏まえて緊急避難的にショートステイの導入を決め，事業所の選定に当たっては，Aさん，妻，妻の姉とケアマネジャーが同行して見学を行った。

ショートステイの利用に当たって，Aさんは落ち着かない様子はあるものの，スタッフの支援で何とか日常生活を送ることができている。その様子を妻に伝えると，妻はショートステイの初日は心配だったが，少し肩の荷が下りたのでとにかくゆっくり休もうと思うといわれる。ショートステイの利用中に，妻と姉2人に加えショートステイの生活相談員を交えて今後の在宅生活について検討を行った。

妻は，夫がこの若さで認知症になっていることを誰かに言うことができない

第5章 在宅生活支援とケアマネジメント

資料5-1　居宅サービス計画書(1)

要介護状態区分	要介護2
利用者及び家族の生活に対する意向	本人：自分の思いを表現することは難しい。「Bちゃん」と妻の名前を繰り返し呼ぶことや，妻が出社の準備をすると落ち着きがなくなる様子をみて，妻と自宅で過ごしたいのではないかと判断する。 妻：なぜに夫がこのような病気なったのか，未だに受け入れられない自分がいる。本当は夫の介護に専念したいと思う反面，定年まで仕事を続けたいと思いもある。仕事を続けたい気持ちを持つことは「自分のわがままなのだろうか」と悩むこともある。夫の病気を受け入れながら，できるだけ介護サービスを利用して夫と2人での生活を送りたい。 夫の姉：弟の病気が心配である。2人姉弟のためできるだけ弟が家で暮らせるよう義妹の支援をしたいと思う。その反面義妹の負担をかけることを考える申し訳ないように思う。自分ができることはなるべく手伝いたいので，介護のことを教えてほしい。 妻の姉：妹は何事も頑張りすぎる傾向にあるのでとても心配である。義弟はとてもまじめで妹と二人で暮らしてきたので，このまま在宅で生活できることが一番の幸せだと思う。妹には定年まで頑張ってもらいたいので，自分ができることは手伝っていきたいと思う。
介護認定審査会の意見及びサービスの種類の指定	なし
総合的な援助の方針	妻は仕事と介護の両立について，不安があるが，夫と二人での暮らしたいとの思いが強い。 本人も妻といるときには穏やかな表情になり，常に妻の名前を呼ぶため妻との在宅生活を送りたいと思っていると推測される。 疾患のために急に外に飛び出したり，食事中なども急に立ち上がり落ち着かない行動があるため，妻を含め周囲の人に行動の特徴やその対応方法などに理解をしてもらえるよう支援をする。 急に家を飛び出したりすることもあるため，警察・マンションの管理人・兄弟などの支援を受けながら，事故がなく在宅生活の継続ができるように支援をする。 妻の介護に対する不安など理解をしながら，仕事と介護の両立ができるように相談体制を確立する。

　自分がいた，自分だけで介護をしなければならないと思いこんでいたが，今の夫の様子を見てこれからは介護サービスを利用した方が良いと思うと意向を示された。

　今後は，妻が勤務で不在の月曜日から金曜日まで日中はデイサービスを利用することとし，送迎時には管理人にエントランスのドアを開けてもらうこととした。デイサービスからの帰りは17時頃となるため，その時間までに姉たちに来てもらい妻が帰ってくるまで対応することとした。

　また，妻がいない送迎前に一人で外出してしまうこともあるため，管理人にAさんの病状を説明してAさんが外に出た場合，送迎担当のデイサービスのスタッフの携帯と妻の姉に電話してもらうよう手順を定めるとともに，SOSネットワークへ登録を提案して了承を得た。

　以上を踏まえ，居宅サービス計画を立てた（資料5-1，5-2，5-3）

資料5-2　居宅サービス計画書(2)

生活全般の解決すべき課題（ニーズ）	目標				援助内容					
	長期目標	(期間)	短期目標	(期間)	サービス内容	※1	サービス種別	※2	頻度	期間
外に出て帰れなくなったり，食事中に急に立ち上がり部屋の中をうろうろする行動などがあるため，事故がなく在宅生活が送れるようにする	一人で外に出て帰れなくなるようなことがないようにする		専門医の治療を受けながら家族が疾患の理解を深められるようになる		(本人) ・2週に1回，専門医の受診を行う		本人	本人	1回/2週	○○～
					(家族) ・専門医の受診介助を行う	○	家族	家族	1回/2週	○○～
					・必要時に専門医と面談し，情報交換を行う		居宅介護支援	○○事業所	適宜	○○～
	デイサービスが本人にとって快適な居場所となることで妻が安心して就労を継続できる		デイサービスに慣れることで，夫婦共に安心した生活を送れるようになる	○○～	(家族) ・デイサービスの送り出しの準備と帰宅の受け入れ		妻 姉	家族	1回/2週	○○～
					(介護保険のサービス) ・本人が一番落ち着いて参加できるレクや好きな歌など落ち着いて参加できることを探し提供する。	○	通所介護	○○事業所	5回/週	○○～
					・送迎時に家族に一日の様子について情報提供を行う	○	通所介護	○○事業所	5回/週	○○～
			一人で外出する機会(徘徊)が減ることで，安全な在宅生活が送れる	○○～	(本人) ・通所介護等で運動やレクに参加する		本人	本人	適宜	○○～
					(家族) ・本人が外出する前後の様子を観察することで，外出したい気持ちを予測できるようになる		家族	家族	随時	○○～
					(地域) ・常時マンションの管理人がいるため，一人で外出する時には声かけや妻へ連絡する支援を依頼する		地域 (管理人)	地域 (管理人)	適宜	○○～

第5章 在宅生活支援とケアマネジメント

資料5-3 週間サービス計画表

		月	火	水	木	金	土	日	主な日常生活上の活動
深夜	4:00								
	6:00								
早朝									起床 着替え，身支度
	8:00								
午前	10:00	9:30〜 16:30 通所介護	9:30〜 16:30 通所介護	9:30〜 16:30 通所介護	9:30〜 16:30 通所介護	9:30〜 16:30 通所介護			デイ送迎，手洗い 排泄，お茶，体操
	12:00								昼食 排泄，歯磨き レク参加，入浴 おやつ，お茶 帰宅準備，排泄
午後	14:00								
	16:00								姉，妻の姉の見守り 等支援
	18:00								夕食，排泄，歯磨き 着替え就寝準備 排泄
夜間	20:00								
	22:00								排泄
深夜	24:00								
	2:00								

◻ 介護サービスの導入

　デイサービスの導入にあたっては，妻とケアマネジャーで見学を行い，比較的男性の利用者の多い事業所を選択した。

　送迎に当たっては，会社勤めの際に使っていた鞄を使用することで円滑に誘導を行い，乗車中は車窓を眺めることが好きなことも踏まえ，できるだけＡさんが一人になる時間が短くなるよう一番初めに迎えに行くなどの配慮をしてもらうこととした。

　デイサービスでは，集団の体操やレクレーションの時間に声かけを行っても，表情は変わらず平坦であり行事等に参加することはできていない。他の利用者から話しかけられた場合などは，反応が薄く，対応が図れないため誤解を生じることも見られた。

　また，外へ出ていこうとする行動が目立つようになり，スタッフが制止しても，呼びかけに反応することもなく出ていくため，スタッフが一緒に事業所の周囲を歩いて過ごすことが多くなった。

　このように，常時スタッフの付ききりの対応が余儀なくされたため，当面，

担当者を固定してAさんの行動パターン等の情報を収集・分析し，支援の方向性が検討された。

その結果，「だめ」と大きな声で制止をしない，外へ出ようとしたら止めずに側について歩くなどの対応が効果的であることが判明し，妻や姉たちにも伝えて，自宅でも同様の対応をとってもらった。

排泄については，排尿はどうにかできるが，排便はタイミングが合わずに下着の中で出ていることも多い。便秘はしない方であったが，最近は便秘傾向にあるとのことである。

食事は，おにぎりなど食べやすい状態にしておくとよく食べるが，突然立ち上がったりするなど，落ち着いて食べないことが目立ってきた。ただし，一度に多くの物を口に入れてむせることもよく見られるため，食事中は必ずそばに誰かついておく必要がある。

入浴は，これまでも楽しみの一つであったとのことであり，声かけをすると嫌がらずに入浴をするが，衣類の着脱に失行があるため，声かけと一部介助を要する。ゆっくり浴槽につかることが好きなので入浴の順番を最後にしてもらうなどの配慮を行った。

デイサービスの利用を重ねることでメリハリのある生活を送るようになったことから，一日のリズムができてきた。このため，21時頃寝室に誘導すると朝方まで寝ていることが多くなり，Aさんの生活リズムの変化に妻も安心されるようになる。その後，区分変更を行い要介護4の認定となる。

モニタリングの訪問の際に，Aさんの好きなことや趣味を伺うと，とても動物好きであり，今のマンションに越す前は犬を飼っていたとのことであった。現在，デイサービスで飼っている金魚に興味を持って餌やりを行っており，動物好きということをAさんの強みとしての活用を図ることとした。

3 課　題

若年性認知症は，一般的に高齢者の認知症よりも進行が早い一方，早期に発見して治療を行うことで症状の進行を遅くすることなどが期待できるといわれている。したがって，できるだけ初期の段階で認知症専門病院などを受診することが重要となるが，当事者が認知症であると気付くことは難しいため，家族等がいち早く状態の変化に気づき，CTやMRIなどの検査が可能な神経内科や物忘れ外来などを受診することが求められる。

このように若年性認知症の事例の場合，介護支援へのアプローチがあった時点で，すでに専門の医療機関において治療が進められているケースも少なくないが，病気のことを誰にも知られたくないなどの理由から，家族だけで抱え込んでしまうことも多く，ケアマネジャーにつながったときにはBPSDにより支援者の生活が破たんしかけていることも珍しくはない。

本事例も，家族が本人の状態の変化に気づいてから僅か1年余りの間に症状が進行し，急に立ちあがってどこかへ行ってしまうなど，前側頭葉型認知症特有のBPSDが見られるようになったケースである。妻が，Aさんの変化に気づき「うつ」の症状と予測して神経内科に受診を促し，比較的早い時期に認知症の専門医への受診につなぐことができたが，家族が何とか自分たちだけでやっていこうと抱え込んでしまったため，ケアマネジャーにつながったときには既にAさんの症状はかなり進行した状態であった。
　Aさんは，集中力や自発性が著しく低下し，発語も少ない状態となっており，話をしていてもじっと聞いていられず，急に立ちあがってどこかへ行ってしまうことや介護の指示に強い拒否を示すことも頻繁に見られるようになっていた。このため，Aさんに対しては，妻が出社している間心地よい居場所を確保するとともに，適切に水分や栄養を確保することを優先した。また，在宅で安全に暮らすことができるよう，一人で外出してしまった際に迅速な捜索などの対応を図ることとした。
　また，Aさんの場合，支援に携わる関係者全員が前側頭葉型認知症の一つであるピック病の特性を理解する必要があるため，ケアマネジャーが医師から十分な説明を受けて，担当者会議等を通じて情報共有を図っていくこととした。さらに，自分の意思をうまく表現できない認知症の方にとって心地よい居場所を創出していくためには，その方の強み（ストレングス）を見出して活用していくことが重要であることから，Aさんが動物好きであることなど強みについて情報共有を図った。
　本事例は，神経内科への受診を通じて，比較的早い時期に認知症の専門医につながったが，介護サービスの支援を受けるよう医療機関からアドバイスを受けても，仕事と介護の両立に限界を来すまで家族だけで抱え込んでしまったケースであるといえる。そこには，仕事を辞めて夫の介護に尽くしたいという気持ちとやはり定年まで現在の仕事をやり遂げたいという気持ちの間で揺れる妻の葛藤があり，限界まで抱え込んでしまったと考えられる。
　こうしたケースにケアマネジャーが介入した際，もっと早くこのような制度を利用できることを知っていればよかったのにという言葉を耳にするも多い。また，支援に携わる立場からも，もっと早く介入できていれば違う支援のあり方があったと思うことも多い。
　家族に介護が必要となった場合，支援者がどのような生活を選択するかはそれぞれの生き方であるといえるが，介護保険制度の施行から十数年が経った今日，介護保険の利用が選択肢の一つとして身近にあることをどれだけの方が理解されているのか，介護の社会化は本当に進んでいるのかこの事例を通して改めて投げかけられた思いがある。

日常生活自立支援事業を活用したケアマネジメント

　日常生活自立支援事業[1]は，介護保険法や障害者総合支援法等に伴う契約による福祉サービスの利用が基本となるなかで，認知症高齢者，知的障害者，精神障害者等の判断能力が十分でない利用者の権利を擁護し支援していく仕組みとして，民法による成年後見制度の導入とともに，社会福祉の分野で福祉サービスの利用を援助することを目的として創設された制度である。

　本事業に基づく援助の内容は，①福祉サービスの利用援助，②苦情解決制度の利用援助，③住宅改造，居住家屋の貸借，日常生活上の消費契約及び住民票の届出等の行政手続に関する援助等であり，必要に応じて上記に伴う，④預金の払い戻し，預金の解約，預金の預け入れの手続等利用者の日常生活費の管理（日常的金銭管理），⑤定期的な訪問による生活変化の察知，の援助を相談・助言，代行，代理等の方法により行い，地域の関係機関とのネットワークも活用して判断能力が低下した人たちのサービス利用や日常生活の支援，権利擁護を行う。地域包括ケアシステム構築上も重要な制度である。

　本節では，事例を通じて，ケアマネジメントにおける高齢者の生活支援の実際や，日常生活自立支援事業との連携，制度の活用の流れを学ぶ。

1 事例の概要

　本事例は，ケアマネジメントによる一人暮らし高齢者の生活支援の過程において，本人の記憶障害等の認知症の症状が進行し，日常の金銭管理や各種の手続きの支援，不当な訪問販売の被害からの権利擁護が必要となり，日常生活自立支援事業と連携，協働しての支援を行った事例である。一人暮らしの高齢者等において認知症状等により判断能力が不十分になった場合は，日常生活の金銭管理や各種の手続きが十分に行えない，不当な消費契約の被害者になりやすいといった生活ニーズが発生する。ケアマネジメントにおいても金銭管理等の問題は大きな課題となるが，日常生活自立支援事業（地域福祉権利擁護事業）や成年後見制度を社会資源として有効に活用し，連携をとっていくことによって，利用者の地域生活支援を継続して行っていくことが可能となってくる。

◻ Bさんについて

　Bさんは（70歳代・女性）は，若年時の離婚後，長年調理師として働き，定年退職後は一人暮らしを続けてきた。平成X1年（200X年）ごろより，膝関節痛や腰痛，下肢筋力低下により歩行動作に支障が生じながらも，なんとか自力で

の生活を続けてきていた。平成X2年（20XX年）頃より銀行での現金の出し入れが困難，場所を間違う，年金受給のための届け出などの各種の手続きが自力でできない，自宅での調理で大量に食事を作ってしまうなどの認知症状が出現した。

家族は，離婚した夫との間に子どもがいるが，長年顔を合わせないで生活してきており，現在音信不通で住所もわからない。姉が近隣市にいるが，高齢で介護サービスを利用しており，援助は期待できない。その他の親族とも現在つきあいがまったくない状況であった。

2 ケアマネジメントのプロセスと展開

□ 地域からのニーズキャッチと初回訪問

平成X2年（20XX年）3月，地域の民生委員より地域包括支援センターに連絡が入った。「Bさんの近隣住民より，時々見かけるBさんが汚れた衣服や髪形も乱れた様子で表情もなく心配だという声が入っている」，「民生委員として自宅に様子を見に行き，私のことは受け入れてくれたが，食事を大量につくり過ぎて余らせて腐らせている様子」，「物忘れがひどくなり，人の名前や自分がやろうとしていることがわからなくなっているようだ」，「金融機関での手続き方法もわからなくなり困っているようだ」，といった相談であった。

相談を受けた地域包括支援センターの社会福祉士は，センター内の主任介護支援専門員や保健師と情報を共有して対応方法を検討したうえで，相談を寄せてくれた地区担当の民生委員と連携しBさん宅に同行訪問を行い，Bさんの現状のアセスメントを行った。認知症が疑われる独居高齢者宅においては初回訪問における受け入れ，関係構築，自宅内に入ることが最初の取組み課題となる。Bさんのケースではすでに地区担当民生委員の訪問を受け入れていたこともあり，民生委員と同行訪問した地域包括支援センター職員を初回訪問の時点で自宅内に受け入れてくれた。職員は信頼関係構築のため，自己紹介や身分証明，地域での一人暮らしの方の実態把握の趣旨の説明を行い，会話の中から本人の状況を把握していった。

□ アセスメント（課題分析）の概要

アセスメントの結果は表5-1のようであった。

□ 社会資源・サービス調整とサービス担当者会議の実施

地域包括支援センターの社会福祉士は上記のアセスメントにもとづき，Bさんに今後の介護保険制度の利用支援，主治医との調整，ケアマネジャーの紹介とつなぎ，福祉サービスの契約支援や日常の金銭管理支援を行う社会福祉協議会の日常生活自立支援事業へのつなぎを行っていくことを説明し，本人の了承

第Ⅱ部 実 践 編

表5-1 Bさんのアセスメント結果概要

健康状態	左膝関節痛，腰痛，下肢筋力低下。以前に糖尿病，心臓病により通院を行っていたが，「入院させられるのが恐い」といって，定期受診が途絶えがちな状況。労作時息切れあり
ADL	室内は家具等の伝い歩き。体調が良い時はシルバーカー使用にて近隣の食料品店に買い物に出かけることもあったが困難になりつつある。移動時の転倒防止に注意が必要。入浴は自立しているが，洗身は十分でない。衣服の着脱は時間をかけて自力で可能
IADL	居室・風呂場等の掃除・整理は一部介助が必要な状況。買い物や食事の用意は自力で行っていたが，現状では大量に買い込んでしまい冷蔵庫の中に賞味期限切れの食品が数多く残っている。収入は年金で月12万円程度。公営住宅に入居しており家賃が低額に抑えられ生計の収支状況は成り立つ状況。預貯金も数百万円ある
認 知	人の名前や電話の内容をすぐ忘れてしまう等の記憶障害，外出先でときに場所が分からなくなる等の見当識障害がみられるようになってきている。計画能力，注意分割能力の低下により，得意だった料理の段取りが分からなくなり大量に食事を作ってしまい腐らせるということが多くなってきた
コミュニケーション能力	短期記憶の障害はあるが，日常会話は可能である。好き嫌いといった意志の表示もできる
社会との関わり	家族・親族との交流は途絶えている。公営住宅の近隣とも現在は疎遠で自らの付き合いはない。近隣住民は心配して地区担当の民生委員に声を寄せてくれた
排尿・排便	排尿・排便とも自力でトイレで行っている。排尿時トイレまでの移動が間に合わず尿失禁をしてしまうことがある
じょく瘡・皮膚の問題	特に問題ないが，清潔の保持には注意が必要
口腔衛生	総入れ歯にて，洗浄剤を使用しての自己管理の生活習慣は継続している
食事摂取	自力での摂取が可能だが，食べ残しが大量にあり，腐らせてしまうことが多くなっている
問題行動	徘徊等の行為はない
介護力	家族や親族，近隣との関係が途絶えており，親族の介護は期待できない。近隣はさりげなく心配してくれている
居住環境	2DKの公営住宅の1階部分に居住。風呂場やトイレには手すりが設置済。市販の簡易ベッドを使用している。室内は乱雑で，食べ残しの食品が台所や居間で腐っている。冷蔵庫のなかは賞味期限切れの食品が多数ある状態
特別な状況	金銭の出し入れ等，日常の金銭管理や年金等の各種書類の手続きが自力では困難になってきている。独居であり悪質な訪問販売等の消費者被害への予防が必要

を得た。

　未受診の状況が続いており，介護保険申請につなげるためにも受診支援が必要であった。センター内のカンファレンスにより，糖尿病，心臓病の既往もあり以前からの地域のかかりつけ医に再度相談し，あらかじめ電話連絡を入れて状況を伝えたうえでセンター職員が同行しての受診に結びつけた。受診後に，本人同意のうえで要介護認定の申請を実施した。認知症の鑑定診断については，

主治医に依頼して紹介書を記入してもらい，市内総合病院の精神科にてMRI等を使用した検査を実施することとした。脳の全体に軽度の萎縮がみられ，初期のアルツハイマー型認知症との診断であった。

地域包括支援センターによる医療ケアへのつなぎ支援，主治医の決定に合わせて，介護保険申請手続き支援，及び今後のケアプラン作成を担ってもらう居宅介護支援事業所へのつなぎ支援を行った。担当介護支援専門員のアセスメント・ケアプラン原案作成に際しては，今後のケアプランの参考として地域包括支援センターとして見立てやこれまでの支援経過をあらかじめ伝えた。市職員による要介護認定調査についても地域包括支援センターの担当職員が立会い，本人の認知症状という背景状況の補足説明を実施した。要介護認定の結果は要介護1の認定結果であった。

同時にB市の社会福祉協議会が運営する権利擁護センターに連絡調整を行った。この権利擁護センターは，日常生活自立支援事業の実施のほか，成年後見制度の相談対応・利用支援，地域の弁護士，司法書士，社会福祉士等の第三者後見人のネットワーク形成・定期的な連絡会の実施，セーフティネットとしての法人後見の実施，介護サービスの苦情受付，障害者福祉制度の相談対応，障害者虐待防止センターの役割などを総合的に行っている地域の総合的な権利擁護センターである。打ち合わせを行い，社会福祉協議会の事業担当者と地域包括支援センター職員，担当ケアマネジャーが同行訪問し，Bさんとの信頼関係の醸成に努めながら，日常生活自立支援事業（地域福祉権利擁護事業）の事業内容の説明を行う。Bさんも複数の金融機関に預けてある預貯金や，各種の書類手続きの管理が自力では困難になりつつあることの自覚があり，「一緒に同行して，手伝ってくれるなら」と，事業の利用に前向きとなる。日常生活自立支援事業における援助内容の特定，契約締結能力の確認，支援計画の策定等のプロセスを踏まえて利用契約の締結が行われた。福祉サービスの利用援助のほか，金融機関への同行訪問・手続き援助や各種書類・届け出の手続き援助などを中心とした支援計画が実行されることとなった。

日常生活自立支援事業（地域福祉権利擁護事業）による支援と同時並行で，担当ケアマネジャーはサービス担当者会議を招集し開催した。サービス担当者会議には，本人，地域包括支援センター職員，ケアマネジャー，日常生活自立支援事業担当者（専門員・生活支援員），通所介護事業所生活相談員，訪問介護事業所担当者（サービス提供責任者・担当ホームヘルパー），訪問看護師が参加した。Bさんの希望は，「金銭の出し入れ・整理を手伝ってもらいながら，生活を立て直していきたい」というものであった。会議では，参加者の自己紹介ののち，ケアマネジャーから現状のアセスメント報告とケアプランの説明，日常生活自立支援事業による支援開始の説明のほか，各サービス担当者からの意見交換を行った。その結果，①本人が拒否し，中断しかけていた医療機関への受診再開，

資料 5-4　居宅サービス計画書

生活全般の解決すべき課題（ニーズ）	援助目標		サービス内容	
	長期目標	短期目標	介護内容	サービス種別（頻度）
一人暮らしで閉じこもり生活の心配がある。外に出る機会や交流の機会を持ちたい。	他の人との交流の機会をもち、心身ともに活発に暮らしていける。	外出の機会、運動の機会を定期的に持てる。	デイサービス通所と活動全般（ご本人にあったアクティビティケア、運動の実施、入浴）	通所介護 2 回／週
下肢筋力の低下により、歩行動作が不安定である。そのため自力での通院・外出が困難になりつつある。用具を活用して、自力で外出したい。	用具を使い、安全な外出をできるようになる。定期的な受診をすることができる。	福祉用具の使用方法に慣れる。自力歩行を維持する。	福祉用具貸与（歩行補助杖）・シルバーカー 訪問リハビリ指導 訪問介護による通院介助	福祉用具貸与 市訪問指導（PT） 訪問介護
心臓疾患・労作時の息切れがあり、掃除等の家事が十分にできない。室内環境を整備したい。	体力に合わせた自力での家事行為が維持できる。	自分の心身状況を受け入れられる。介護者を受け入れられる。	室内整理・掃除 買い物 布団干し 調理の補助	訪問介護 3 回／週
糖尿病・心臓疾患の管理、服薬管理が十分にできない。健康管理を行いたい。	病状が落ち着き、体調の維持が安定して行える。	主治医との連携に基づいた服薬管理・体調管理が行える。	服薬管理 食事・運動指導 体調管理 主治医・ケアチームとの連絡調整	訪問看護 1 回／週
銀行手続き、書類の整理が自力だけでは困難になりつつある。一緒に手伝ってほしい。	金銭管理や各種の手続きを心配なく行える。	ご本人に説明・確認のうえ支援体制を整える。	日常生活自立支援事業	社会福祉協議会権利擁護センター 2 回／月

糖尿病の管理、服薬管理、認知症状への対応、②食品の衛生管理、家事の側面支援のためのホームヘルプ、③失禁や清潔保持への対応方法の確認、④社会交流促進のためのデイサービスでのアクティビティケアの工夫、⑤日常生活自立支援事業（地域福祉権利擁護事業）と各サービスとの役割分担の確認、⑥緊急時の対応方法の確認、といった課題検討が行われた。検討結果についてはBさんに了承を得た。サービス担当者会議による決定内容、支援目標は下記のとおりである（資料 5-4）。

・介助による診療所受診は可能であるため、訪問診療でなく定期的に訪問介護により受診を介助することとする。主治医には訪問介護スタッフも面接し、適宜生活面の状況報告を行う。本人が定期受診し、医療による健康管理が確立されることを目標とする。

・処方薬に対して自力での服薬管理が困難なため、訪問看護サービスの導入による服薬管理、療養指導を実施する。服薬管理が確立され、健康状態が改善されることを目標とする。

- 主治医，及び認知症の鑑定医からは，本人の社会交流の促進による精神活動の活発化の依頼があったため，通所介護の定期利用の導入によるアクティビティケアを導入する。定期的な通所，グループケアによって精神状態が安定することを目標とする。
- 訪問介護の導入による日常家事支援を実施する。実施するにあたっては，ご本人のできる部分は助長し，できない部分をサポートする。本人は元調理師として，自分でも調理を行いたいという希望があり，調理のサポートをしながら，バランスの取れた食事，環境整備による本人の心身状況の安定と生活の質の改善と共に，本人のできる生活行為の保持を目標とする。
- 日常生活自立支援事業の利用，金銭管理サービスを実施する。本人の日常生活にかかる金銭管理の安定，及び悪質商法被害の予防を目的とする。判断能力の低下に伴う成年後見制度の利用も見据えながら，本人状況をモニタリングしていく。関係が途絶えていた親族関係では，近隣市に姉夫婦が居住していることが判明し，地域包括支援センターから姉夫婦に連絡をとり，後日地域包括支援センターに来所してもらい，権利擁護センター職員，担当ケアマネジャーと共に相談対応を行った。姉夫婦は自身の高齢もあり最近Bさんとの交流が途絶えていたこと，そのために最近のBさんの状況は把握していなかったとのことであった。今後の対応としては親族申し立てによる成年後見制度利用の検討，及び日常生活自立支援事業による支援が考えられること等の制度内容の説明を権利擁護センター担当者から行ってもらった。親族としては，高齢ということもあり親族後見に対しては消極的であった。また姉を通じて音信不通だった息子についても連絡がとることができたが，長いこと本人との交流が途絶えており，遠方で経済的にも具体的な支援は今後も困難であるとの返事であった。担当者としては，親族には入院時等のいざという時の緊急連絡先になってくれること等，本人との関係がまったく途切れないように依頼し，本人との関係の線をつなぎつつ，日常生活自立支援事業による金銭管理支援，及び権利擁護センターによる通帳・書類預かりサービスの利用を調整した。

ケアプランの実行と援助経過

サービス担当者会議の検討結果に基づき，ケアプランを実行した。日常生活自立支援事業の利用により，複数の金融機関に渡って預けていたため自分でも整理がつかず，出し入れの管理が困難になっていた預貯金を，住居から身近な金融機関に整理し，本人も納得がいく管理ができるようになった。また滞っていた年金受給のための現況届や，各種の公共料金，介護サービスの利用料金，保険料の支払いも手続きを支援し，自動引き落としの導入などより簡便で本人にも分かりやすい方法が導入できた。それまで紛失することが多かった郵便物

や書類の管理についても，権利擁護事業担当者がBさん宅に合意のうえで専用の置き場所を確保し，整理・管理を行い，Bさんも確認がしやすくなった。

　他の日常生活支援についても，訪問介護により室内の整理，食品の管理，入浴の介助を行った。調理師としての誇りもあり，台所用品や食品には他者の介入を拒んでいたBさんも，自己の体力や認知能力の低下の自覚もあり，徐々にヘルパーによる整理と介助を受け入れるようになった。またヘルパーの側も本人のできる部分は残存能力を活用してもらうよう心がけた。デイサービスでは，本人の好きな麻雀ゲームへの参加等による交流，入浴・排泄のケア，歩行リハビリなど，ケア内容の確認を行ってもらった。緊急時の対応については，あらためて親族の連絡先と現在の関係性を確認していった。糖尿病や血圧の管理などを目的とした受診介助についても，当初は「入院させられるから嫌だ」と渋っていたものの，ヘルパー付き添いによるかかりつけ医への月1回の受診が順調に行われるとともに，週1回の訪問看護による服薬管理，体調管理，主治医との連携が行われるようになった。

◻ モニタリング

　ケアプランに基づいた地域生活支援によりBさんの在宅での独居生活は継続していた。援助経過のモニタリングのなかで訪問介護事業所から，Bさんが訪問販売のセールスで数十万円という高額なふとんセット購入を契約してしまい，本人が困っているとの連絡がケアマネジャーに入った。ケアマネジャーは社会福祉協議会の日常生活自立支援事業専門員と地域包括支援センターに連絡し，地域包括支援センター職員，社会福祉協議会専門員，ケアマネジャーが本人宅を訪問し，本人の意志を確認のうえ，市の消費生活センターに相談しクーリングオフの手続きをとった。クーリングオフの手続きをふまえて訪問販売会社に連絡し，ふとん等の商品の引き取りを要請。販売会社社員による商品引き取りの際は，地域包括支援センター職員，日常生活自立支援事業専門員，ケアマネジャーも立ち会い，Bさんが恐怖心を持たないように工夫した。

　悪質商法被害防止については，日常生活自立支援事業，訪問介護，訪問看護の各担当スタッフが定期訪問するようになって，被害予防，発見がしやすくなった。しかしサービス導入後も，複数回，業者による電話や訪問があり，気がついたスタッフが連携をとりあった。地域包括支援センターが連携して，地域の交番を訪問して状況を説明し，近隣地域の見守りを行うことを依頼した。また，民生委員や近隣住民にも改めて見守りの依頼を行った。しかし，Bさんの記憶障害の進行に伴い，入退院支援，施設やグループホームへの入所の検討も予測されたため，改めて成年後見制度の利用を関係機関で検討した。親族へは社会福祉協議会権利擁護センター職員により制度内容や導入の必要性を改めて説明したが，親族との疎遠な関係を修復するのは困難であり親族による後見制

度の申し立ては難しい状況であった。後見制度利用については、改めて社会福祉協議会の権利擁護センターと市高齢福祉担当が調整し、市長申し立てによる第三者後見を調整し、その後に社会福祉士の保佐人が家庭裁判所から選任されることになった。保佐人と担当ケアマネジャーをはじめとしたケアチーム、地域包括支援センター、社会福祉協議会権利擁護センター職員は、これまでの支援経過や今後のBさんの支援方針を共有し合い、その後の地域生活を継続して支援した。

3 課 題

本事例においては、体力低下に伴い日常生活に支障が生じながらも自力で生活を送っていた独居高齢者に認知症状が現れ、日常の金銭管理や各種の手続きが困難になりつつあったものを、ケアマネジメントの過程において日常生活自立支援事業を導入し、支援していった経過を述べている。日常生活自立支援事業との連携により、課題となっていた日常の金銭管理の問題が解決され、利用者も生活上の不安がなくなり、安心感を持つことができた。ケアマネジメント上も、衛生面の確保等の他の目標に向けて集中して取り組むことができるようになった。また、本人と日常生活自立支援事業担当者が金銭管理や書類管理上の確認をし合い、やり取りのコミュニケーションを行う過程で、本人の日常生活の整理に対する意欲が生まれてきた側面もあり、生活意欲の回復という日常生活自立支援事業の一つの可能性を見ることもできる。問題点としては、Bさんの精神機能低下の以前の過程で、もう少し早期に発見し有効な予防策がとれなかったかどうかという地域のニーズキャッチの体制構築が検討課題となる。

ケアマネジメントにおいて日常生活自立支援事業との連携が有効であることは、本事例の過程でも明らかであるが、そのためには、身近な場所に権利擁護機関の相談窓口が存在する必要がある。現在、予算上の課題があり、全国的には専門員が配置されている基幹的社会福祉協議会が複数の市町村を活動範囲としている状況や、少数の専門員が数多くの利用者を担当している状況がある。本事例では、当該地域の社会福祉協議会が日常生活自立支援事業と成年後見制度の利用支援を総合的に行う権利擁護センターを当該行政との協議のもとで市に単独設置しており、ケアマネジャーや地域包括支援センターとの連携がとりやすい状況にあった。今後ますます増えると予想される独居高齢者や認知症高齢者の人数の増加等を勘案すると、全国の基礎自治体、市町村の社会福祉協議会に専門職員が複数人配置され、地域ニーズに対応できる基盤構築、組織体制が整備されることが地域包括ケアシステム構築上も重要となる。

また、地域のニーズ発見や社会資源間のネットワーク形成の側面からは、地域包括支援センターの総合相談機能・アウトリーチ機能との連携、民生委員活動との連携など、地域のケアシステムのなかに早期の段階で利用者対応が可能

な日常生活自立支援事業を位置づけていく必要があり，地域包括ケアシステム構築の一環として，基礎自治体単位に日常生活自立支援事業と成年後見制度の利用支援を継続的・総合的に行う権利擁護センター・成年後見制度推進機関を社会福祉協議会等を中心として設置していく必要がある。日常生活自立支援事業を入口としつつ，弁護士会，司法書士会，社会福祉士会等の関係機関とも連携し，成年後見制度の推進・利用支援，法人後見の実施，市民後見人の育成等も含めた総合的な対応ができる基礎自治体単位の権利擁護センター・成年後見制度推進機関の設置，地域の権利擁護体制の基盤構築・ネットワーク構築が求められている。

3 地域包括支援センターにおけるケアマネジメント

◻ 地域包括支援センターの業務とケアマネジメント

地域包括支援センター業務におけるケアマネジメントには，介護支援専門員の後方支援を行う包括的・継続的ケアマネジメント支援業務と介護予防ケアマネジメントがある。包括的・継続的ケアマネジメント支援業務には，直接的に介護支援専門員を支援することと環境面を整備する間接的な支援がある[2]。具体的には介護支援専門員がケアマネジメントの実践が可能な環境整備として，関係機関との連携体制構築支援，介護支援専門員同士のネットワーク構築支援，介護支援専門員等の実践力向上支援や個々の介護支援専門員等へのサポートとして，相談体制の整備および周知，相談への対応などがある。

地域包括支援センターが担当する介護予防ケアマネジメントには地域支援事業の包括的支援事業に位置付けられる介護予防ケアマネジメント業務と指定介護予防支援（予防給付要支援1～2）の二つがある。指定介護予防支援は，要介護認定を経て，要支援1・2と認定された方に対して，要介護認定者と同様，ケアマネジメントプロセスを展開していく。指定介護予防支援事業者である地域包括支援センターが直接担当するか，居宅介護支援事業所（介護予防サービス計画作成業務委託契約を締結した事業者）の介護支援専門員に対して委託する場合の二つの方法がある。平成27年度の法改正により，要支援1・2の方の介護予防サービスは平成29年度を目途に整備が進められた「介護予防・日常生活支援総合事業」に移行され，介護予防訪問介護は訪問型サービス，介護予防通所介護は通所型サービスに変わった。当該保険者により，対応時期や支援内容が異なるが，以下のように進められた。

・要支援1・2と認定されたのちに，アセスメントの結果，総合事業における「サービス事業（訪問型サービス，通所型サービスやその他の生活支援サービス等）」が

第5章 在宅生活支援とケアマネジメント

必要な場合は総合事業，それ以外の予防給付にある「介護予防訪問看護や介護予防訪問リハビリテーション，介護予防住宅改修」等のサービスが必要な場合は，従来どおり予防給付から提供される。その組み合わせとしては大きく分けて，二つあり，そのひとつは「予防給付による介護予防ケアマネジメント」となり，介護予防支援でのケアプラン作成となる。もうひとつとして「総合事業による介護予防ケアマネジメント」となる[3]。

事業の対象者とは，相談時において基本チェックリスト等を実施した結果，何らかの支援が必要と判断された高齢者のことを示す。要介護認定において非該当となった場合においても，基本チェックリストを実施後，何らかの支援が必要と判断されれば事業対象者になる。事業対象者が「サービス事業」を利用する場合に，介護予防ケアマネジメントを実施し，必要なサービスが何にあたるかを検討することになる。考えられるサービスの組み合わせとして，介護予防・日常生活支援総合事業における「サービス事業」のみを利用する方法と，介護予防・日常生活支援総合事業における「サービス事業」と一般介護予防事業の利用がある。

介護保険におけるケアプラン作成は，予防給付，介護給付問わず，自己作成と事業所作成の2つの選択肢があり，自己作成を希望する方への後方支援は地域包括支援センターが行うこととしている。しかし総合事業における介護予防ケアマネジメントの自己作成は認められていない。

1 事例の概要

□ Cさんについて

Cさん，99歳，女性，ひとり暮らし。敷地内，別棟に82歳になる実の妹が住んでいる。

S県生まれ，70歳のときに夫が死亡。子どもはいない。今後の暮らしを心配し，妹を頼りにH県に引っ越してくる。妹が住む家の敷地内，借地に家を建て，小さいながらも自らの店を作り食堂を始める。Cさんの作るやきそばやカツ丼など，近所でもおいしいと評判になりお客さんもつくようになる。その後20年が経過，1日数人の客になったことや90歳を過ぎたことから店を閉じる。

93歳のころ，介護保険制度が始まり，ひとり暮らしのため，民生委員の定期訪問，在宅介護支援センターとの関わりなどがあり，高齢を案じた周囲から介護保険の申請を勧められ，買物などに不便を感じていたCさんは介護保険の申請し，要介護1と認定される。担当の介護支援専門員から「お困りごとはなんですか」と聞かれ，買物とゴミ出しと答えたことから，提供された介護保険サービスは，週3回の訪問介護で買物支援と週2回のゴミ出しとなった。

介護保険法の改正により，認定区分が見直され，要支援から要支援1となり，予防給付は指定介護予防支援として地域包括支援センターが担当するとなった。

その年，更新し結果が要支援2となったため，地域包括へ引き継ぎされた。

既往症・現病として，狭心症（85歳のときにペースメーカー埋め込み）と高血圧で近医受診（電池交換などは総合病院）している。

日頃から民生委員との関わり，実妹（軽度認知症）の担当介護支援専門員との関わり，近所の人との関わりなどがある。地域との関係は自らの力でおこなっている。

2 ケアマネジメントのプロセスと展開

生活に対する意向を確認すると，「妹の世話をしながら，この家で暮らし続けたい」と話す。引き継ぎ前のケアプランでは，ゴミ出しは訪問介護が担当していることから，サービスが入ることになった経過を聞くと，「困りごとはないかと介護支援専門員から聞かれたのでゴミ出しと言ったらヘルパーさんが来るようになった，今までは2軒先のOさんがゴミ出しの日に途中で寄ってくれて持って行ってくれていたのでヘルパーさんが来るようになったら，Oさんが来なくなってしまったのか残念」と話す。生活の意向を踏まえ，求めている支援内容を分析する。

☐ アセスメント

主訴を基に，現在の状況，希望していることなど情報収集をおこない課題を抽出した（表5-2）。

☐ プランニング

介護予防サービス支援計画書の標準様式を参考に作成された「ぐんま予防プラン」の様式を活用。目標とする生活の1日については日課にしていることを聴き，これからも続けていきたいと思っている「毎日，仏壇の花の水を取り換え，お茶を供える」を目標とした。1年の目標は自宅で暮らし続けることが意向としてあがっていたことや，時々「施設には入りたくない」という言葉をよく話していたことを踏まえ，意向として表面化していた「妹の世話をすること。この家で暮らし続けること」を提案し，同意が得られる（資料5-5，5-6，5-7）。

☐ 経過およびサービス担当者会議等

初回参加者は本人・民生委員・前担当介護支援専門員・サービス事業者・担当地域包括職員の5名で開催，主治医からは事前に電話で確認し，指示内容を参加者に報告した。ケアプラン原案を説明し，同意を得ることができた。

翌年の更新時，第2回は本人・民生委員・サービス事業者・担当地域包括職員の出席により，開催した。経過からみて支援内容などに大幅な変更はなく，

第5章　在宅生活支援とケアマネジメント

表5-2　課題分析（アセスメント）概要

項　目	現　状	背景・原因／今後の危険性（可能性）についての分析	解決すべき課題と今後の方針（判断）
健康状態	狭心症（ペースメーカー）・高血圧　内服あり	心臓への負担／在宅生活の継続困難	労作動作の負担軽減
ADL	布団で寝起き。歩行時杖使用　着衣，入浴，排泄はゆっくり自力	長年の生活スタイル／転倒により，現在の生活スタイルの維持ができなくなる。生活意欲の低下	転倒予防，住環境整備
IADL	調理（煮炊きのみ），掃除（箒使用）自力で何とか。買物は人に依頼。通院時貯金を下す	手指の変形で包丁は使えないが煮る，焼く，混ぜる等はできる／立位保持ができなくなると家事全般に支障がでる	身体機能の維持
認　知	問題なし	性格，生活意欲，責任感（妹への思い）／認知症状の発症，早期対応の遅れ	生活スタイルを変えない
コミュニケーション能力	聞きとり，電話のやりとり問題なく，意思を伝え，相手の意向も聞き取れる	性格，生活意欲，責任感／認知症状の発症，早期対応の遅れ	会話の機会を減らさず，人との関わりを増やす
社会との関わり	ひとり暮らしの不安はなく，自らの生活スタイルを維持している	公的な手続きも自ら動き，できない部分は人に頼むことができる／公的手続きができなくなる（判断等）	民生委員，近隣との協力関係の強化
排尿・排便	動作はゆっくり，排泄動作自力。尿意便意あり。失禁なし	転倒による状況の変化	転倒予防，疾患の重度化予防
褥瘡・皮膚問題	問題なし	転倒等による，寝たきり状態になった場合，問題出現が予想される	低栄養，高齢
口腔衛生	義歯が合わない感がある。時々歯茎の痛みを感じる	義歯の不具合／十分な栄養が取れない，身体機能全般の低下	治療が必要
食事摂取	栄養面に気を使い食事を摂る。箸が使いにくい。意識してお茶は欠かさない。	手指の変形／長年の習慣で箸を使用。箸が全く使えなくなる	道具の検討，道具が使いにくいことによる食事量の低下
問題行動	問題なし	生活スタイル／ひとり暮らしのため状況の変化が把握できず，対応の遅れ	人が関わる時間を意識して作る
介護力	妹の世話をしている。キーパーソンは県外。年に数回来る。誕生日に生花が届く	遠方，親族がなくなっている，子供がいない／孤独死	近隣の安否確認体制
居住環境	土間や台所がかつて食堂をしていた作り	生活空間が変わっていない／土間で転倒した際のリスクが高い	住環境の見直し
特別な状況	妹が認知症。近くに親族がいない。ターミナルの場合の居場所が未定	妹の認知症状の進行。妹の世話ができなくなる（料金の支払いなど）緊急対応ができない	妹の世話を代行する方法の提案と検討，実行　緊急対応体制

資料5-5 介護予防サービス・支援計画書①

介護予防サービス・支援計画書(ケアマネジメント結果等記録表)

NO:　　状態区分：初回・紹介・継続／要支援1・(要支援2)・事業対象者／認定済・申請中

利用者氏名：C　様　　被保険者番号：　　　　　生年月日：明・大・昭　　年　月　日（満　　歳）

認定年月日：　　　　認定有効期間：　　～

計画作成者氏名：　　担当地域包括支援センター名：○○市地域包括支援センター

計画作成事業者（事業所名）：　　　　　　　（所在地）　　　　　　　　　　（電話番号）

計画作成（変更）日：　　　　　　　（初回作成日）

目標とする生活	**本人の希望**（こんな風にしたい） 妹の世話をしながら、自宅で暮らし続けたい	1日	1日の生活をどのように作っていくか 仏壇の花の水やお茶を供える
	家族の希望（こんな生活をしてほしい。こんな風にかかわりたい）	1年	週や月、年単位でしたいこと 来年の今頃も、今と同じ暮らしをしていられる
健康状態	主治医意見書・健診結果・観察等を踏まえた留意点 無理な家事はせず、心臓に負担がかからないよう生活してください	必要なプログラム □予防給付 □地域支援事業	運動不足 / 栄養改善 / 口腔ケア / 閉じこもり予防 / 物忘れ予防 / うつ予防 5 / 5　1 / 2　1 / 3　2 / 2　0 / 3　0 / 5
	主治医のアドバイス 無理せず、できないことは誰かに頼むとよい	介護認定審査会の意見及びサービスの種類の指定	
	改善・予防のポイント（支援の方向性・留意点など）		
総合的な支援の方法	長年の生活習慣を続けていることが、生活意欲ともつながっています。 これからもいつもの暮らしが続けられるよう、人の力も借りていきましょう	妥当な支援の実施に向けた方針【本来行うべき支援ができない場合に記入】	

1週間の予定	曜日	月	火	水	木	金	土	日
	午前	訪問型サービス		訪問型サービス		訪問型サービス		
	午後							

【地域包括支援センター記入欄】

意見：

担当者名：　　　　　　　　　　　印

【利用者記入欄】

私はこの介護予防サービス・支援計画書（①、②、③）について同意します。

平成　　年　　月　　日　氏名：　　　　　　　　印

第5章 在宅生活支援とケアマネジメント

資料5-6 介護予防サービス・支援計画書②アセスメント表

アセスメント実施年月日：　　　　　　　　　　　　利用者名：　　　　　　　　　様

アセスメント領域と現在の状況	本人・家族の意欲・意向		有無	領域における課題	総合的課題
何をして、何をしていないか？	今していない理由？	今後どうしたいですか？		背景・原因の分析、改善可能性の評価	望む生活に必要なこと
運動・移動 ☑歩行 ☐交通機関での移動 ・杖を使い、自宅の周囲1km くらいは歩くことができる。 ・立ったまま、庭先の物干し台に洗濯物を干すことができる ・タクシーに乗り、一人で受診に行く	[本人] 心臓に負担がかかり長くは歩けない [家族]	[本人] できることは自分でしたい [家族]	☑有 ☐無	☑健康状態 ☐心理状態 ☐習慣 ☐物的環境 ☐人的環境 ☐経済状態 ☐その他	年齢相応の下肢筋力の低下はあるが、長年の生活スタイルと生活意欲が保たれれば、転倒しない暮らしを続けることができる	①体力の維持
日常生活（家庭生活） ☑買い物 ☑調理 ☐その他の家事 ☐預金管理 ☐世話（花・ペット） ・買物は近所の人に頼むか届けてもらう ・長年食堂をやっていて、包丁を使っているので包丁が使えない。 ・指先が変形しているので包丁が使えない。 ・庭の花や野菜の水やりをする ・箒を使い、室内の掃除をする	[本人] 長年食堂をやっていて、包丁を使っていたら、親指が変形した [家族]	[本人] 食材を切っておいてくれれば煮炊きは自分でしたい [家族]	☑有 ☐無	☑健康状態 ☐心理状態 ☑習慣 ☐物的環境 ☐人的環境 ☐経済状態 ☐その他	自分でできること、できないことが明確であり、無理をしてまではしない状況ができている。上手に人を巻き込む力があることから、身体機能の維持と同時に意欲も維持できる	
社会参加・対人関係・コミュニケーション ☑相談ごと ☑来訪・訪問 ☑会話・手紙 ☑仕事・地域の役割 ・相談ごとは民生委員さんを頼る ・お客の対応は問題なくできる ・甥からの手紙に返事を書けず電話をかけて話をする	[本人] 返事を書きたくても指が変形していてペンがもてない [家族]	[本人] 字が書けなくても口があるから大丈夫 [家族]	☑有 ☐無	☑健康状態 ☐心理状態 ☐習慣 ☐物的環境 ☑人的環境 ☐経済状態 ☐その他	近隣関係など、今までのつながりが続いている。自分の立ち位置と他人との関わりも続いていけば、問題なく暮らすことができる。	②自分の役割が実行できる
健康管理 ☑入浴・清潔 ☑身だしなみ ☑栄養管理 ☑健診受診 ☑服薬管理 ・週に1回はお風呂に入り、浴槽も洗っている ・習慣的に常にスカートをはく。出かけ時には栄養に気を使い、食採を確保している。義歯が合わない ・健診は必ず受けている ・薬は自分で用意し、飲んでいる	[本人] 人の世話にはならず自分でできるところまではし続けたい [家族]	[本人] 人の世話にはならず自分でできるところまではし続けたい [家族]	☑有 ☐無	☑健康状態 ☑心理状態 ☐習慣 ☐物的環境 ☐人的環境 ☐経済状態 ☐その他	心疾患の悪化を予防し、転倒リスクを減らすことで、心と体の元気を維持できれば今の暮らしを続けていくことができる。	
その他（例）趣味・生きがい ☐以前のこと ☑今のこと ・野菜づくり ・花を咲かせること	[本人] しゃがむと立つのが大変になってきた [家族]	[本人] 楽しみは何とかして続けたい [家族]	☑有 ☐無	☑健康状態 ☑心理状態 ☐習慣 ☐物的環境 ☐人的環境 ☐経済状態 ☐その他	転倒せず、自分の力で楽しみを続けることで、生活意欲を維持し続けることができる。	③転倒予防

第Ⅱ部 実践編

資料5-7 介護予防サービス・支援計画書③ケアプラン

総合的課題に対する目標と具体策の提案	具体策の提案	具体策についての意向 本人・家族の意向	合意できた目標	支援計画				
目標の提案 (評価可能で、具体的)	(様々な角度からの支援内容)	(合意のない理由・根拠等)		支援方法	介護保険サービス ☑地域支援事業 (総合事業のサービス)	サービス種別	事業所	期間
①花を咲かせ、野菜を実らせることができる	本人 体力を持ち続ける	本人 しっかり食べて、好きなことができる体力を持ち続けたい	目標 花を咲かせ、野菜を実らせることができる	本人(セルフケア) ご飯をしっかり食べる 入れ歯を直す	・食材の購入 ・献立に合わせた食材の加工 ・声かけ ・安否確認 ・事務手続き等の代筆	訪問型サービス	○○サービス	△△〜□□ [6か月]
	家族	家族( )	家族 民生委員さんの訪問					
	その他 声かけ(民生委員)	その他( )	支援のポイント 地域					
			保険外サービス 配食サービスの検討 歯科受診の検討	情報提供		担当ケアマネ		
②	本人	本人( )	目標 仏壇のお茶を毎日供える	本人(セルフケア) 転倒しないよう注意して供える	・無理せず、人の手も借りる		本人	△△〜□□ [6か月]
	家族	家族( )	家族					
	その他	その他( )	支援のポイント 地域					
			保険外サービス					
③	本人	本人( )	目標 心配なことは人に相談をする	本人(セルフケア) 妹の将来が不安				
	家族	家族( )	家族					
	その他	その他( )	支援のポイント 地域					
			保険外サービス 日常生活自立支援事業の活用	社会福祉協議会の担当者に説明を依頼	日常生活自立支援事業	市社会福祉協議会	随時

週3回の介護予防訪問介護サービスで継続となる。本人および参加者から変更の意見は聞かれていない。

　更新して半年経過したころ，自宅内で転倒，自力で民生委員に連絡，続けて自ら119番をし，救急搬送となる。転倒した状況としては，トイレ入り口に10センチほどの段差が2段（食堂をしていた時の内部の作りそのままのため）あり，用を足してでてきたときに1段踏みはずし，前方へ転倒した。額の打撲が確認でき，その他検査をするものの骨折などは見られず，意識もはっきりとしているため，入院3日目に退院を希望するが担当主治医からは「100歳になって，額の打撲だけはあり得ない，医師として退院許可は出せない。あと1週間は様子を見てから退院予定」と言われ，Cさんはがっかりするも，その後経過は順調で，予定通り10日で退院する。退院後自宅に戻り，第3回目のサービス担当者会議を開催，本人，甥，大家（地主），担当看護師および担当主治医（文書のみ），民生委員，サービス事業者，担当地域包括職員の参加で実施。甥および民生委員からは，高齢なのだから，区分変更申請を行い，サービス量（ヘルパーの対応回数）を増やして，手伝ってもらうことはできないのかと意見が上がる。それに対して，本人の意見を聞くと「私のやることをとらないで」と話してくれたことで，できることできないこと，していること，していないことなどを再確認し，支援内容の見直しをする。

　その後，ヘルパーより，食事量の低下と，今まで自分でしていた仏間の掃除の依頼があったとの報告がある。Cさん宅を訪問し，原因となっていることを確認する。Cさんからの聞き取りで義歯の不具合により食事が思うように摂れないことと，起きている体力の低下が課題であることが分かる。現状，歯科受診は訪問型が適切と判断しCさんに説明，訪問歯科の利用で了解が得られたため，訪問歯科医院の連絡先を伝え，Cさん自ら予約を入れることになる。治療を受け，義歯が安定し，体力が戻るまで，訪問介護サービス内容に，今までBさん自身が行っていた仏間の掃除を加える。日常的にしていたことが続けられるよう支援が入ることでCさんの気持ちが落ち着いた様子がみえた。

　実妹の認知症状が進み，相談の上，介護老人保健施設に入所することになる。身元引受人として，Cさんは毎月，利用料金をタクシーで届けて（振込みを実施していないため）いたが，限界を感じたことから，何かいい方法はないか相談が入る。日常生活自立支援事業を紹介，社協担当者が同行し，Cさんの自宅を訪問，日常生活自立支援事業を利用することにする。

　1年後，畳の上で滑り，転倒。前回同様自力で民生委員に電話をいれ，自力で119番をする。右大腿部頸部骨折との診断により，担当医からは手術を勧められるがCさんは拒否，手術はせず，自宅に帰りたいと話す，このとき101歳。

　入院して1か月，2週間後の退院を予定し，本人，担当看護師・担当主治医（意見のみ），担当理学療法士（事前に相談済），医療ソーシャルワーカー，サービ

ス事業者，担当地域包括職員で検討。手術をしていないため，右足には加重をかけることはできず，自宅での室内の移動は自力ではできないことを理解しているCさんがなぜ自宅に帰りたいというのか，甥も理解できないが，本人のたっての願いのため，自宅での生活ができる準備を始め，同時に区分変更申請を行う

　ベット，ポータブルトイレを準備，民間配食サービス，訪問介護支援回数の変更を行う。準備ができ退院，入院中に理学療法士からのリハビリテーションで移動動作を確認していたので「何とかなるでしょう」とCさんは笑顔。不安そうな甥を前にして気丈な様子を見せる。甥も泊まり，自宅での生活が始まる。翌日訪問，いつもと違い表情は暗い。できるとは思っていたけれどかなり痛みが強かった様子。なぜ自宅に帰りたかったのか，改めて聞いてみると「死ねるかと思った」と話す。以前も「死ぬことは選べないのかしらね。もう，したいことは十分したし，思い残すことはないのよ」と話していたことがある。人生は生老病死すべてに関わることだと話す。

　自宅での生活が難しいことを納得し，介護老人保健施設での生活が始まる。Cさんの暮らし方は入所しても変わらなかった。キーパーソンの甥から，故郷に帰る提案がある。

　老人保健施設に入所して1年半，認知症が進行した実妹とともに，甥の車で生まれ故郷に帰る。その時，Cさん102歳であった。

3 課　題

　この事例のケアマネジメントにおける問題点は，Cさんのように，高齢で一人暮らしている人の支援で重要なのは，特に地域との関わりを介護支援専門員が，アセスメントにおいて把握ができているかという点である。介護保険サービス導入時に聞かれた「困りごとは何か」と問うことが問題ではない。しかし，Cさんからの回答に対して掘り下げることができなかったこと，つまり原因・背景の分析と，改善可能性の検討がなかったからだと考えることができる。「困りごとは何か」→「ゴミ出し」→「今はどうしていますか？」の展開により，現状の把握と行為に対する希望と対応策だけではなく，その他関連している生活行為も把握することができ，改善のポイントをつかむことができる。

　要支援1・2の高齢者の生活は，今すぐにでも生活が中断してしまう状況ではないが，このまま今の状態が続けば，この先遠からず現状の暮らしが継続できなくなる可能性が高い状態と言える。つまり介護予防とは，これから起きることを想定し，身体的にも，精神的にも，生活の継続ができなくならないよう，今必要な支援を検討していくことになる。これは予防給付だけの課題ではなく，ケアマネジメントそのものの課題であり，目の前に起きていることだけを改善することではなく，目の前で起きていることの根本を見出し，改善が必要な共

通した課題に焦点を当て，支援の方法を検討し実行することである。

◻ これからの地域包括支援センターにおけるケアマネジメント

介護保険法の基本的な理念である「自立支援」を目指し，自立支援型ケアマネジメントが進められており，後方支援をする自立支援型地域ケア個別会議の開催が現在進められている。

自立支援型地域ケア個別会議は，地域包括支援センターまたは保険者が開催主体であり介護支援専門員が担当するケースについて，利用者とは直接的には関わっていない専門職（医師，歯科医師，薬剤師，理学療法士，作業療法士，栄養士，歯科衛生士等）から，自立支援に必要なアドバイスを受けることができる場である。介護予防ケアマネジメントを展開する流れの中で，不足していた専門職からのアドバイスを受けることで問題点を可視化し，「自立支援」に対し，客観的な視点が入る仕組みづくりが進んでいる。

❹ 基幹型相談支援センターにおけるケアマネジメント

1 事例の概要

◻ 基幹型相談支援センターとケアマネジメント

2012（平成24）年度より障害福祉サービスの利用者には，サービス等利用計画の作成が必要となった。サービス等利用計画は，利用者や家族の希望を反映させた生活全体の支援プランであり，このプランに基づいて障害福祉サービス事業所などからの個別支援が行われる。

サービス等利用計画を中心とした支援は，計画相談支援と呼ばれ，アセスメント，計画の作成，支援の実行，支援状況の評価（モニタリング）といったプロセスがある。計画相談支援の制度化により，障害者福祉分野においても介護保険制度と同じくケアプランを用いたケアマネジメント支援が実施されることになった。

計画相談支援の実施に関連し，障害者総合支援法における市町村地域生活支援事業のなかに基幹相談支援センター事業が位置づけられた。基幹相談支援センターは，障害種別を問わない総合的な相談業務，地域課題を話し合う地域自立支援協議会の運営，権利擁護に関する取り組みなどを主な業務としている。ただし，市町村による任意設置であるため，事業所の規模や役割，機能などは地域の実情に応じて異なってくる。

基幹相談支援センターに代表される基幹型の相談支援事業所は，地域におけ

る中核的な相談機能の役割を期待されており，他の相談支援事業所からの相談や支援困難なケースについて対応することも多い。ここでは，基幹型の相談支援事業所が担当した支援事例を通して，障害者のケアマネジメント支援について述べていきたい。

☐ Dさんについて

40歳代，男性。

知的障害（療育手帳・重度）。

同居の母が要介護状態になり，介護保険施設へ入所する見込みとなった。自宅での単身生活が難しいDさんへグループホーム利用などの支援を行う。

母（80歳代）と2人暮らし。父はDさんが20代のころ他界している。姉が遠方に嫁いでいるが，母との関係が良くないために，実家にはほとんど帰らない。

☐ 支援までの経過

Dさんは，長男として生まれ，出生時にダウン症と診断。知的障害があるため，地元の小中学校は特殊学級に在籍する。養護学校高等部を卒業後，市内の知的障害者授産施設（現在は就労継続支援B型事業所，以下，サービス事業所）へ通う。

Dさんはいつも穏やかで明るい性格である。話す言葉は不明瞭で，聞き取ることが難しいが，人との関わりが好きで，身振り手振りを交えていつも楽しそうに話をする。日中の通所先であるサービス事業所では，車の部品の組み立て作業などをしており，長年共に過ごしてきた利用者たちとは気心知れた仲である。

Dさんと母の生活に変化が見られたのが約2年前である。母が屋外で転倒した際に，右足を骨折して入院をした。退院後，母は移動や家事をすることが容易ではなくなり，物忘れなどの認知症状が現れてきた。家事援助のヘルパーを利用して何とか自宅での生活を続けていたが，このところ認知症状が急激に進み，ベッドから動けなくなることが増えてきた。ヘルパーの利用だけでは自宅での生活が難しくなり，市内にある介護保険施設への入所が見込まれることとなった。

母の入所後，Dさんは自宅に1人残されることになる。以前からDさんの相談支援を担当していた障害者相談支援事業所の相談支援専門員は，Dさんの在宅生活を支えるために新たな障害福祉サービスの利用を視野に入れながら相談支援を行った。

2 ケアマネジメントのプロセスと展開

1 アセスメント

　サービス等利用計画を作成するにあたり，まず利用者のアセスメントを行う。アセスメントとは，本人の心身状況，生活能力や環境，生活上の課題などについての評価である。本人や家族，障害福祉サービス事業所，医療機関などへ聞き取りを行い，生活基盤など支援に関わる各項目について評価する。言葉による意思疎通が難しい利用者については，日常の表情や行動，生活歴，周囲への聞き取りなどから本人の意思や要望を総合的に汲みとっていく必要がある。

　アセスメントの留意点として，本人の強みであるストレングスについてとらえながら評価していくことが重要である。ストレングスとは，本人の強みについて着目し，支援していく考え方である。評価する際，本人のできないことを課題としてとらえがちだが，できないことを改善していくよりも，その人の持っている力や強みを活かしたほうが，自己決定を促し，結果として生活向上に結び付きやすいといえる。

　相談支援専門員は，Dさんのアセスメントを行った（資料 5-8）。

　Dさんは，身体機能や移動について問題はなく，ADL（日常生活動作）等もほぼ自立しているが，歯磨きや着替えの見守りなど細かい部分の支援が必要である。食事の準備や家事，金銭管理などは自分では難しいため全面的な支援が必要となる。

　Dさんのストレングスについては「人と関わることが好き」，「仲間と作業をしたい」，「通い慣れたサービス事業所」という点に注目した。言葉による意思疎通は難しいが，人とのやりとりが好きで何事も他者と協働し楽しむことができる。また，長年通っているサービス事業所の存在は，本人の心のよりどころとなっており，生活の安定につながっていると評価した。

　Dさんの要望は「母と一緒に暮らしたい，外食がしたい，サービス事業所に通いたい」というものである。しかし，母は介護保険施設へ入所するため，一緒に過ごすことは難しい。母と別れ，自宅で一人生活することは，大きな不安が生じるであろうと予測できた。2年前に母が入院した際は，一人になった不安でパニックになってしまい，緊急的にショートステイを利用した経緯がある。相談支援専門員たちは，母と一緒に暮らすことができる介護付きのホームなどを探したが，近隣に見つけることができなかった。

　そこで相談支援専門員は，Dさんのストレングスである「人との関わりが好きである」，「通い慣れたサービス事業所」という点を考慮し，地域のグループホームを利用しながら，現在のサービス事業所へ通うことについて提案することにした。市内のグループホームでの暮らしならば，母の入所施設へいつでも会いに行くことができる。

資料5-8 Dさんのアセスメント用紙（抜粋）

1 生活基盤に関すること	経済状況	障害基礎年金2級。ほとんど使用していないため貯金がある。後見人が管理している。
	居住環境	持家，一戸建て。母と同じ1F和室で過ごしている。
	福祉サービス状況	就労継続支援B型事業所へ通所中。毎朝一人で電車と送迎バスを利用して通う。母の入院中，ショートステイを利用したことがある。母の家事が難しくなってきたため，家事援助のヘルパーを利用している。
	病歴・障害歴	ダウン症。合併症はなく今まで大きな病気はしていない。尿酸値が基準値より高く，そのための通院，服薬をしている。
	医療機関	市内の内科受診中。
2 医療・健康に関すること	服薬管理	毎朝服薬。飲み忘れることもある。
	食事管理	食事は一人で可能。食事準備や調理，栄養管理などはできない。
	病気への留意	お腹や頭が痛いと訴えることができる。体重は増加傾向。ジュースや缶コーヒーが好きで毎日飲んでいる。揚げ物などが好き。
3 日常生活に関すること	ADL全般	ほぼ自立しているが，歯磨き，髭剃りなど不十分なことがある。
	排せつ・入浴	自立。排せつ時，ふき取りが不十分なことがある。
	掃除・洗濯など	一人で行うことは難しい。
	趣味・余暇	テレビを見る，歌謡曲などのCDを聴く。作業所のレクリエーションで行うカラオケが好き。
	その他	衣服へのこだわりがある。自分の気に入った服を着替えずにずっと着ていることがある。
4 コミュニケーション		言葉が不明瞭だが，意思は伝えることができる。日常的な物事の理解はできる。人と関わることが好きで，通所先の利用者たちと仲が良い。
5 社会参加等		通所先の外出やイベントには毎回参加して楽しんでいる。
6 家族支援など		80代の母は要介護となり，市内の介護保険施設へ入所予定。介護保険ケアマネジャーが担当している。

　母の入所について理解しているDさんは，今後の暮らしについて不安を抱いているようであった。相談支援専門員からの提案を受け，Dさんは，市内にあるグループホームへ体験利用をすることにした。当初，緊張した様子であったが，ホームの雰囲気にも少しずつ馴染んだようで，Dさんから「家に一人でいることは寂しい，みんなと一緒にいたい」という気持ちが聞かれた。相談支援専門員は，グループホーム利用を中心としたDさんの支援プランについて具体的に検討していくことにした。

□ サービス等利用計画案の作成
　相談支援専門員は，アセスメント用紙で整理した情報をもとに，以下のポイントを押さえながら，計画案を作成した。
　① 利用者およびその家族の生活に対する意向
　本人と家族の要望をできる限り本人の言葉でそのまま表現する。Dさんの場合，生活の要望に「（入所している）お母さんに会いに行きたい」など具体

に表現することができているため，こうした要望を中心に支援計画を立案していくことになる（資料5-9）。

② 総合的な援助の方針，長期目標，短期目標

Dさんの要望が実現するには，早めに生活基盤を安定させる必要があると考え，グループホームの生活に慣れ，これまで通りにサービス事業所へ通うことを短期目標とした。長期目標は，本人の具体的な要望が実現できるように，母との面会や外出サービスの利用，仲間との交流を通して楽しく過ごすこととした。また，Dさんへの援助方針は「通い慣れたサービス事業所を利用し，本人らしい充実した生活ができるように支援する」とした。

③ 解決すべき課題（本人のニーズ）と支援目標

本人のニーズ，課題ついて優先順位を定める。ニーズとは，単に本人の希望だけでなく，生活にとって必要となる課題である。各ニーズが明確になったら，ニーズを満たす支援目標を設定する。目標立てについては，スモールステップでの取り組みを意識する。できるだけ細分化し，短期間で達成可能かつ具体的な目標を設定する。段階的に課題を達成していくことで，自信がつき，自己肯定感を高めることにつながる。

Dさんのニーズ①～⑤とその優先順位と支援目標について以下のように考えた。

① グループホームでの不安

新しいホームでの生活不安を解消するために「グループホームの生活に慣れる」ことを目標とした。グループホーム職員が中心となり，Dさんが安心できるようなていねいな働きかけを行う。相談支援専門員は，Dさんの生活の様子を見守り，必要に応じて支援する。

② 健康に過ごしたい

「定期通院・服薬支援を行う。食生活に気をつける」ことを目標とした。Dさん自身の健康への意識は高くないが，このところ朝の服薬を忘れたり，ジュースを飲みすぎたりすることが続いたため，体重が増加傾向にあった。通院や服薬をきちんと行い，食生活に配慮した支援を行うと同時に，Dさん自身も健康について意識していくように働きかける。

③ 今の作業所に通い，みんなといっしょに作業したい

今までと同じサービス事業所に通い，慣れ親しんだ仲間と一緒に過ごすことは，精神的な安定にもつながる。生活の場所が変わっても，今まで通りの仕事を継続する。サービス事業所までの道順を覚えるため，ホームとサービス事業所の職員が付き添いをすることを検討した。

④ 母に会いたい，エビフライを食べたい

外出時のヘルパー利用について検討した。月2回，週末の午前中，母の入所する介護施設にて面会を行った後，外食をするプランを組んだ。

第Ⅱ部　実　践　編

資料5-9　サービス等利用計画案

計画案

サービス等利用計画案

利用者氏名（児童氏名）	Aさん	障害支援区分	区分4	相談支援事業者名	○○相談支援事業所
障害福祉サービス受給者証番号		通所受給者証番号		計画作成担当者	
地域相談支援受給者証番号					
計画案作成日	20×× 1月17日	モニタリング期間（開始年月）	20×× 2月～4月 7月（以降6か月ごと）	利用者同意署名欄	

利用者及びその家族の生活に対する意向（希望する生活）	◇「（入所している）お母さんに会いに行きたい」「エビフライをいっぱい食べたい」「みんなと今の仕事をしたい」（本人） ◇息子がきちんと生活できているのか、たまには息子の顔を見たい（母）。
総合的な援助の方針	今まで通い慣れたサービス事業所を利用し、本人らしい充実した生活ができるように支援します。
長期目標	母の面会や外出を定期的に行います。作業や余暇活動を通して仲間と楽しく過ごします。
短期目標	新しく利用するグループホームの生活に早く慣れます。また、サービス事業所まで歩いて通います。

優先順位	解決すべき課題（本人のニーズ）	支援目標	達成時期	福祉サービス等 種類・内容・量（頻度・時間）	課題解決のための本人の役割	評価時期	その他留意事項
1	◇グループホームでの生活が不安。	グループホームの生活に早く慣れるよう支援します。	20×× 4月	◆共同生活援助／生活支援（毎日） ・早くホームの生活に慣れ、安心できるように気にかけて行います。	・職員や利用者とのやりとりを通じて、ホームの雰囲気に慣れていきます。	20×× 2月	・環境の変化による本人の心身の状態に注意していきます。慣れるまで相談支援専門員がホームへ訪問し、様子を見ていきます。
2	◇病気をせずに健康に過ごしたい。	定期通院・服薬支援を行います。毎日朝の服薬に気をつけていきます。	20×× 7月	◆共同生活援助／生活支援（毎日） ・毎日朝の服薬を支援します。食事量や体重の変化について留意していきます。 ◆内科通院支援（ホーム職員／月1回） ・月1回病院への付き添い支援を行います。	・朝の服薬を忘れずに行います。	20×× 2月	・生活状況など伝え、医療と連携していきます。
3	◇今の作業所に通い、みんなといっしょに作業をしたい。	毎日作業所に通い、仲間と一緒に楽しく作業を行います。	20×× 7月	◆就労継続支援B型事業所／部品の組み立てなどの作業支援・カラオケなどの余暇活動（月～金） ・作業支援に加え、仲間とのコミュニケーションを意識した支援を行います。	・ホームから一人で歩いて通うことができるようになります。	20×× 2月	・本人が安心できるように今までどおりの支援を継続していきます。
4	◇お母さんに会いに行きたい。 ◇エビフライをいっぱい食べたい。	外出支援を利用し、母の面会や外食を行います。	20×× 7月	◆移動支援／外出支援（月2回・4時間） ・入所している母の面会に行けます。面会の後に外食をします。	・外出で行きたい場所や食べたいものを職員に伝えます。	20×× 4月	・外出内容等について事前に本人と確認していきます。
5	◇お金の管理。 ◇やりたいことや困りごとの相談など。	本人のお金を管理します。生活のことの相談にのります。	20×× 7月	◆成年後見人／お金の管理など（月1回面談） ◆相談支援専門員／サービスや生活の相談など（随時）	・後見人や相談員に要望や相談などを伝えます。	20×× 2月	・モニタリング時期以外についても必要に応じて相談にのっていきます。

⑤ お金の管理や相談について

後見人は定期的に金銭管理等の確認を行う。相談支援は，生活環境が変化して本人の状態がどう変わったか気にかけ，こまめに訪問し，関係機関と連絡を取るようにする。

☐ 担当者会議の実施

　計画案を市町村へ提出し，サービス支給が決定された後，サービス担当者会議を開催する。会議には多職種が参加し，計画案への意見交換を行う。計画が確定すると，障害福祉サービス事業所は，支援目標に従って個別支援計画を作成することになる。

　Dさんの担当者会議では，本人のほか，福祉課担当者，サービス事業所，グループホームのサービス管理責任者，成年後見人が出席した。母の生活状況について確認が必要なことから，介護保険サービスの居宅介護支援事業所のケアマネジャーも参加した。医療関係者の出席が難しかったため，必要な情報について事前に問い合わせた。

　担当者会議では，長年の関わりがあるサービス事業所から，Dさんの特徴や声のかけ方などの助言があった。グループホームの職員は，Dさんの性格や衣類などへのこだわり，聞き取れない言葉などについて参考になったようである。グループホームからサービス事業所までの通い方については，道順の確認や付き添いの役割分担を行った。後見人からは，金銭状況や不在となっている自宅の管理について情報提供があった。母のケアマネジャーからは，施設入所の母はDさんのことをとても心配しているとの話があった。ケアマネジャーから母の様子を聞いて，Dさんは少し安心したようであった。

　グループホームからは，職員体制が整えば，週末も入居者の何人かと一緒に外出をしたいという提案があった。月2回の移動支援のほかに，ホーム利用者との外出について支援内容に加えた。

☐ 支援の開始とモニタリング

　計画の承認後，支援が開始される。相談支援専門員は，支援の進捗状況をチェックするモニタリングを実施する。本人，家族，サービス事業所等の話を聞きながら，目標設定した支援がどの程度まで行われているか評価する。グループホーム利用者のモニタリング頻度は，6か月ごとに想定されているが，Dさんのように本人の生活環境が大きく変わったり，サービス利用や調整が難しかったりする場合は，毎月のモニタリングが必要になる。

　Dさんのケースは，グループホームに慣れることが早期の課題であった。最初の数日は，表情が硬く緊張し，不安な様子が見られた。グループホームの職員は，Dさんに安心してもらえるよう，こまめに声をかけて支援を行った。

相談支援専門員もホームを訪れ，顔を見せることで，Dさんの不安の軽減に努めた。サービス事業所へ通う際の付き添いは，それぞれの職員が交替で行い，1週間後には一人で歩いて通うことができるようになった。

Dさんの気がかりとしては，入所中の母である。母のことについて，ホームの職員へしきりに尋ねていた。相談支援専門員は，母の入所施設に確認をとり，Dさんを連れて面会に行くことにした。Dさんは母との久しぶりの対面に感激し，車いすに乗った母に寄り添って，しきりに語りかけていた。母も涙ながらに喜び，Dさんの話を熱心に聞いていた。お互いに元気そうな顔を見て安心したようであった。

グループホーム利用から半年が経過し，Dさんはすっかり新しい生活に慣れたようである。Dさんの明るい性格が，ホーム全体に良い雰囲気を与えているという。朝の服薬も安定し，缶コーヒーやジュース等も見直しがなされ，定期検診の尿酸数値も改善が見られた。母の入所施設への定期訪問も続いており，先日の面会では，サービス事業所の外出の際に購入したおみやげを持参して母に喜ばれたようである。

3 課題

Dさんの事例を通して障害者ケアマネジメントの実際を見てきた。サービス等利用計画の作成，実行，評価というプロセスにより，支援の進捗状況を管理しながら本人のニーズを踏まえた相談支援を行ったが，いつくかの課題も残されている。

Dさんの生活をさらに充実させていくためには，インフォーマルな資源の活用が課題となる。Dさんの「人と関わりたい」というニーズに応じて，たとえば，ボランティアを交えて活動したり，地域の行事に参加したりするような取り組みが考えられる。社会参加の視点が，利用者の生活の幅を広げることを考えると，福祉サービス中心の枠組みだけでなく地域の輪の中でDさんを支援していく取り組みが求められる。

社会資源についても大きな課題となる。Dさんの事例では，今まで通っていたサービス事業所の徒歩圏内にグループホームの空き部屋を見つけることができたが，条件に見合うホームを見つけることは容易ではなく，ホーム自体が不足している地域もある。また，外出のための移動支援についても，定期的な利用調整が難しい場合もある。障害者の地域生活を支える社会資源は，個別のニーズに応じて選択できるほど整備されているわけではない。Dさんの事例だけでなく，他の利用者支援においても社会資源等の不足を解消し，選択できる資源を増やしていくことが必要である。

こうした課題は，個別の解決だけでは限界があり，地域全体で取り組んでいかなければならない。Dさんの事例など個別の相談支援で関わった利用者の

第5章 在宅生活支援とケアマネジメント

課題を取り上げ，共通した地域課題を見出し取り組んでいくことで，解決の糸口が見つかることもある。市町村ごとに置かれている地域自立支援協議会は，障害者の地域生活についての課題等に取り組む場である。Dさんの事例では，社会資源の不足などに見られる地域課題について，協議会のなかで行政や基幹型相談支援センター，地域の関係機関等と議論し，課題に向き合っていくことが必要となる。

5 子ども家庭福祉領域におけるケアマネジメント

　子ども家庭福祉領域においてケアマネジメントは，制度に位置づくものではないが，障害のある子どもとその家族への支援，虐待がある家庭への支援などの取り組みにおいてその効果が期待されることもある。利用者支援事業は，地域の子育て家庭が身近に感じる場所に設置され，子育て家庭が子どもの育ちや子育てを支える資源を自らの選択に基づいて活用できるように支援する事業である。また子育て家庭を支える地域の資源側にも働きかけて，地域の子育て家庭を支える力を醸成する役割も担っている。このような利用者支援事業においてケアマネジメントを活用することで，子育て家庭の主体的な取り組みを支え，引いては問題の重症化を防ぐという予防的な機能の発揮がより可能となると考えられる。例えば，子育て家庭と共にケアプラン（以下，支援計画）を作成することは，子育て家庭が地域資源を理解することやその活用を支える。それは，子育て家庭が地域に子育ての基盤を築いていくプロセスを支えることとなる。本節では，このような視点から利用者支援事業の基本型における予防的な支援におけるケアマネジメントの実際について学習する。

1 事例の概要

□ 利用者支援事案とは
　利用者支援事業は，妊娠期を含む子育て家庭の個々のニーズに応じて，家庭が地域の中に子育ての体制をつくることを支えている。本事例に対応した利用者支援専門員は，市町村が運営する地域子育て支援拠点に所属し，そこに来所する子育て家庭のみならず，他の子育てひろば，公園，保育所の園庭開放等に出向いて子育て家庭の相談を受けたり，地域の情報を提供し，必要に応じて家庭と地域資源をつないだりしている。多くは，一度の情報提供等で終了するが，なかには子育てと介護双方を担う家庭や外国籍の家庭，子どもの発達に悩む家庭などからの相談もあり，地域の資源と協力しながらそれらの家庭の子育てを支えている。

163

本事例は、初回相談の時点では、子育て支援施設によく相談される母親同士の関係に関わる内容であった。しかし、母親の言動から精神医療が必要と推察され、利用者支援専門員は、母親の地域における交友関係や母子の心身の健康に留意しつつ、保育所や市町村の精神保健福祉相談員と連携しながら支援をおこなった。本節では、利用者支援専門員が日常的な子育ての「困りごと」に取り組むEさんを支え、ともに状況を確認しながらEさんが精神医療の受診に至るまでの援助の経過を紹介する。

❏ Eさんについて

20歳代、女性。

夫（30歳代）と子どもF子（女児3歳）の3人家族。

Eさんが就職活動中のため、F子は継続して保育所に入所している。夫は、出張が多くほとんど帰宅しておらず、保育所に来所することもほとんどない。

住環境の状況は、市内の賃貸マンションに居住している。徒歩圏内にスーパー、保育所、医療施設、役所の支所があり利便性はよい。約1年半前に他市から夫の転勤で本市に転居してきた。

経済状況は、夫が大手企業のサラリーマンであり収入は低くない。夫が家計を握っており、月々の生活費は毎月1回夫からEさんに20万円が渡されている。Eさんは、生活費が足りなくなるということでパート勤めをしていた。

2 ケアマネジメントのプロセスと展開

❏ これまでの経過

Eさんは、夫の転勤で本市に転居し、しばらく親子のグループに参加していたが、子ども同士のけんかが原因で他の母親らとトラブルになった。トラブルとなった母親の中には、Eさんの自宅近くに住む人もおり、関係が悪化したまま現在に至っている。その後、EさんはF子を保育所に預けてパートで働くが、人間関係のトラブルが生じ退職となる。Eさんが求職中であるため、F子は継続して保育所に入所している。

❏ 利用者支援専門員への相談

保育所から紹介された母親からの電話相談により支援が開始された。「最近、トラブルの相手が自分の悪口を言いふらしている。私と子どもを仲間はずれにする。子どもがいじめられないか心配である。また、そのことが気になって、家事、育児に気持ちが向かない」と訴える。Eさんが約40分の間一方的に話し、同じ内容が何度も反復された。たとえば、「皆が自分とその人たちのトラブルを知っているように思う。その母親が自分の悪口を言いふらすので止めてほしい。また他の親子のグループに参加したい」などと訴えた。話し方も脈絡がな

く,Eさん自身が混乱している様子がうかがえた。
　一方,ほぼ同時期にトラブルの相手であるEさんの近所に住む母親からも,利用者支援専門員に相談があった。「Eさんは,自分たちがEさんの悪口を言っていると思いこみ,会うと周囲構わず文句を言ってくるので困っている。また,Eさんがぼーっと歩いて,F子ちゃんが道路に飛び出したところを見かけたこともあり,虐待かどうかはわからないがF子ちゃんのことも心配している」とのことであった。

◻ 要保護児童対策地域協議会への相談

　Eさんの養育力の低下が予想されたことから,要保護児童対策地域協議会に報告を行った[5]。要保護児童対地域協議会の構成員である家庭児童相談室の相談員,保健師,精神保健福祉相談員,保育所保育士,児童相談所の児童福祉司,利用者支援専門員で事例検討会が開催され,保育所から以下の報告があった。
　Eさんは,保育所でも変わった行動が目立つこともあり,他の保護者から孤立しており,他の保護者からF子を心配する声があがっている。体操服や給食のお箸を持って帰っても洗わずに持ってくることが多く,F子も不安そうにしている姿も見られる。Eさんは,体調の良いときは保育士との会話に応じるが,体調が悪いときは何かを思いつめていたり,逆にぼんやりしていたりする姿も見られ,家庭でのF子への対応が心配であるとのことであった。F子は,おとなしいタイプの子どもであるが,他児とかかわる姿もみられる。

> 保育所におけるF子の様子
> F子は,おとなしい子どもである。他の多動傾向のある子どもとともにクラス集団や活動から離れて過ごすことが多いが,特定の他の子どもに関心を示し,ともに行動することも可能である。ただし,応答関係は他児(3歳)に比較して成立しにくく,他児との関係や遊びも互いを意識しながら行う平行遊びの段階にある。他の3歳児に比較して発語も少ない。可逆の指さしは認められるが,人参を指して「これ何かな?」と問いかけても「ニンジン」という答えることができないこともあった。経験不足か発達に支援を要するのか観察が必要である。

　Eさんの夫は,保育所に来たことがなく,Eさんも「夫は仕事で忙しいので,子どものことは私に任されている」と言い,保育所から夫に連絡することには拒否的とのことであった。
　保健師からは,1歳半健診当時は他市に居住,3歳児健診の結果から家庭訪問を試みたが当日会うことがかなわず,保育所で援助を受けられていることから経過観察となっていると報告された。
　検討の結果,要保護児童対地域協議会では,「即ネグレクトと判断される状

態ではない」ことが確認された。予防的な観点からEさんの訴えにそって家事能力や養育力の維持，また他者との交流やF子の育ちを支えることを目的としつつ，Eさん，保育所，利用者支援専門員で共に支援計画を作成し共有しながら支援に取り組むこととなった。

☐ 支援計画の検討

　Eさんに支援計画の作成を提案し，Eさんの意向と状況について聞き取りを行った。聞き取りの中で，Eさんは，トラブルにより家事や育児に気持ちが向かないこと，それにより不安が生じていることや「眠れない」ことを強く訴えていた。一方で，「F子の成長を楽しみにしている」「他のお母さんがしているようなことをF子にしてやりたい」「他者との交流をもちたい」「父親もF子のことを心配している」という希望や肯定的な状況も聞かれた。利用者支援専門員は，Eさんの不安を受けとめつつ，Eさんの希望を目標にして取り組んでいくことを提案し，Eさんの意向をもとに具体的な課題と対応策を共に検討した（資料5-10）。

　支援計画をもとに，Eさんは，F子の保育所通園を継続しながらF子の成長を保育士と確認すること，保育所は，Eさんにとって安心できる場になり，かつF子の発達保障に焦点をあてて援助すること，利用者支援専門員は，家事・育児で取り組めていることをとらえてEさんに伝えたり，Eさんと共に新たな工夫を考えたりすることとなった。

　支援計画に基づく関係機関の働きは以下のとおりである。

　①　利用者支援専門員は，近所の人の言動が気になるというEさんの訴えを否定せず，疎外感や孤立感を受容する。その対応については，精神保健福祉相談員の助言を得る。

　②　保育所では，F子の心身の状態を観察する。家庭で保障しにくい基本的生活習慣の獲得や社会性の発達を保障する。

　③　利用者支援専門員は，Eさんとともに育児・家事でEさんが取り組めていることを確認する。

　④　Eさんが「眠れない，食欲がない」等を訴えるときは，利用者支援専門員が共に眠るための方法を考えたり，精神保健福祉相談員や心療内科等への専門相談を勧奨する。

☐ 支援開始から1か月後

　Eさんは，登園や降園時間が遅くなることも多いが，ほぼ毎日F子を保育所に送迎しており，保育所に対して肯定的な印象をもっていることがうかがえる。また，用品の準備ができない等もあるが，F子がいじめられないか心配という発言からも，Eさんが用品の準備ができていないことを自覚し，F子を気

第5章　在宅生活支援とケアマネジメント

資料5-10　利用者支援事業における子育て支援・支援計画表（短期支援計画表）

利用者名	E 様					
目標とする生活	・保育所の友人関係を含めFチの状態や成長を確認する。 ・家事、育児、他者との交流において取り組んでいることをみつけ、継続していく。					
1カ月						
アセスメントの領域と現在の状況	本人・家族の意欲・意向	領域における課題（背景・原因）		総合的課題	課題に対する目標と具体策の提案	具体策についての本人・家族の意向
子育てについて Fチが休みの日は自宅ではないところをかきが、Fチのついでになることもあり、Fチが友達と遊べているかが気がかりである。保育所の送迎時間を今までと同じ程度にしたい。父親は仕事もせてFチの送迎や送り迎え以外にもFチとの子育てについて相談できない。	Fチが友達をつくって楽しく過ごしていてほしい。	■有 □無 Eさん自身の人間関係のトラブルがFチに影響しないかが心配しており、父親も心配している。		1. Eさんと夫（父親）は、Eさんの心身の状態が、Fチの発達や生活、交友関係に影響することに不安を感じている。夫婦間でFチのことや子育てについて理解を共有しにくい。	1.（目標） 夫婦でFチの状態や成長について理解を共有する。 （具体策） Eさん、保育保育士、専門員でFチが他児に関心を示しているする姿を共有していく。そのうえで、課題となっているFチの生活面について確認する。さらに父親とEさんがFチの成長を共有できるよう、父親を保育所の行事等に誘う。	1. Fチが保育所で友達とどのように過ごしているかを知りたい。
日常生活（家庭生活）について 食事：EさんとFチの食事は、スーパーやコンビニで購入した惣菜等で済ますことが多く、Fチの昼食は、保育所の給食があるので助かっている。 家事：Eさんは片付けるのが苦手で、家の中は雑然としている。 整容：以前は化粧や衣服に気を遣っていたが、最近は気が向かない。 金銭管理：毎月の生活費は、夫から現金で渡されるが足りなくなるので働きたい。	家事に取り組めない。	■有 □無 「できないこと」を自覚し、家事や育児の取り組めているところに意識が集中し、不安が生じている。ただ、ほぼー人でFチの家事を担い、保育所でFチに取り組んでいるところもある。Eさんの取り組んでいるところを見つけていく必要がある。		2. 子育てや家事に取り組めていないという不安がら増加し、できているところに気づけなかったり、具体的な取り組みの方法を考えたりしにくい。	2.（目標） 家事や育児で取り組めているところに気づく。 （具体策） Eさんが取り組んでいる工夫や取り組みを専門員とともにみつけていく。	2. 他の親のように育児や家事に取り組めるようになりたい。
対人関係・コミュニケーション、社会参加について 家族関係：夫は厳しく、特に子育て、金銭管理には厳しい。出張で自宅で戻らないことがあり、子育てや家事はEさんに任せきれていて多く、子育てや家事はEさんに任せきれている。 対人関係：体調が良いときは、人とかかわりたいという気持ちが強い。話好きである。一方で、体調が優れない不安になる。社会参加：体調が優れれず、人と話したくないので、子育てサークルに参加したい。仕事をみつけたい。	少しでも他者との関係を改善したい。新たな交流をもちたい。そのために新たな仕事や趣味等を見つけたい。	■有 □無 仕事を退職し、子育てサークルをやめてからは人と話すことが少なくなっており、自宅でー人でいることが過去のトラブル体験、家事ができないことに気持ちが向かってしまうようである。また、Fチが保育所に入所していることから、子育てサークルの利用が難しい。また体調も優れず仕事をみつけたいが就職活動に気持ちが向かない。		3. 他者と関係の改善を望んでいるが、その交流を得ることが難しい。	3.（目標） 他者とかかわる機会を得る。 （具体策） 保育所の送迎時に保育士とFチの成長について理解を共有する。また、そのことを通じて保育士と交流する。体調に考慮しつつ、保育所の行事や地域の活動などに少しずつ参加していく。	3. 話し相手がほしい。
健康管理について 大きな怪我や病気をしたことはないが、最近、トラブルのせいで眠れない。	眠りたい。（憂うつに感じたり、眠れるとともに気持ちが「「トラブルのせいで眠れない」のかが不明である。	■有 □無 眠れないことで気分が低下するのか、「トラブルのせいで眠れない」のかが不明である。		4.「眠れない」ことでEさんの不安が関連している可能性がある。	4.（目標） 眠るための方法を専門員とともに考える。 （具体策） 眠るための方法を専門員とともに考え取り組んでみる。不眠が続くようなら、医療機関の受診を促す。	4. 眠りたい。

注：本事例の支援計画表は、介護予防サービスの支援計画表をもとに筆者が作成したものである。

にかけていることも把握されていた。さらに，利用者支援専門員が家庭訪問をした際に，乱雑な玄関の中でF子の靴だけマジックで書かれた四角い囲いの中にそろえて置かれていた。尋ねると保育所のトイレのスリッパがそのように置かれており，送迎時にF子がスリッパをそろえたことを保育士がほめてくれた。それがうれしくて自宅の玄関にマジックで四角を書くとF子が自分でその中に靴を置くようになったとのことであった。Eさんが保育所の取り組みを模倣し取り入れたこと，F子もそれに応じている力があることをEさんと共に確認することができた。父親も帰宅した際に「これはなにか」と尋ね，F子がそれに答えると深くうなずきその場所に自分の靴を置かないようになったとのことであった。その他，このようなEさんなりの取り組みが確認できたことで，Eさんもできていることに目を向けるようになり，Eさんから家庭の中の工夫について利用者支援専門員や保育士に報告されることもあった。

◻ 支援開始から半年後

相談が開始された当初，Eさんは，利用者支援専門員に週2〜3回，電話で不安を訴えていた。しかし，2か月後からは，電話相談の頻度が少なくなり，電話や面接時の状態も落ち着いてきた。F子も遠足を機に仲の良い友達ができ，喜んで保育所に通っている。地域では，母子ともに孤立した状態が続いているものの，Eさん，F子ともそれなりに安定した様子をみせていた。

しかし，半年後，再度電話相談の頻度が多くなる。そして同時期に保育所から利用者支援専門員に「Eさんが体調不良を訴えている」という報告が入る。利用者支援専門員にも「近所の人が悪口を言っている。気になって家事も手につかないし眠れない。食事も食べられない。疲れた……」と体調不良を訴えていた。心療内科や保健センターの精神保健福祉相談員への相談を勧奨すると，保健センターはF子の3歳児健診で行ったことがあるので行きやすいとのことであった。相談当日，不安なので一緒に行って欲しいとのことで保健センターまで同行することとなり，その日は，Eさんの希望によりEさん，精神保健福祉相談員，利用者支援専門員との三者面談となる。その後，精神保健福祉相談員が同行して精神科の受診に至り，うつ病と発達障害と診断された。

◻ 支援開始から1年後

受診から数か月後，利用者支援専門員への相談は継続しているものの回数は月に1回程度に減少した。ただ，再び近隣住民から家庭児童相談室に，「F子が夕方一人で遊んでいるので，心配である」という連絡があった。家庭児童相談員の呼びかけで要保護児童対策地域協議会の事例検討会が開催され，その検討会の場を活用し精神保健福祉相談員，保育所保育士，家庭児童相談員，利用者支援専門員でEさんの支援における役割の見直しを行った。病院の受診が

開始されて以降，主な関わりが精神保健福祉相談員に移行したため，機関間の調整は精神保健福祉相談員が行うこととなった。利用者支援専門員の役割は，地域におけるEさんと他者との交流支援に移行した。

事例検討会の際に保育所からは，以下について報告があった。
・F子の状態は継続して安定している。
・Eさんも以前のようなぼーっとしていたり思いつめる様子はなく，忘れ物なども保育士が伝え方を工夫したことにより以前よりは少なくなっている。
・Eさんは，「他の保護者に会うのがいや」という理由で閉所間際にF子を迎えに来るようになったが，一時期のように疲れた様子はない。

近隣の住民が心配するF子の様子について家庭児童相談員が民生児童委員に確認したところ，近隣の住民もEさんがF子をかわいがっていることは理解していたとのことであった。Eさんと近隣住民との関係の経緯からすると，その住民の心配は当然のことと考えられる。しかし，今後，EさんとF子が地域のなかで生活をしていく上で，近隣の人々とEさんの関係は重要である。その住民を含む近隣の人々の心配を「見守り」につなぐことが課題であることが確認された。

Eさんに限らず，外国籍，低所得，親の発達障害等により他の親子と異なる生活を送る親子が地域の中で孤立しがちであることは，以前から把握されていた。そこで利用者支援専門員は，保育所や民生児童委員と協力して近隣の親子が集まる保育所の行事を利用し，高齢者や小学校，中学校，高校，大学にも声をかけ，行事の後半に「地域で見守る子どもの育ち」と題したワークショップを企画した。Eさんも利用者支援専門員と共に参加した。発達障害がある保育所の保護者が子育ての体験を語り，大学生，民生児童委員，他の保護者などが中心となり意見交換が行われた。このワークショップにF子が心配であると家庭児童相談室に相談した近隣住民が参加していたかは定かではない。また，これを機にEさんと住民の交流が始まる可能性は低い。しかし，地域の人々が子どもや子育て中の親子を「気にかける」契機となり，やがて地域の中でEさん親子を含む子育て中の親子の関係が広がることを目的として，このような企画を重ねていくことの重要性が確認された。

3 課 題

Eさんは，「家事や育児の中でできていることを継続し，できることを少しずつ増やしていく」ことを一つの目標とした（資料5-11）。利用者支援専門員は，Eさんの育児や家事における不安感を受けとめつつ，Eさんの生活の場に出向きEさんが育児や家事において「おこなっていること」に着目し伝えながら，Eさん自身が「できていること」に気づいていくことを支えた。1か月後，Eさんは，少しずつ自分なりに工夫し取り組む姿がみられるようになって

第Ⅱ部 実 践 編

資料5-11 利用者支援事業における予防支援・支援計画表（長期支援計画表）

利用者名	E 様					
1年	保育所の利用を継続し，夫婦でF子の状態を理解しながら成長を支える。 自分ができていることにも気づきながら，家事や育児の中でできていることを継続し，できることを少しずつ増やしていく。					
目標	支援計画					
	目標についての支援のポイント	本人当のセルフケアや家族の支援，インフォーマルサービス	サービス種別	事業所	期間	
1．（目標）夫婦でF子の状態や成長について理解を共有する。	(1)父親には，保育所の行事等を通じてB子の様子を伝える。保育所は，父親が参加しやすい活動を企画する。夫婦で共通理解できるよう，保育士からEさん夫婦にF子の様子や成長を伝えるときは，同じ表現を用いる。	保育士との会話を通じて，F子の成長や生活の状態を把握する。F子とともに夫を保育所の行事に誘ってみる。	施設型給付（2号認定）	保育所	平成○年○月～○月（6カ月）	
2．（目標）家事や育児で取り組めているところに気づき，継続していく。	(2)Eさん自身が取り組めているところをEさんが自覚できるよう，具体的に伝えていくようにする。	家事や育児において自らが行っていることに気づき，継続したり可能な範囲で取り組みを広げたりしてみる。				
3．（目標）他者とかかわる機会を得る。	(3)保育所の送迎時に保育士がF子の様子をEさんに伝えながら，Eさんとの交流の機会をもつ。Eさんの体調が良いときは保育士が仲立ちとなりながら，他の保護者と交流の機会を提供する。		施設型給付（2号認定）	保育所	平成○年○月～○月（6カ月）	
4．（目標）眠るための方法を専門員とともに考える。	(4)Eさんの眠るための方法をともに考える。不眠が継続する場合は，医療機関を紹介し受診を勧奨したり，仲介したりする。	不眠が継続する場合は受診してみる。				

いる。さらに，利用者支援専門員は，Eさんのニーズを契機として地域に共通するニーズに着目し，地域の人々への啓発活動に取り組んでいる。Eさんは，支援の受け手であると同時に，同様の支援を要する子育て家庭を支える啓発活動の契機となったという意味において支え手として機能したともいえる。

一方，課題としては，「夫婦でF子の状態を理解しながらその育ちを支える」というEさんの目標が十分に達成できなかったことがある。父親への接触と働きかけは，保育所を中心として行われ，父親が金銭管理を担っていることから給食費の支払い等を糸口に父親とかかわりをもった経緯がある。また，

Eさんの話によれば、父親はF子のことは気にかけており、靴の置き場の場面においてもF子の行動に理解を示している。Eさんと子どもの変化が父親に影響したと考えられ、F子の変化や成長が父親のF子への関わりや養育行動に影響を与えることも予想される。父親が帰宅しないなど、Eさんとの関わりを避けるようにもとらえられる行動は、父親の困難感の表れかもしれない。今後、本事例においては、金銭管理とF子からの父親への働きかけを糸口としながら、父親の家庭生活や子育てへの参画を支えることが必要となる。

さらに、本事例においては、ワークショップの開催という地域住民等への啓発活動が試みられている。今後はこのような啓発活動と並行して、Eさん家庭とEさん家庭に直接的に関わる人々双方に働きかけるという「新しい『出会いの仕方』を創り出す作業」[6]が重要となる。子育て家庭を地域の中で早期に適切な援助につなぐことは、子育て家庭の主体的な取り組みを支え問題の重症化を防ぐのみならず、子どもが育つ環境を整えることになる。

6 生活困窮者自立相談支援機関におけるケアマネジメント

1 事例の概要

☐ 生活困窮者自立支援施策について

日本における昨今の生活困窮者問題は、1990年代のバブル崩壊以降の社会経済の低成長、日本型雇用が変化し非正規雇用労働者や年収200万円以下の低所得者の増加などの不安定雇用が増大したことが影響している。また、少子高齢化問題とあわせて世帯構成が核家族や単身世帯などに変わるとともに、無縁社会と言われるように、地域コミュニティも失われ孤立化問題なども背景にある。この様な時代背景により、生活保護受給者も年々増大し2015（平成27）年3月には生活保護法創設以来、過去最大（約217万人）の受給者数を記録することとなった。特に、稼働年齢層（疾病や障がい等を持っていない働くことが可能な世代）の人の割合が増えていることが特徴的である。

2012（平成24）年に厚生労働省は、社会保障審議会に生活困窮者自立支援特別部会を設置して、生活困窮者対策及び生活保護制度の見直しを一体的に検討し、「生活困窮者の自立と尊厳の確保」と「生活困窮者支援を通じた地域づくり」を目標とする「生活困窮者自立支援法（以下「本法」）」を2013（平成25）年12月13日に成立した。2015（平成27）年4月1日からは、本格施行され、全国の福祉事務所設置自治体において生活困窮者に対する自立支援が取り組まれることとなった。

Gさんについて

20XX（平成X6）年11月に相談者（Gさん）の妹より，Gさんの仕事と病気をもちながらも安心して住める住居についての相談が本センターにあった。

GさんはN町に住む56歳の男性で，長年，自動車整備工として働いていたが18年前にリストラにあい，その後，他の自動車整備会社を転々とした。リストラ後に妻（子ども一人）と離婚しアパートで一人暮らしをしており，糖尿病を患うこととなった。

その後，長年働いていた自動車整備会社を3年前に辞め，ハローワークに通いホームヘルパー研修を受講し，グループホームの介護員として勤めた。しかし，Gさんの糖尿病に対する病識が薄く，病院への通院が不規則で，昨年から糖尿病が悪化し低血糖等で意識を失い病院に数回運ばれることがあり，また，職場も休みがちになった。そこで，相談者の弟妹が相談し一時的な対応として，今年の6月からGさんを弟宅に同居（間借り）させたが，病院の未受診や職場の欠勤の状況が変わらず8月には勤めていたグループホームを退職した。

Gさんへの弟妹の関わりは，同居の弟夫婦は共働きで夜も遅く，日常的な糖尿病に対応した食事のお世話や見守りなどの関わりは難しく，また，同町に住む妹も単身で仕事をしており，時間が不規則であるためGさんへの日常的な関わりや金銭的支援は難しい現状にある。

Gさんの収入及び負債等については，現在，無職（無収入）であるが，所持金は20万円。翌月の12月には90日分の失業手当が約35万円支給される。負債等については，国民健康保険料を約6万円滞納しており現在，国民健康保険を所持していない。

Gさんとしては，弟宅での同居は望んでおらず，以前のように介護職として働いて，一人でアパートを借りて生活したいと強く希望している。しかし，弟妹としては，Gさんがまたいつ倒れるかとの不安を抱いているが，一方で，弟妹ともに自分たちの生活もあり，Gさんが自立した生活を営むことを希望している。

2 ケアマネジメントのプロセスと展開

インテークとアセスメント

Gさんは，「介護職として働いて，一人でアパートを借りて生活したい」と希望しており，また，弟妹も糖尿病や低血糖等で意識を失い倒れるなどの健康状態についての不安は抱えているが，弟妹とも見守りや金銭的支援は難しく自立した生活を希望していることから，12月2日にGさんより相談同意を得て，本センターにおいて仕事と住まいの支援を行うこととなった。

今回のケースでは，Gさんが仕事につくことで自立した生活を営めるとGさんや弟妹は考えている。Gさんたちが考えているように，未就労状態がG

第5章 在宅生活支援とケアマネジメント

さんの生活困窮状態の主たる問題と考えることができるが,未就労に至る原因は糖尿病であり,Gさんの病識がないことである。

そこで,本センターとしては,Gさんの就労を阻害している健康状態の確認から取り組むこととした。それは,Gさんに就労意欲があっても,今の健康状態のままで就労に結びつけても,また,体調不良から退職をせざるを得ないことが予測され,また,それを繰り返すことで,本人自身が失敗体験を繰り返し自信をなくし,自分の存在に対する虚無感を感じ,就労意欲や生活意欲が失われていくことも推測されるからである。

本センターでは当面の支援策について,「就労」と「住まい」の支援だけではなく,「医療」と「食事管理」を含めた,「医・食・住」と「職」の4本を支援の柱としてプランを立てることとした。なお,プラン作成のためには糖尿病等の状態確認（医師から就労可能の判断）が不可欠であることから,支援プラン作成前緊急対応として,同月4日に病院受診のための健康保険証の発行支援や受診の同行支援を行った。受診の結果,血糖値の検査数値が基準値を大幅に超えており,2週間の緊急入院となった。

☐ 初回プラン作成・支援

入院中のGさんに対し本センターとして,退院後の生活プランについて話し合いを行っていたが,同月22日に,医師から血糖値が一定の数値に落ち着いたと言われたこと,また,病院が退屈だということでGさんが希望退院して弟宅に戻って来たとの連絡が妹より入った。

Gさん入院中に,一人での生活を実現するために,食事管理と日常的な見守りのできる居住環境として,施設や下宿などを弟妹を交えて検討していたこともあり,当面の生活の場を施設や下宿を前提とした**資料5-12**のようなプランを作成し,同月25日にGさんと話し合いを持った。

この案で同意を得るとともに,支援調整会議を開催し支援内容等の確認を関係機関や専門職と行った。

プランに基づき医療費については,傷病手当（失業手当より変更）支給後に病院に同行し清算を行った。また,住居については「医・食・住」と「職」を考慮して調整を行い,H市にある医療法人Fの一般下宿の確保を行った。そこで,年明けの1月9日にGさんと弟妹に紹介し,2月3日にGさんと妹と一緒に見学に行き,空部屋ができた段階で住むこととした。

☐ 再プラン作成・支援

初回プランに基づき,糖尿病の治療と退院後に生活する「医食住」及び「職」の機能を持った場の確保を行い,3月15日に部屋が空き,住むこととなった。同月23日には入居後のプラン（**資料5-13**）として,健康状態と食事の管

資料 5-12　G さんプラン（案）

目標 （目指す姿）		・糖尿病の治療と食事管理 ・国民健康保険料（滞納分）の清算 ・介護職への就職 ・安心できる住居の確保 ・失業手当がなくなった後の生活費の確保（健康状況によっては生活保護も検討）
プラン	G さん自身	・病院への定期的受診と意識的な食生活 ・体調に合わせた就活
	本センター	・食事管理付の住居（施設・下宿等）の調整・紹介 ・国民健康保険料及び医療費の清算支援 ・体調安定後の就労支援
	家　族	・食事管理可能な住居確保までの G さんの状態把握（見守り） ・可能な範囲での金銭的支援など

注：「G さん自身」「本センター」「家族」の主要な事項のみ記載。

資料 5-13　G さん 2 回目プラン（案）

目　標 （目指す姿）		・糖尿病及び食事の管理継続 ・健康状態に応じ，一般就労に向けたステップアップ ・一般就労で自活した生活を送る
プラン	G さん自身	・定期的受診と意識的食事摂取 ・一般就労に向けた業務の把握等
	本センター	・一般就労に向けた G さんへの相談継続 ・G さん受入れ法人との連携
	家　族	・定期的訪問 ・就労安定までの生活費等の支援

注：「G さん自身」「本センター」「家族」の主要な事項のみ記載。

理継続と一般就労に向けたステップアップを目的としたプランを作成し同意を得た。

　2 回目プランに基づき，医療法人 F と相談し，G さんの血糖値も基準値以下に落ち着いていることから，当面は就労を目指し試用期間として同法人のデイサービスセンターの介助補佐（有償ボランティア）として働き状態把握をすることとした。

　5 月末のプランモニタリングにおいて，健康状態と就労状況について確認を行った。健康状態については，当初，毎日受診を行っていたが，現在では自分でインスリンを打ち，血糖値を計り看護師に報告している。仕事については，レクリエーションや体操の補助，おやつや飲み物出し，見守りなどの業務を行い，3 月は約42時間，4 月は約89時間，5 月は約125時間と業務時間が増えていった。

　現状を踏まえて医療法人 F と相談し，G さんの一般就労を 6 月より行うこととし，6 月 8 日に一般就労に向けた 3 回目のプランを作成し同意を得て，6 月上旬に一般就労の雇用契約を結ぶこととなった。一般就労になることで，業

務内容・量や時間が増え覚えることも増えたが生活費も自立でき，Gさんが望んでいた介護職として働きながら自立した生活を送れることとなり，7月下旬には住民票をN町からH市に異動した。

3 課　題

■ 事例における問題点と課題

　本ケースは，糖尿病という病気が生活困窮状態を引き起こす要因となっており，単なる住居の確保と就労支援ではなく，糖尿病の治療と健康及び食事管理の継続を最優先とし，健康状態等に合わせ自立生活をステップアップしていくケースであった。支援のポイントとしては，病気の治療を行える環境整備と退院後を見据えた生活プランの提示が最も必要であった。この点がしっかりと提案できなければ，糖尿病治療に対するGさんの姿勢にも影響し，最終的には生活保護を検討することも考えなければならないケースであった。

　Gさんは就労意欲と自立生活意欲が高い方であったが，病識が薄く病院への通院や健康と食事管理がなされておらず，生活環境整備がポイントとなるケースで，「医・食・住」及び「職」をパッケージ的に調整し提供する必要があった。本ケースでは，本事業を理解する法人があり，糖尿病治療のための体制整備や居室の場所や食事の配慮，あわせて，一般就労に向けた雇用形態として試用期間（有償ボランティア）の設定等の協力があって本人が望む自立生活の第一歩を歩むことができた。しかし，現在の地域資源を考えると，今後，地域資源開拓や地域づくりを進めなければ生活困窮者の自立支援は難しいのも実情であろう。

　また，生活困窮者の就労支援を行う上では，生活困窮者自身に対し「やってみたい仕事」と「できる仕事」の認識が体験できる場（就労体験事業）を提供すること，段階的に業務内容や時間を増やし，未就労状態から就労状態に心身ともに慣れていく環境を支援することである。もう一方で，通常の職場は，9時から17時の月曜日から金曜日で総合的な業務を行える人を求めている場合が多いが，生活困窮者の就労マッチングでは短時間で週数日，業務の分業化の検討などが必要であることから，受け入れ職場の開拓が難しい現状もある。

■ 生活困窮者自立相談支援を行うポイント

　生活困窮者自立相談支援を行う上での，相談・支援のポイントを次の通り整理する。

　① 生活困窮者支援は生活・福祉問題を抱えた全ての人が対象

　生活困窮者自立支援法は，「生活保護に至る前の段階の自立支援策の強化を図るため，生活困窮者に対し，自立相談支援事業の実施，住居確保給付金の支給その他の支援を行うための所要の措置を講ずる」となっており，一見すると，

生活保護を希望するが対象とならなかった方が対象となるようにとらえられるが，生活困窮者支援の対象は，生活保護に至っていない「生活困窮者」であり，ここで言う生活困窮者とは，生活困窮状態に至る背景（病気や障がい，家族関係，介護問題，就労問題，虐待やDV，引きこもりなどの社会的孤立等）を含めて生活・福祉問題を抱えた全ての人が対象となる。言い変えると，現に働いておらず無収入で生活困窮の状態にある人や，前述の背景などで働くことが困難になり収入が減ったり無収入になり生活困窮状態に陥ることが予測される人も対象である。

② 生活困窮者支援のためには地域づくりが要

生活困窮者問題を解決するためには，単に仕事や金銭的な問題だけではなく，生活・福祉問題の解決が重要で，生活困窮者が抱える生活・福祉問題の一つひとつを整理し，その人自身が生活意欲や自立（律）意識が持てるような，「相互に支え合う地域づくり」が重要である。

また，生活困窮者は，何らかの理由により生活困窮に陥った状態で，自立（律）を目指しても，地域や社会から孤立した状態で，必要な情報が届かなかったり，制度の狭間に入り未支援状態にあることが多いのが現状で，支え合う地域づくりを構築するためには，生活困窮者自身も地域づくりの構成員の一人とした取り組みが重要である。

③ SOSを発せられない生活困窮者につながる工夫

生活困窮者は，お金がない，車を所有していない，電話をもっていない等の経済的問題から相談・支援機関まで行くことができない，連絡することができないなど，具体的な一歩を歩み出すことができないだけではなく，抱えている問題を自覚できなかったり，解決意欲を失っていたりなど，SOSを発することができない場合が多く見受けられる。特に，社会的孤立に陥っている場合，単に人的関わりがなくなるだけではなく，様々な情報等も伝わらなく，より一層その傾向が強くなっており，生活困窮者が相談・支援機関につながるためには，住民一人ひとりに対する広報等の周知はもとより，抱えている問題を自覚できない人のためには，各種相談・支援機関や専門職，民生委員・児童委員や町内会など，地域の中の気づきの関係者づくりが大切といえる。

④ 相談支援の手法はアウトリーチ

生活困窮者の自立支援においては，問題を抱えた人の表明されないニーズ把握の手法として，身近で気兼ねをしないで行ける場所や訪問してくれる専門職が相談支援を行うなどの「アウトリーチ」が有効である。生活に困難を抱えながらも支援の必要性を自覚していない，相談意欲がない，相談支援機関に足を運ばない人の場合，拠点型のみの相談支援機関では対応が難しく，アウトリーチはこうした潜在的ニーズとつながる手法としても重要であり，地理的に広域で距離的な問題がある地域においては，地域サロンなどの場づくりもアウトリーチの一環と考えることができる。

第5章　在宅生活支援とケアマネジメント

⑤　生活困窮者の自立支援には多様な出口（問題解決）が必要

　生活困窮の要因としては，まず，経済的（金銭的）困窮があげられるが，その出口としては就労支援による就労と言える。しかし，昨今の経済雇用情勢の悪化による不安定雇用や収入減が影響しているワーキングプア（働く貧困層／働く貧者）が社会問題となっているように，働いても生活貧困から脱却できず，働く意欲が減退していくことも大きな問題となっている。また，病気や障がい，家族の介護など働きたくても働けない環境にいる人もおり，単に就労支援による就労だけでは問題が解決しない場合が生活困窮者支援には多く見受けられる。

　生活困窮のもう一つの要因が，社会的孤立である。引きこもり等で現時点では経済的困窮に陥っていなくても，将来的に生活困窮状態が予測されるなど，社会的孤立への支援が結果的には経済的困窮の予防的対応となる。このことから，生活困窮者支援の出口（問題解決）は，就労支援による就労だけではなく経済的困窮に陥った背景（要因）の明確化と解決，社会参加の場づくりや地域づくりなど多様な出口が重要といえる。

❏ 生活困窮者自立支援におけるケアマネジメント

　白澤政和は，大阪地域医療ケア研究会において「住み慣れた地域での『生活』を支援するためには，単に本人の『身体の状態がよくなる』といった身体的なこと，また『生きがいや意欲を高める』といった心理的なこと，さらには『住宅が改修されたり，介護者の負担を軽減する』といった社会環境的なことなど，……（中略）……地域で生活するためには，利用者本人の身体的側面のみならず，心理的側面や社会環境的側面が総合的に改善・維持されることで，はじめて生活の支援が成り立つことになります。つまり，医学的アプローチ，心理的アプローチ，社会環境的アプローチが個別実施されるだけでなく，それらを統合したアプローチでもって，利用者本人の生活全体を支援することが基本として必要となります。こうしたアプローチで支援する手法が『ケアマネジメント』です」と言っている。

　生活困窮者自立支援においても医学的アプローチ，心理的アプローチ，社会環境的アプローチを統合したアプローチで支援するケアマネジメントが重要である。生活困窮状態から脱却して自立した生活を行うために，経済的自立だけではなく生活困窮の要因となる背景を踏まえた支援，生活困窮者の生活意欲の向上を行う為にもストレングス（強さの活用）・モデルを用いたケアマネジメントが有効と言える。

　また，生活困窮者自立支援を行う上では，「声なき貧困」と言われるように，SOSを発することもできない状態に陥っていたり，社会から孤立して自分自身の存在を否定している場合もあり，生活困窮者に対するイメージを社会全体で変えていくことが不可欠です。また，生活困窮者のイメージは「本人が頑張

第Ⅱ部 実 践 編

らないから」や「本人の責任」等と言われることがあるが，生活困窮状態に陥る背景や環境（社会情勢や生活困窮者を取り巻く環境）により生活困窮者自身が自立（律）できないことも多く，地域全体で支え合える地域づくりの構築が重要である。

 刑務所出所者に対するケアマネジメント

1 事例の概要

32歳，軽度知的障害を持つ男性。生活困窮から窃盗を繰り返し実刑の判決により服役する。服役態度が優秀なため，帰住地（生活する場所）が決まれば仮釈放の可能性がある。自宅は療育能力が乏しく，戻れる環境ではない。友人から犯行に誘われる可能性もあり，郷里以外の土地での生活と就労先を確保する必要があった。

また，犯罪行為は貧困が原因の窃盗であり，福祉の支援に繋げることで生活基盤を整え，地域生活を過ごすための支援チームで支えれば，安定した生活が期待できた。さらに，仮釈放になることで，残り刑期の保護観察期間に，保護観察官や保護司の司法側の支援も期待できた事例を障害者相談支援事業所の立場から述べていく。

2 ケアマネジメントのプロセスと展開

◻︎ インテーク・アセスメント

援護の実施者となる本籍地の市福祉課から本人の了解のもと，サービス等利用計画の作成について依頼がある。地域生活定着支援センター[7]及び市福祉課，保護観察所，矯正施設等より本人の情報を得る。さらに，本人の意思確認，利用契約作成に関する契約書，重要事項説明書，個人情報保護に関する契約書の締結のため，地域定着支援センター同行のもと，刑務所にて本人と面会し，契約等の手続きを行った。契約に関する本人の意思決定能力はあると判断された。

以下は本人に関する情報をアセスメント表（表5-3）としてとりまとめたものである。

◻︎ プラニング

地域生活定着支援センターと市福祉課が，地元ではない地区にあるグループホーム，就労継続支援A型事業所での受け入れの了解を得る。ゆえに退所後の居住地と身元引受人（グループホーム管理者）が確定したことで，地方更生保

第5章 在宅生活支援とケアマネジメント

表5-3 Hさんのアセスメント表

本　人	H　　性別　男　　年齢　32歳	
本籍地	○○県　○○市　○○町　○○	
矯正施設	○○刑務所	
前居住地	本籍に同じ	
犯罪内容	窃盗 ①　居住地近隣の神社での賽銭箱あらし。1,428円窃盗（賽銭泥棒） 　　同様の犯行15程度　懲役1年　執行猶予2年 ②　コンビニで菓子パン5個　620円相当を万引き窃盗 　　懲役　1年6ヶ月　執行猶予取消し，前刑懲役加算	
本件に至った経緯・要因	生活に困窮し，食べ物もなく菓子パンを盗む。店を出た時点で店員に捕まり警察に引き渡される。弁当が欲しかったが，かさばるのでパンにしたとのこと。	
刑期満了期日	平成○○年○月○○日	
家庭環境	両親・家族等 　父　本人18歳時に死亡　家庭内暴力 　母　知的障害。同居。無職 　兄　1人　工務店勤務（軽度知的障害）同居　本人との関わりを拒否 経済状態　貧困家庭 身元引き受け（予定）契約　本人　身元引受人　兄	⊠—母 本人　兄
生育歴	○幼児期：父親は，飲酒による暴力有り，生活苦のため，ほとんど療育的関わりは持てていなかった。母親は知的障害があり療育能力に乏しい，現在家事のみ ○学校・就職経験：小中学校，簡単な読み書き・足し算・引き算は出来た。授業について行けず特別支援学級へ通う。また，いじめに遭っていたようで友人は無い。中学校卒業後，飲食店で働くが，注文が取れず，計算も間違えるため，皿洗いで働くが，3ヶ月ほどで居づらくなり辞めてしまう。 　その後，新聞配達業，土木作業所などに住み込みで働くが，同僚から賃金をもらうとたかられたり，無くなると金融会社から借金を作らされた。拒否するといじめられるのが嫌だったようだ。お金があるとパチンコ等で使い切ってしまう。借金により金融会社から職場にも電話がかかるようになり，居づらくなり職場を転々とした。所持金が無くなると，車上荒らし，賽銭泥棒を繰り返していたようで，家には寄りつかなかった。 　前回出所した時に自宅に戻り，ハローワークに通っていた。しかし，近くの悪い友人に誘われて，犯行に至る。	
心身状況	CAPAS[8]（矯正協会作成の能力検査値）65 身体障害：なし 精神疾患：適応障害鬱症状あり（トリプタノール・ヒルナミン・ヒルベナ・ネルボン） 内部疾患：皮膚科・歯科の要治療	
福祉サービス	療育手帳：療育手帳B　精神福祉手帳：なし　障害支援区分認定「2」相当 所得保障：障害基礎年金なし　健康保険未加入　所持金：刑務所出所時に3000円程度	
本人の意思確認	・「グループホームという所に住むと仮釈放でき，仕事先を探しくれる」と教えられたので，お願いしたい。 ・自宅には迷惑をかけているので帰れない（兄は嫌いだ）アパート暮らしをしたいが，友人が来るのが不安だ。 ・仕事は，何でもやる。力仕事が得意だ。	
当面の福祉支援方針 (市福祉課と協議)	懲罰もなく，まじめに働いているので，帰住先が決まれば，仮釈放の可能性はある。更生保護施設も探しているが，なかなか決まらない。当面，生活の場としてはグループホームとし，就労の場も就労継続支援A型事業所を確保できるようにしたい。地域生活定着支援センターも探している。援護の実施者となる本籍地の市福祉課によれば，障害基礎年金の申請手続きを始めると共に退所後は当面，生活保護で居住地となる市町村で調整したいとのこと。ただし，友人関係から，地元以外の場所としたい。また，地域で支える仕組みも必要である。	

第Ⅱ部 実 践 編

図5-1　ケアマネジメント表

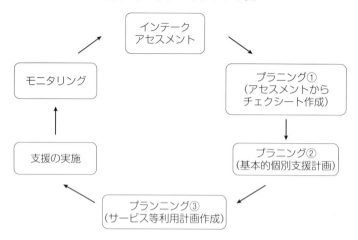

表5-4　「アセスメント」から「チェックシート」

視　点	犯罪に至った要因	支援の目標
罪の認知 （窃盗）	・盗むという行為自体に罪悪感がない	・ルールを守る
経済的困難	・資金が足りなかった ・安定した生活資金がなかった	・生活資金の確保 ・就労による安定した資金の確保
	・仕事に意欲がなく，職場を転々としていた	・就労による生き甲斐作り
	・手にしたお金をすぐに使ってしまった ・手軽な借金をしてしまう	・計画性のある支出
精神的不安定	・困ったときに相談できる人がいない（信頼できる人がいない） ・生活の安定	・信頼できる人間関係作り
友人関係	・頼った人に利用され犯罪に巻き込まれた（累犯の原因）	・悪い仲間との絶縁

護委員会から，3か月間程度の仮釈放の決定がなされる可能性が高いと連絡が入り，障害者相談支援事業所では，当面の「福祉の支援方針」に基づき「サービス等利用計画書」を作成し，サービス調整に入った（図5-1）。

① プランニング：アセスメントからチェックシート

アセスメント表から直接プランニングを行うのではなく，表5-4のようにアセスメントから犯罪に至った環境的・個人的要因を見立て，福祉サービスに繋げ，支援すること，軽減又は削減する目標を立て，優先順位をきめ，整理していく技法を利用した。また，プランニングも基本的個別支援計画と障害者相談支援事業所のサービス等利用計画も作成した。

こうしたプログラムにより，より効果的に，本人の地域生活の自立や結果としての再犯防止につながりやすいと考えられた。

表5-5 「チェックシート」から「プランニング表（基本的個別支援計画）」

支援目標	支援方法	具体的支援方法	頻度・時間	担当者
1．ルールを守る	遵守事項の設定	①入居時に管理者より確認する ・グループホームより無断で出て行かない ・他人の物は盗らない	入所時	グループホーム管理者
2．信頼できる人間関係	本人と話し合いコミュニケーション能力を高める	①ミーティングの実施 ②毎日日記を書く 　その日の出来事等を話し合う	定期的	世話人
3．安心できる生活基盤の確保	障害基礎年金の申請準備 生活保護の申請準備	①障害基礎年金の申請手続きを始める ②退所後直ちに生活保護の申請が行われるよう準備する	受刑中準備 入所後申請	行政（出身地） 行政（居住地）
4．金銭の使用と管理（計画性のある支出）	小遣い帳の記入 外出・買い物の計画	①年金と賃金の収入見合いの支出を小遣い帳を基に，世話人と話し合い，計画的に外出・買い物を行う	週1回	生活支援員（世話人）
5．治療必要箇所の完治を目指す	精神科，歯科，皮膚科の慢性疾患の治療	・医療機関への通院	2週間に1回 随時	世話人
6．就労による所得保障と生き甲斐づくり	就労継続支援A型事業を通して，将来的には一般就労に結びつける活動 （社会経験が豊富なので）	・本人の希望の聞き取り ・適正な業種のアセスメント ・一般就労に向けての体力作り ・挨拶励行	初期	就労継続支援A型担当者 （就業・生活支援事業）
		・ハローワーク登録 ・障害者就業・生活支センター登録 ・事業所見学・実習 　社会人としての心得・円滑な対人関係 ・就労事業所の選定・見学・実習 ・雇用関係契約に向けての支援	中期 後期	
	スケジュール	スケジュール表を示して本人と確認する ①　ミーテイングの実習 ・毎日日記を書く 　その日の作業を話し合う	定期的	

②　プランニング：「チェックシート」から「プランニング表（基本的個別支援計画）」

チェックシートで作成した支援目標に優先順位をつけて整理し，支援方法・具体的支援方法を作成した（表5-5）。

この基本的個別支援計画は，相談支援事業所としての作成義務はないが，ケアマネジメントを行う上で，サービスを提供する各福祉サービス提供事業所の全体調整を図るために作成したもので，福祉サービス提供事業所ごとのサービス管理者が作成する「個別支援計画」とも異なる。

③　プランニング：「基本的個別支援計画」から「サービス等利用計画」

障害者総合支援法に基づいて，障害者相談支援事業所（障害者相談支援専門員）が「サービス等利用計画」を作成する（資料5-14）。

本人の同意を得て，福祉事務所に提出し，刑務所を退所した当日，本人，グループホーム管理者，就労継続支援A型事業所管理者，福祉事務所，地域生活定着支援センター相談員，相談支援専門員で担当者会議を開催し，福祉サービス内容を確認し，福祉事務所より受給者証が交付され，福祉サービスの利用が始まった。

☐ 支援の実施とモニタリング

①　受け入れ体制

グループホームの管理者・世話人，就労継続支援A型事業所管理者には，本人の経歴や接し方について説明し，問題が発生した場合には，世話人等は一人で抱えずに管理者に相談し，あくまで支援チーム全体で支えていく方針を伝えた。そして，サービス等利用計画に基づき，福祉サービス提供事業所ごとの個別支援計画を作成するあたり，基本的個別支援計画書を提供し，参照してもらえるよう依頼した。

②　支援チームの編成

本人が望んでいるように，できるだけ短期間でのグループホームから一般住宅，就労継続支援A型事業所から一般就労を目指して，支援することを確認した。

メンバーは，司法関係（仮釈放期間である保護観察期間のみ）から保護司・保護観察官，行政から援護の実施者の市の福祉課，居住地の市生活保護課職員，福祉関係から，地域生活定着支援センター相談員，就労継続支援A型事業所管理者，グループホーム管理者，障害者就業・生活支援センター相談員，障害者相談支援事業所，そして，本人となった。

初回は，受刑中に事前の全体会を開き（本人・保護司は不参加），支援方針，本人の経歴の情報の伝達範囲等について確認した。

以後，刑務所を退所した後は，本人・保護司を交え，本人の思いや今後に向けての対応について2か月1回程度の会議を開催した。またメンバーの構成も必要に応じて変更した。

3 課　題

①　法務関係機関からの情報提供

刑務所・少年院の入所者の個人情報を得ることは，これまで極めて困難であった。

現在では，各刑務所に社会福祉士が配置され，退所後の生活の環境調整が行

資料5-14 サービス等利用計画

サービス等利用計画・障害児支援利用計画

利用者氏名（児童氏名）		障害程度区分		相談支援事業者名	
障害福祉サービス受給者証番号		利用者負担上限額		計画作成担当者	
地域相談支援受給者証番号		通所受給者証番号			
計画作成日		モニタリング期間（開始年月）		利用者同意署名欄	

利用者及びその家族の生活に対する意向（希望する生活）	① アパートで一人暮らしをしたい。当面は仮釈放になり、グループホームに入り将来に向けていろいろ準備したい。 ② 仕事を頑張りたい。当面は前の作業所で働きたい。 ③ 人とうまく話を出来るようになりたい。
総合的な援助の方針	新しい生活環境・リズムになれ、一般就労A型事業所に通勤することで自信がつき、仕事に集中して取り組めるようになる。
長期目標	就労継続支援A型事業所に通勤することで自信がつき、仕事に集中して取り組めるようになる。
短期目標	グループホームでの生活に慣れ、他の入居者と良い関係を保って、毎日の生活を楽しめるようになる。就労継続支援A型事業所にも毎日通う。

優先順位	解決すべき課題（本人のニーズ）	支援目標	達成時期	福祉サービス等		課題解決のための本人の役割	評価時期	その他留意事項
				種類・内容・量（頻度・時間）	提供事業者名（担当者名・電話）			
1	仕事をしたい	就労継続支援A型事業所に通勤し、毎日働く体力と意欲が高まるよう支援する	6ヶ月	就労継続支援A型事業所への通所 月～金曜日までの週5日間	○○就労継続支援A型事業所 ○○ 管理者 0000-0000	事業所までの送迎バスに間に合うよう生活リズムを整える。	3ヶ月	支援に当たっては、将来的に就業・生活支援センターとの連携をとりながら、事業所外実習などでの支援を行う。
2	上手に会話出来るようになりたい。	同居者との生活や仕事を通して、対人関係が作れるよう支援する	6ヶ月		○○就労継続支援A型事業所 ○○ 管理者 0000-0000	事業所で先輩達に声をかけ、仲間作りを行う。	3ヶ月	
3	将来は一人暮らしを始めたい。	ホームの家事の手伝いを通して、できることを増やしていけるよう支援する。	6ヶ月	共同生活援助事業所の入居	グループホーム ○○管理者 0000-0000	イライラしたときは職員に相談する	3ヶ月	健康管理・金銭管理・余暇活動等順次、社会生活技術向上に向けての支援を行う
4	困った時は何時でも相談したい	何時でも相談できる体制を整える	6ヶ月	相談支援事業・共同生活援助事業	○○相談支援事業所 ○○相談支援専門員 0000-0000	困りごとや不安を感じたときはすぐに相談できる。	3ヶ月	
5								

われるようになり，また，地域生活定着支援センターが各都道府県に設置されたことで対象者が福祉のサービスを受けられるよう基本的情報の調査を行うようになり，生育歴などの多くの情報が得られるようになった。

　今後は，地域生活定着支援センターとサービス等利用計画等を作成する相談支援事業所が協働してアセスメントに当たることができれば必要な情報を得られる可能性が高い。

　② 受け入れ先の理解と確保

　今回のグループホームへの入居や就労の場となる就労継続支援A型事業所は比較的スムーズに理解を得られたが，一般的には，罪名にこだわることの他，次の理由から従来の福祉サービス事業所で受け入れ先を探すことはかなり難しいのが現実である。
・再犯・所在不明時の施設側の責任問題
・罪を犯した者に対する特別な支援プログラムがない
・支援する専門スタッフを養成していない
・支援が難しい割には報償費が少ない
・加害者支援より現在在宅で困っている人を優先したい

　加害者支援という大きな課題もあるが，福祉の支援を受けることで地域社会で自立していくことが可能であるという実績を重ね，支援の必要性を啓発していくことが大切と考えられる。

　③ 各福祉サービス提供事業所での個別支援計画の作成時期

　受刑中ということで，事前見学・体験利用を実施する事は困難であり，本人の人となりの情報を得ることは難しく，入居時に作成した支援方針自体の見直しは随時必要である。

　グループホーム等も入居1か月程度の観察期間を設けた後に支援方針を見直す必要がある。また，精神科の薬を服用している場合は定期的な通院治療で調整し，環境の変化の中でも安定を図ることが必要である。

　④ 福祉につながっていること

　刑務所等での受刑前は，多くは一般地域で生活していた経験があり，一時的には福祉施設やグループホームでの生活を了承しているものの，いずれは一般就労して，アパート等独立しての生活を願っていることが多い。そして，直接的な福祉サービスを受けなくなる可能性が高い。また，必要以上の介入をいやがることも多い。福祉サービスを利用しなくなった後でも，適切な距離間を保ちながらも本人からヘルプのサインが出た時にすぐに対応できる関係性を維持しておく必要がある。

第5章　在宅生活支援とケアマネジメント

○ 注

(1) 制度導入当初の名称は「地域福祉権利擁護事業」であり，その後「日常生活自立支援事業」に名称変更がされた。地域福祉権利擁護事業の事業名を継続して使用している自治体もある。社会福祉法上の名称は「福祉サービス利用援助事業」であり，第2種社会福祉事業として規定。

(2) 地域包括支援センター運営マニュアル検討委員会編（2015）『地域包括支援センター運営マニュアル』長寿社会開発センター，第4章・第5章。

(3) 介護予防研究会監修，白澤政和編（2007）『ストレングスモデルによる介護予防ケアマネジメント―理論と実際』中央法規出版，6頁。

(4) 利用者支援事業の基本型の詳細は，第4章第3節参照。

(5) 「地方公共団体は，単独で又は共同して，要保護児童の適切な保護又は要支援児童若しくは特定妊婦への適切な支援を図るため，関係機関，関係団体及び児童の福祉に関連する職務に従事する者その他の関係者（以下「関係機関等」という。）により構成される要保護児童対策地域協議会（以下「協議会」という。）を置くように努めなければならない（児童福祉法　第25条の2）」。なお，児童福祉法（第25条の5）において要保護自走対策地域協議会の構成員の守秘義務が定められている。

　　要保護児童対策地域協議会の詳細については，「要保護児童対策地域協議会運営指針参照」（http://www.mhlw.go.jp/bunya/kodomo/dv11/05.html）（2015.12.1.検索）。

(6) 岩間伸之（2012）「個を地域で支える援助」「個を支える地域をつくる援助」岩間伸之・原田正樹『地域福祉援助をつかむ』有斐閣，64頁。

(7) 2009年度より，高齢又は障害を有するため福祉的な支援を必要とする矯正施設退所者について，退所後直ちに福祉サービス等につなげるための準備を，保護観察所と協働して進める「地域生活定着支援センター」を各都道府県に整備することになる。2012年度からは全国で広域調整が可能になり，矯正施設退所後の帰住地調整，フォローアップ，相談支援まで支援を拡大・拡充し，入所中から退所後まで一貫した相談支援をも行う（厚生労働省HPより）。

(8) 数値は矯正施設内で検査した矯正協会作成の能力検査結果である（2011年まではIQ相当値と標記していた）。

○ 参考文献

［第4節］
平成24年度厚生労働省障害者福祉推進事業（2014）「サービス等利用計画の評価指標に関する調査研究報告書」『サービス等利用計画評価サポートブック』特定非営利活動法人日本相談支援専門員協会。

［第5節］
岩間伸之・原田正樹（2012）『地域福祉援助をつかむ』有斐閣。
橋本真紀（2015）『地域を基盤とした子育て支援の専門的機能』ミネルヴァ書房。

［第7節］
国立重度知的障害者総合施設のぞみの園（2010）「福祉の支援を必要とする矯正施設を退所した障害者等の地域生活移行のための効果的な支援プログラムの開発に関する研究」（平成21年度厚生労働省障害者自立支援調査研究プロジェクト）。

■第6章■
福祉施設とケアプラン

1 福祉施設におけるケアプランの考えかた

　本章では,福祉施設で作成・実施するケアプランの考え方を理解し,その重要性を把握することをねらいとする。そのためには,ケアプランの重要性が主張されてきた背景を理解し,ケアプランの基本的な考え方や枠組みを把握するとともに,最終的には,在宅と施設でのケアプランの関係について学ぶことが必要である。そのことによって,福祉施設において,ケアプランを作成・実施することが,入所者と施設の両者にとって,どのような意義をもっているかを理解することになる。

☐ ケアプランの重要性が主張される背景
　福祉施設入所者に対して,ケアプランを作成し,支援していくことの重要性が強調されるようになってきた。これは,サービス提供におけるプラン(plan)→ドゥー(do)→チェック(check)→アクション(action)というPDCAサイクルを実施するものであり,科学的・専門的にサービスを行う場合にはもともと不可欠なことである。従来,こうした手法は,福祉現場でもそれなりに実施されてきたが,なぜ最近,急速に強調されるようになってきたのか。
　これには,いくつかの背景があげられる。
　第1には,入所者がサービスを選択する仕組みに移行してきたことによる。そのため施設側としてはサービスの質を高めることが必須となり,入所者の意向を尊重することに加えて,施設側の専門性を顕在化させるケアプランの作成・実施が求められるようになってきたことがある。
　第2には,入所者がサービスを選択するということは,施設側が契約に基づいたサービスを入所者に提供することになるが,その契約内容の一部にケアプランが求められるようになってきたことと関連している。
　第3には,施設サービスを利用することで,入所者の生活の質(QOL)を高めると同時に,効率的にサービスを提供することで,時には人件費等の経費の節減のためにも,ケアプランを作成・実施することが必要になってきた側面が

ある。

　第4としては，サービス内容を高めるためには，業務に対する自己評価・点検が求められ，その際にケアプランを評価基準にすることができることである。

　第5として，従来の施設サービスは，厳しいいい方をすれば，「お預かりする」「お世話する」といった視点が強く，「入所者の意向をもとに，専門性を駆使して，自立を支援していく」といった視点が弱かったことへの反省が，ケアプラン隆盛の基本にある。

　こうした施設でのケアプランの作成・実施は，介護保険下での介護保険施設入所者を対象に義務化された。2003（平成15）年度からはじまった支援費制度のもとでの契約制度以降，障害者施設に対してもケアプランの作成が義務づけられ，2013（平成25）年からはじまった障害者総合支援法においても，入所者の自己選択によるケアプランの作成が継続して実施されている。

　現実には，介護保険下では，介護保険施設入所者のケアプランのアセスメント手法が開発され，MDS（Minimum Data Set）・RAPsというアメリカのナーシングホームで実施されているものが導入されたり，介護老人福祉施設，介護老人保健施設，介護療養型医療施設の三団体がイニシアチブをとって，アセスメント手法を開発し，その普及に努めている。また，全国身体障害者施設協議会では，障害者自立支援法のもとの契約による施設サービス利用方式への転換に合わせて，障害者施設におけるサービスの質を高め，入所者と契約内容として合意するためのケアプラン作成について，アセスメント用紙やケアプラン用紙を開発し，そのガイドラインが示されている。

□ ケアプランの基本的な考え方

　福祉施設でのケアプランを作成し実施していくためには，アセスメントを行うことで，入所者の生活全体について把握し，生活していく上での解決すべきニーズが明らかにされていくことが前提となる。さらに，作成・実施されたケアプランは，モニタリングのもとで修正されていくことになる。ここでのケアプランは，入所者の生活ニーズに基づいた計画の作成のことであり，入所者の生活ニーズを明らかにし，それらを充足するためのサービスなり支援が示されることになる。

　この入所者の生活ニーズを確定していく過程では，第1に，入所者の意向が尊重されることになり，その意向を聞き取り，それを入所者側の「フェルトニーズ」とする。

　また，第2には，専門職が自らの専門性や社会規範に基づいてとらえる「ノーマティブニーズ（プロフェッショナルニーズ）」を，入所者に提案していくことになる。

　さらに第3には，面接等によってコミュニケーションを深めていくことによ

り，両者のニーズを一体化し，生活ニーズを確定していくことになるが，これを「リアルニーズ」とする。最終的に，この「リアルニーズ」に基づいてサービスや支援内容が決定されることになり，結果として，専門職側の専門性や社会規範と，入所者の意向との間での調整がなされることになる。

　こうして作成された福祉施設におけるケアプランは，当然入所者に示され，手渡され，サービスの利用側と提供側が合意して実施されることになる。ここで，ケアプランは，契約内容の一部となる。そのため，ケアプラン作成においては，入所者の意向を聞くことが不可欠であり，相互の信頼関係がつくられるにつれて，ケアプランの内容は順次変更されていくことになる。この変更は，アセスメントの深まりや，入所者やその環境の変化によっても生じてくる。

　そのため，意思表示ができず，自らの意向を伝えることができない入所者への対応においては，「リアルニーズ」に近い，的確な「ノーマティブニーズ」を関係者と一緒に推定し，提示をできる資質が専門職に求められる。

　以上の原則に基づいて，本人の立場から生活ニーズをとらえ，ときには本人の理解者からの確認や支援を得ながら，ケアプラン作成・実施の過程をふんでいくことになる。

　「ノーマティブニーズ」は，専門職が有する専門性と，場合によっては社会規範に依拠して把握される。専門性によるニーズ把握とは，入所者とその環境との関係性の障害から本人のニーズが生じていることを示すことである。簡単な例を示すと，「少し熱い風呂が好き」なのに，それがかなえられないとする入所者については，「本人が，その施設内では順番の最後のほうで入浴するので，ぬるくなってしまう」環境にいるために，「熱い風呂に入れないで困っている」というニーズとして導き出すことになる。

　さらに，どのように入浴の世話ができるかを，本人の希望にできるだけ合うように支援するが，それは主に専門性や，まれには社会規範性と照合させることになる。そのため，ケアプラン作成にかかわる専門家は，専門職をより深く，社会規範性をより幅広く有していることが求められる。

◻ どのような専門職がケアプランを作成するか

　ケアプランの作成については，介護保険施設では介護支援専門員が実施することになっており，障害者・児施設では相談支援専門員が行っている。ただ，施設のケアプラン作成の業務は，単一の専門職が1人で作成し，その具体化を直接サービスを提供する者にオーダーするだけの関係ではあり得ない。ケアプラン作成におけるチームアプローチの必要性は，アセスメントとケアプラン作成に分けて考えられる。これら両方についてチームによるケアプラン作成が望まれる。特に，施設においては，他のスタッフが常時身近にいることもあり，

両方ともに，チームで実施することが容易である。

　ただ，こうしてチームでアセスメントとケアプランを作成するとしても，核となり職員のアセスメントをまとめ，ケアプラン作成に向けて調整していく中心的な人材としての専門職が不可欠である。この専門職を介護支援専門員や相談支援専門員が担うが，ケアプラン作成者は前に述べた専門的資質や社会規範にもとづく生活ニーズの把握だけでなく，入所者の生活全体についてアセスメントする能力が必要とされる。

ケアプランの基本的な枠組み

　福祉施設のケアプランの基本的な枠組みは，以下のようになる。

　アセスメントでは，入所者の身体面，心理面，環境面での状況をとらえることで，入所者の生活の全体像を把握する。このアセスメントでは，入所者の生活史やアセスメントを実施する者が「気になること」「気づいたこと」を加えることで，意思表示の困難な入所者についても，生活の全体を専門的な立場から理解でき，生活ニーズを導き出すことが可能となる。

　ケアプランの内容については，まず，入所者本人の施設生活についての大きな望みや意向といった生活の目標をたずね，職員側がそれを受けて，支援の総合的な方針を示し，入所者から了解を得る。これは，一般に大目標の設定という作業であり，入所者だけでなく，入所者にかかわる職員の共通の支援目標となる。

　次に，入所者の「～なので，～がしたい」や，「～ということで，～で困っている」「～なので，～に行きたい」などの希望や思いといった生活ニーズを，入所者が職員と一緒になって導き出し，それらの生活ニーズについて，援助目標と，具体的に誰が何をするのかといった支援内容を明らかにしていく。

　このケアプランの特徴は，入所者の立場から，施設生活を送っていく上で，「困っている」ないし「希望している」生活ニーズを基にして，ケアプランを作成していくことにある。入所者のニーズをとらえることから，ケアプランの作成がはじまることを認識しておくことが重要である。

　また，こうした生活ニーズのなかで，実際に計画に含めることができなかったものについては，その理由を入所者に説明するが，場合によっては今後の解決方法を記述することが必要である。その結果，管理職が中心となる会議で解決方法を検討したり，福祉施設のあるべき理念（基本的視点）や職員の資質向上について検討することにフィードバックしていくことが重要である。福祉施設で，入所者の生活ニーズを充足できない場合には，その生活を豊かにしていくために，サービスを創設したり改善したりする取り組みが欠かせない。さらには，福祉施設以外の機能（社会資源）を積極的に活用していくことも，必要な視点といえる。

こうしたケアプランに加えて、福祉施設に入所している入所者に対して、個々の職員がいかに対応するかという一般的なケアやリスクに関する「マニュアル」が必要である。この「マニュアル」によって、一般には、入所者のケアに加えてリスクの管理を、個々の職員が実施していくことになるが、ケアプランは「マニュアル」に該当しないケア内容や、「マニュアル」に記述されていることとは異なるケア内容を実施する場合について記述されることになる。

マニュアルによる基本的な介護過程

施設におけるケア過程は、二重構造で進められる。マニュアルに基づくケア過程は、すべての入所者に合わせて作成され、実施されることになる。例えば、入浴に対するマニュアルをみると、そこには入浴の目的が示され、次に入浴介護の手順なり過程が示されている。具体的には、入浴への声がけから始まり、健康状態の確認、移動、脱衣、入浴、洗髪・洗身、着衣、移動、水分補給等での一連の介護内容やその方法が示されている。ここでは、入所者の身体状態や心理状態に合わせた対応方法が、マニュアルとして作成されている。当然マニュアルには、どのような入浴に関わる健康チェックをするのか、さらにどの範囲であれば入浴が可能か、入浴が不可の場合にはどのようにするのか、等が示されている。また、身体面で右上下肢や左上下肢に麻痺がある場合に、それぞれの入浴や着脱についての介護内容が示されている。着脱面では、裸になることによる心理面での羞恥心に配慮した脱衣や着衣の介護内容が示されている。

ケアに関わるマニュアルは、入所者の一般化できる特徴をもとに、ケア過程を示すことである。そこには、すべての入所者を想定してケア過程が示されており、マニュアルの作成は、個々のケア内容について、どのような目的でケアを行っているのか、さらにどのような手順や内容でケアを行っているのかを職員間で話し合い、そこで合意されたことに基づくものである。マニュアルは個々の高齢者のアセスメントから集約された標準的な入所者の状態像を基礎にして作成することになる。同時に、そのマニュアルには、当然施設の理念が反映したものとなっている。

そのため、マニュアルは個々の施設の職員等が話し合いの中で作ることが有効であり、個々の施設は住環境、入所者の状態、介護職員のケアの水準も異なり、どこの施設でも同じマニュアルで一般化できるものではない。

同時に、施設でのケアは個別的に対応すべきであり、マニュアルがあればケアが画一化されるとの意見もあるが、入所者に一定水準の基準化したケアを提供することが狙いであり、個々の入所者の生活ニーズに合わせて、画一化を防ぐために、以下で述べる個々の入所者に対するケアプランがある。

第Ⅱ部 実　践　編

図6-1　福祉施設のケアプラン

```
ケアプラン
  生活の目標（望みや意向）
    生活ニーズ  生活ニーズ  生活ニーズ  生活ニーズ
    援助目標    援助目標    援助目標    援助目標
    支援内容    支援内容    支援内容    支援内容

  アセスメント：・身体面 ・心理面 ・環境面
  具体化できなかった生活ニーズ

福祉施設サービスの理念（基本的視点） ⇔ 修正
福祉施設職員としての資質 ⇔ 修正

追加・修正 ⇔ ケアやリスクに関わる項目別マニュアル
```

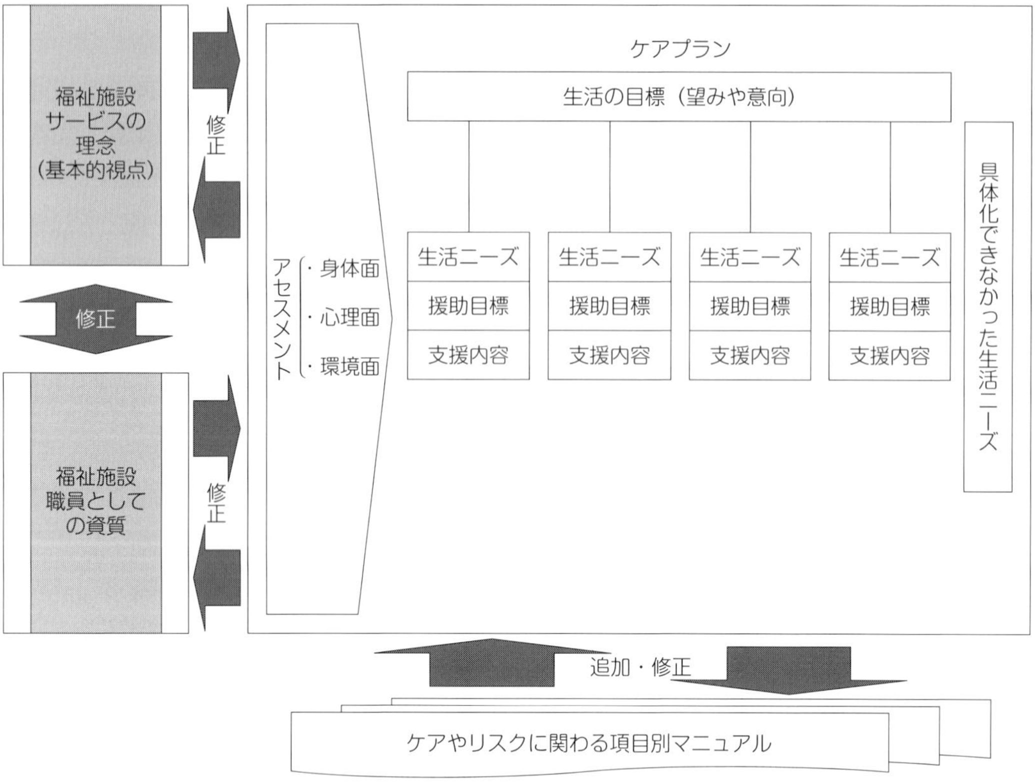

☐ 施設におけるケアプランの展開

　個々の入所者に対して実施されるケアプランの実施過程は，アセスメント（情報収集・事前評価）→ケアプランの作成→ケアプランの実施→評価→再アセスメント，というPDCAサイクルで展開されることになる。ケアプランは，介護職が中心ではあるが，すべての施設職員さらには外部の専門職やインフォーマルな支援者を含めた支援内容を計画にしたものである。

　図6-1は，福祉施設のケアプランに関わる全体像を示したものである。福祉施設のケアプランについても，入所者の身体・心理・社会面でのアセスメントに基づき生活ニーズをとらえ，そこから個々の生活ニーズに合わせて援助目標や支援内容が示されることになる。時には，施設の現状から具体化できない生活ニーズが生じる場合がある。これについては，施設の管理職の会議で検討され，時にはそうした生活ニーズを充足することになる。この結果，福祉施設の理念が修正されたり，福祉施設の職員としての資質に影響を与えることになる。同時に，ケアプラン作成の結果，他の入所者にも普遍的に実施していくべきことは，ケアやリスクに関わるマニュアルに追加や修正がなされることになる。このように，福祉施設のケアプランは，施設のあり方やマニュアルにも影響を与えることができる。

第6章　福祉施設とケアプラン

① アセスメント

　施設のケアプランでのアセスメントは，入所者の身体機能状態や精神心理状態について情報を収集することになる。入所者の社会環境状態についてのアセスメント情報の収集も必要であるが，在宅のアセスメントとの違いは，施設ではすべての入所者に所与のハード面での環境があり，家族や友人などとの関係，自宅からの距離や経済状況といったソフト面での個々の入所者で異なっている社会環境についての情報収集に限られることになる。

　既存の開発されてきた施設のケアプランのアセスメント用紙については，入所者の身体機能状態についての問題状況をこと細かく把握するきらいが強いが，入所者のストレングスをもアセスメントし，それを計画の作成につなげていく必要がある。このストレングスには，入所者のADLやIADLを含めた能力，意欲，嗜好といったものであり，マイナス面に加えて，これらをアセスメントし，それをケアプランに反映することができれば，入所者に対して尊厳ある支援ができる。さらに，入所者と一緒に作成できれば，自らの能力，意欲，嗜好を活用する計画を作成できるだけでなく，それらを引き出す計画を作成することができる。

　また，過去の生活史からの情報も重要である。アセスメントで生活史を語ることを支援することで，入所者の肯定的な自己形成や自尊感情を引き出すことにつながることになる。アセスメントとして生活史をとらえることは，ケアプラン作成者がとらえる人間像を示しており，入所者の現在の状態を理解して支援するだけではなく，入所者の過去における出来事や事実だけでなく，その時々の思いを理解して支えていくことになる。レイニンガー（Leininger, M.）は「生活史の聴取は，個人の思考と経験を年代的な流れを追ってその人の独自の視点からとらえる専門的な方法であり，個人の主観的・客観的生活経験をその人の記憶や回想をもとに自己開示させる方法」[1]と生活史を把握することの重要性を指摘している。これにより，職員と入所者の相互関係が強化され，入所者の肯定的な自己形成に寄与し，質の高い生活を支えるケアプランの作成が可能となる。

　また，意思表示が十分でない入所者に限らないが，入所者との非言語的なコミュニケーションによるアセスメントも必要である。具体的には，入所者の表情やしぐさの観察からの気づきや感じたこともアセスメント情報として重要な意味がある。

② 計画の作成

　施設のケアプランの作成においては，入所者の生活ニーズを明らかにすることから始まる。この生活ニーズは，施設が生活の場である以上，生活していく上で困っており，解決したいことであり，理論的には，入所者の身体心理的状態とハード面やソフト面での社会環境状態との間でうまく機能していないこと（逆機能）から生じていることになる。このソフト面の社会環境状態には施設の

マニュアルも該当する。具体例として，入所者は「汗かきで，身体の清潔が保持できない」が，施設の入浴機会は「(マニュアルでは)週に2回」であることから，逆機能が生じ，それが生活上のニーズとして，「もっと身体の清潔を保持したい」や「身体の清潔が保持できないで困っている」となる。

その意味では，個々の入所者の身体面や心理面は全く異なることから，当然誰もが異なる施設のケアプランになる。こうした生活ニーズには，マニュアルでは応えていないニーズや，マニュアルで応えているが，このニーズは最重要で，ニーズを満たせない場合には入所者へのリスクが大きいため，念のため記述するニーズ，またマニュアルでの対応とは一部矛盾するニーズ，が相当することになる。

このような生活ニーズの中には，入所者のリスクを管理していくものも含まれる。施設のケアプランでリスクを管理すること自体は大切であり，入所者のリスクを予見し，回避するための計画を作成する必要があるが，その際の支援内容が過度なリスク回避の計画になる可能性もある。リスクの予防に過敏になると，誤嚥のリスクから経口栄養から経管栄養に，また徘徊のリスクがあるために，施設の玄関を閉じてしまうといったケアプランが作成されることになることも予想できる。そのため，リスクの回避の前提に，入所者に対する尊厳の維持といった施設の理念に基づきケアプランは作成される必要がある。

さらに，個々の生活ニーズに対して，解決に向けての援助目標を設定することになるが，ここでは最終的に達成される長期目標とそれを実現するための期限を決めた短期目標を設定することになる。この短期目標は，後で述べる支援内容がどこまで達成できたかを評価する上での指標になる。

現実の施設のケアプランについては，マニュアルとの関係が不鮮明で，本来であればマニュアルで対応すべきことまで生活ニーズとしてとらえてケアプランが作成され，大量の生活ニーズが示されている場合がある。そのため，常時ケアプランとマニュアルを照合しながら，個々の入所者に対する支援内容を明らかにしていく必要がある。同時に，作成された施設のケアプランをもとに，職員にはマニュアルとケアプランでの業務内容の徹底化を図ることが必要である。

③　ケアプランの実施

施設のすべての職員は作成された施設のケアプランに基づいて，業務を実施することになる。そのために，施設では，個々の入所者に関係する職員が集まり，ケアプランを検討する会議が実施されることになる。これは，定期的に期間を決めて開催するだけでなく，入所者等から要求があったり，入所者に問題が生じていると職員が気づいたときには，随時実施していくことになる。

④　評価

施設のケアプランの評価は定期的になされることになる。計画に示された短期目標が達成されたか，また長期目標に近づいているかを確認することである。

第6章 福祉施設とケアプラン

図6-2 在宅と施設のケアプランの関係図

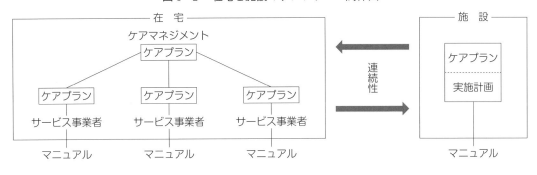

これについては，PDCAサイクルで入所者への支援がされるが，具体的な評価方法が明示される必要がある。ケアプランに示された個別支援項目について，生活ニーズに対して，長期目標や短期目標が示されているが，こうした目指すべき目標が定められることにより，この短期目標が達成されたのかどうかが評価である。短期目標が3か月なりをゴールにするなら，そこで職員の業務も目標を達成したかどうかを3か月で評価すればよいことになる。

この評価結果に基づき，再度アセスメントがなされ，施設のケアプランが修正されていくことになる。

こうした施設のケアプランの作成・実施とケアやリスクのマニュアルを実施することで，以下のことを目的にすることになる。

・入所者に質の高い施設生活を提供することにある
・入所者の自立の支援を行うことにある。これは，自らの有している力を最大限活用しながら，自らが決定した支援を受けることにある
・入所者への支援がどのような効果を持っているのかの評価をすることにある。そこから，評価に基づき再アセスメントがなされ，継続的に支援していくことにある
・入所者に可能性のあるリスクを予見し，回避する支援を実施することにある
・入所者に対して，すべての職員が同じ目標でもって，チームで支えていくことになる
・ケアプランの実施過程を介して，施設のハード面だけでなくソフト面での環境が改革されることになる

☐ 在宅と福祉施設における両ケアプランの関係

ここでは，在宅と福祉施設でのケアプランは，どのような類似性と相違性をもっており，両者をいかに連携させていくかについて検討してみる。

図6-2は，在宅と福祉施設の両ケアプランの枠組みの概略を示したものである。

在宅のケアプランは，2段階に分かれる。前段のケアプランは，ケアマネジ

メントによるケアプランであり，後段は，訪問介護や通所リハビリといった個々の直接サービス提供者のケアプランである。このケアプランは，介護保険制度では個別援助計画と呼ばれている。他方，福祉施設のケアプランは，在宅での2段階のケアプランを1つのケアプランのなかに包摂している。こうした違いが生じるのは，在宅では，1つの組織を超えて，多くの機関がケアプランに関与しており，個々の組織も各サービスごとのプランが求められるからである。ところが，施設のケアプランは，同じ組織内でのプランであり，かつほとんどが施設内スタッフで業務を分担するものとなっているからである。

図6-2の関係図からもわかるように，在宅であっても施設であっても，生活ニーズとは「生活していく上で困っている課題」であり，その意味では，同じ手法が活用されることになる。ただし，在宅・施設ともに，個々のサービスについての「マニュアル」が必要である。その場合，在宅については，個々の組織ごとに「マニュアル」が必要となるが，施設の場合は1つの組織内「マニュアル」に一括されることになる。

「マニュアル」とケアプランの関係は，前者がサービスを標準化するものであり，後者がサービスを個別化するものであり，両極の関係にある。マニュアルはサービス内容を画一化する側面が強いため，いままで社会福祉従事者にはなじみの薄い，ときには忌み嫌われる存在でもあった。

しかしながら，両者は相互に補完し合うことで，施設や在宅での入所者の支援を図ることができる。具体的にいえば，ケアプランの眼目は，「マニュアル」には示されていないことや，「マニュアル」の内容と矛盾することを計画し，実行することにある。

一方，ケアプランをもとに一般化できることは「マニュアル」に追加され，さらに職員が入所者支援において「ヒヤリ」や「ハッ」とした場合には，まずは，ケアプランの修正を検討し，一般化できるものは「マニュアル」に追加や変更をしていくこととなる。そのため，今後の方向としては，ケアプランの作成と「マニュアル」の充実は，車の両輪として考えていかなければならない。

さらに，両者のプランが連続したものとなることにより，円滑な入所・退所が可能となる。そのためには，アセスメントやケアプラン内容の重複部分についての情報が，入所者の了解のもとで，在宅と施設の双方の事業者間をうまく情報交換していく仕組みづくりが求められる。また，両者で共通して必要となるアセスメント項目についての共同の検討も重要となる。

❷ 老人福祉施設におけるケアプランの実際

1 事例の概要

　本事例は，2013（平成25）年に脳梗塞を再発し，病院にてほぼ寝たきりの女性が，施設に入所し，日々の生活やケアプランを通し，排泄・食事・歩行の状態が向上し家庭への外出へつながった事例である。何よりも歩行状態の向上と排泄の失敗が減ることにより自信が持て活動的になったこと，また，介護支援専門員，管理栄養士，機能訓練指導員，生活相談員，看護師，介護職員といった多職種と家族がチームとなりケアの方向性を定め，本人らしさを取り戻して行った事例である。

◻ Ｉさんについて

　84歳，女性。

　家族構成は長男との2人暮らし。2週間に1回程度市内に住む長女と次女の訪問がある。

　要介護度5（入所当時），障害高齢者自立度Ⅳ（入所当時），認知症高齢者自立度B2（入所当時）。

　健康状態は，現在，脳梗塞後遺症，アルツハイマー型認知症（77歳時診断）。既往歴は，脳梗塞（76歳），脳梗塞再発（83歳），中心性頸髄損傷（78歳），腰椎圧迫骨折（82歳）。

◻ 入所までの経緯

　Ｉさんが63歳の時，夫が他界。その後から軽度の認知症状が出現する。77歳でアルツハイマー型認知症の診断を受ける。翌年介護保険制度の要介護認定で，要支援1の認定を受ける。区分支給限度基準額の範囲内でデイサービスの利用を開始。さらに半年後要介護1の認定を受け，デイサービスに加え，訪問介護（認知症自立支援目的で食事作り）を利用するようになる。

　82歳の時，特別養護老人ホームの入所申し込みを行う。翌年脳梗塞再発。構音障害，右片麻痺が出現し入院となる。治療により右片麻痺は軽快したが，意欲の低下があり，ほぼ寝たきりの状態となる。病院から退院の話が出るが，同居の長男は就労しており，在宅での生活は困難なため，転院することになる。また状態の変化に伴い区分変更申請を行ったところ要介護度5となる。

　翌年84歳で，特別養護老人ホームへの入所となる。

第Ⅱ部 実 践 編

2 ケアプランの作成・実施のプロセスと展開

□ 入所時の状態

　環境が変わり緊張のせいか，表情も硬く言葉も少な目である。職員が右手を握れるか問うと，ゆっくりとグーパーをする。右足が上がるかたずねると，5cmほどフットレストから足を上げることができる。排泄は病院時の対応と同様に昼夜共ベッドでの交換とした。食事は，スプーンを使用し何とか口まで運ぶことが可能であったが食事量は安定していない。

□ 暫定プラン立案と生活状況（3～4週間）

　暫定プラン作成に当たり，ご家族の希望は今までの入院生活で人との関わりが少なかったため「みんなの輪に入り会話をするなど楽しみながら過ごして欲しい」「日中起きる時間を作って欲しい」との意見が聞かれた。また，本人の意向は本人の生活歴や以前の趣味を家族より聞き「好きな花の鑑賞や水やり等出来ることを楽しみたい」とした。

　暫定施設プランとして，まずは環境に慣れて頂くことに重点を置き，その中で本人の生活リズムや体調に配慮するものとした。

　暫定栄養ケアプランでは，本人の咀嚼状態や摂取状況から，ソフト食，ムース粥，副食2分の1量とし，栄養を補うために高栄養食品を300ml提供する事とした。

　暫定機能訓練計画書においては，本人でできる動作の確認を見極めながら適切な介助方法を決定していく事と離床時の座位姿勢の調整とした。3つの暫定プランとも，本人の状態の確認とできそうなことを探るということに重きを置く形とした。

　生活状況としては，入所して2，3日は慣れない環境ということもあり，発語は少な目であったが1週間が過ぎた頃より，自身の訴えや職員とのコミュニケーションも徐々に増えていったと感じる。

　食事に関しては，2013（平成25）年9月に脳梗塞を発症してから義歯を使用していない状況であったが，入所して12日目に，歯科医師より往診してもらい義歯を調整してもらうと同時に，機能訓練指導員より嚥下評価に入ってもらう等した。結果ムース粥からお粥へ，副食はソフト食から刻み食へ変更となり，摂取量もより普通食に近くなったためか以前に比べ少しずつ摂取するようになった。

　水分量に関しても摂取量が増えた。これは周りの雰囲気や話し相手の存在が水分量に反映されたと考える。

　離床時間に関しては，三食の食事時と日中，午前午後の1時間をめどに行うこととした。

また，家族の面会頻度も多く，長男・長女・次女・孫がそれぞれ入れ替わりで来園し本人と過ごす時間を設けていた。職員は，家族に日中の過ごし方や食事の様子を随時報告し，情報の共有に努めた。

その他の余暇時間においては散歩の際に花を観賞し喜ぶ様子がうかがえたため定期的に花や野菜の水遣りを行うこととした。その他，歌や体操のレクリエーションに参加を促しながら日常生活の活性化に努めた。

□ モニタリングを経て本プランへ

入所し1か月が経過し，各専門職は，本プランに向けてのモニタリング会議を開催した。モニタリング会議で各専門職が本人の生活リズムや身体状況の確認を行うなかで「自身の意見を伝えることができるので，尿意の感覚が少しでも残っていればトイレでの排泄が可能ではないのだろうか」と言う意見があがった。本人に尿意について聞いたところ「出るような，出ないような」と若干曖昧な返答が返ってきたが，まずは出そうな感覚があれば職員を呼んでほしいと説明した。また，同時に機能訓練指導員を中心にトイレ介助の方法を検討し，訴えがあった揚合は職員2人で対応することとし1人の職員は前方から抱え，手すりに摑まってもらい立位が取れるようにし，もう1人の職員はズボンと排泄用品を下ろし座ってもらう役割とした。トイレでの排泄は家族の了解のもと機能訓練計画書に位置付け経過を追うこととした。

家族からは「トイレで排尿ができれば，少しくらいの時間であれば家に連れて行けるんだけど」という話が聞かれた。面会時によく本人から「家に連れて行って欲しい」と訴えが聞かれるとのことであった。これらの言動から，本人が家に帰りたい気持ちはトイレでの排泄へ向けての大きなモチベーションへ繋がるのではないかと考えた。

施設プランでは日常生活全体を網羅する意味も含め，長期目標に「生活のリズムを整える」，短期目標に「生活の中での楽しみを増やす」という目標をあげ，大好きな花の鑑賞や水遣り，歌や踊りの慰問への参加をサービス内容にあげた。またそれに加え家族と過ごす環境の整備や自宅への一時帰宅（外出）の検討・相談を盛り込んだ。このプラン内容を家族・本人に説明したところ，家族が本人に「頑張れ」と声を掛け，本人は笑顔の表情で頷いていた。以上，施設プラン・機能訓練計画書・栄養ケア計画の3つのプランを暫定プランから本プランへ移行し本人，家族より同意を得る。

□ 排泄と帰宅欲求

本プランの説明後，本人より職員や家族へ対して帰宅欲求が時々，聞かれるようになってくる。これは家族に聞いたところ，病院入院時もたまに聞かれたとのこと。家族も外出時の排泄を気にかけており，トイレでの排泄が可能とな

れば外出を考えていきたいと話がある。

　トイレへの誘導は，本人の生活リズムを考慮して，本人の訴えがなくとも，起床時の6時30分，10時，午後の活動時間前の14時，夕食前の17時，就寝前の19時30分の1日5回の誘導を職員2名で行うこととした。最初は，本人からの訴えもなく，トイレへ誘導はしてみるものの，排泄用品内にすでに排尿があり，トイレに排尿することは見られずにいた。この期間，本人の落ち込み等は見られず，職員や家族とのコミュニケーションも変わりなく図られていた。

　トイレ誘導を始めて6日目17時のトイレ誘導をしようと職員が本人のところへ行くと，本人より「しっこが出る」との訴えが聞かれる。職員の介助によりトイレに座り約10秒後に排尿が見られた。

　その時の本人の表情は，にこやかであり，職員も，自身のことのように喜んでいた。

　翌日，長男・長女が別々に面会にきた時，それぞれにトイレでの排尿について説明を行い喜んでもらえた。

　この出来事で本人と職員のモチベーションも上がっていった。その後のトイレ誘導でも徐々にトイレ内での排尿が見られ，当初時間を決めて行っていたトイレ誘導も本人の訴えた時へと時間が変わっていった。また，日中のトイレでの排泄が増えたと同時にケア用品の見直しを行うこととした。

☐ 立位機能の向上とモニタリング

　その後もトイレでの排尿は定期的に見られており，それに伴って立ち上がり動作も徐々に安定してくる。そこでトイレ誘導時に本人よりトイレの手すりに摑まってもらい機能訓練指導員立会いの下，立ち上がり動作の評価を行う。その際，職員が少し身体を支えるほどの軽介肋で立ち上がりが可能であり，立ち上がってからも10秒ほど立位保持が取れるようになっていた。

　以上の評価内容から，トイレ誘導は職員2名での介肋から1名へ変更した。

　そして7月，各職種が集い毎月行われるモニタリング会議の場で施設プラン・機能訓練計画言・栄養ケア計画の評価を行った。施設プランでは，主に余暇時間についての確認を行った。長期目標・短期目標で上げていた「生活のリズム」「楽しみのある生活」も本人の表情や様子から，少しずつ達成されているのではないかとの評価であった。

　栄養ケア計画については，食事量が入所当時の平均3割摂取から7〜8割近く摂取できるまでとなった。体重も4月入所時から2kg増加した。水分の摂助量もふえた。食形態に関しては，本人もより常食に近い方が食欲もわくとの話しが聞かれたため，きざみ食から常食を1口大に分け提供することとした。

　機能訓練計画書においては，立ち上がりと座位保持の評価を行い現在もしっかりと維持ができている現状と今後について話し合いを行った。

その後，家族面会時に現在の施設での過ごし方や排泄・食事・水分の状況，そして身体機能面の説明と歩行器を用いての歩行訓練について説明を行った。家族は「ここまで良くしてもらってありがたいばかりです。歩行の訓練にしても，無理なくやってもらえれば良いと思いますし，おまかせします」と言われた。本人は「もう，しばらく歩いてないから，歩けるかわからないけど，少しでも自分で歩けると良いよね」と前向きな返答が聞かれた。これに伴い，機能訓練計画書の変更を行った。

歩行訓練への取り組み

歩行訓練は毎日職員が本人に意向を聞きながら負担なく行うこととし，職員2名で対応することにした。

職員の声掛けで少しずつ足が出るようになる。

その後，本人の意欲も低下する事なく，1週間4～5日のペースで訓練を実施した。訓練開始から1週間の平均歩行距離は約4mほどであった。訓練を開始し2週間目に入ったところで家族に，歩行訓練の様子や排泄の様子を説明する。家族より「お盆には家へ連れ帰りたい」という発言があった。本人にも伝えたところ笑顔になっていた。

その後も訓練は本人の意向を聞きながら続けられ，職員が意向を聞かなくとも歩行器を指さし「あれ，するんだ」と積極的な姿勢がうかがわれる日も出てきた。その反面，疲れの訴えや膝の違和感も聞かれることもあったため，職員側がセーブする日も設けた。

歩行訓練を開始して約1か月が経過し歩行距離は，日によってムラはあるものの平均で8～16m，最高で23mまで歩行器を用い歩行することができるようになった。

自宅への外出とプランの評価

そしてお盆を少し過ぎた8月17日いよいよ外出の日となった。職員の送迎にて，自宅へ到着する。自宅には長男・長女・次女がそれぞれ待っており久しぶりの自宅で時間を有意義に過ごした。今回は初めての外出ということで自宅滞在時間を5時間に設定した。職員が自宅へ迎えに行き施設へ帰園した。家族より今回の外出で「表情が大変良く，言葉も多く発し庭の花を懐かしそうに眺めていた。また兄弟で都合を付け外出の機会を設けたいと思う」と話があった。

また，下肢のむくみがすこしあったと話しが聞かれ，原因として離床時間が増えていることが考えられる旨を説明し，下肢の挙上時間を設けていくことを伝える。

第Ⅱ部　実 践 編

☐ 評価

　施設ケアプラン・機能訓練計画書・栄養ケア計画の評価としては，暫定ケアプランでは本人の「できること・できそうなこと」の可能性を探りつつ生活パターンやリズム，コミュニケーションに至るまで職員・家族も含め情報を共有できたことがあげられる。また，食事においては義歯の調整や食形態の変更を重ね食事量の増加につながったと考えられる。身体機能としては離床時の座位姿勢の調整から始め，立ち上がり・立位保持といった上下肢の筋力維持，現在は歩行訓練を行うまでとなり，これは定期的なモニタリングと機能評価に入ったことで少しずつ本人の身体機能を向上できたのではないかと考える。

　そして本人の「自宅に戻りたい」というモチベーションも大きな力になったことは，言うまでもない。そしてもっとも良かったと思う点は，入所時に本人と家族の希望であった，日常生活の活性化が図れるようになったことだと感じる。もちろん，食事・水分摂取量の増加に伴い体力が養われ，トイレでの排泄で自信を取り戻したことはいうまでもないが，本人が好む花の鑑賞や水やり，レクリエーションへ積極的に参加することで，「本人らしさ」を少しずつ取り戻せているのではないかと感じる。

　個別機能訓練計画書（資料6-1）・栄養ケア計画（資料6-2）という2つの土台があり，生活全般を網羅した施設プラン（資料6-3）が成り立ったと考える。

3 課　題

　トイレ誘導や歩行訓練を行う中で徐々に立位も安定してくると，自分でトイレに行こう，フロアに行こうという気持ちがでてくることが考えられる。その際に，ベッドからの転落や移動時の転倒等のリスクが予想される。それに対して，安全面に配慮することはもちろんだが，過剰に配慮するあまりに，本人の行動が制限されて，モチベーションが下がらないような対応を考えていかなければならない。

　排泄に関しては，トイレでの排泄が行えているが，排便の失敗が目立つため，再度アセスメントする必要がある。今後，トイレ誘導の時間や下剤の調整をしていくなかで，医師や看護師とも連携して取り組んでいかなくてはならない。

　また，日中，活動的に生活しているが，夜間にベッド上で大きな声をだして眠れていないことがある。家族に入所前の自宅での睡眠状況などをたずねたところおおよそ21時頃に就寝し，5時頃に起床していたとの話があった。その時間に合わせて就寝，起床の声かけを行ったが，大きな変化はなかった。また，自宅での就寝時の照明やベッド周りの環境も尋ね，それに近づくように居室の環境を整えたが，変化はあまり見られなかった。今後，排便コントロールと生活のリズムを整えることでより一層，生活の幅が広がり本人らしい生活を送る

資料6-1　個別機能訓練計画書

特別養護老人ホーム　○○○○

平成26年○月○日

個別機能訓練計画書

作成年月日　平成26年○月○日

計画期間　平成○年○月○日～平成○年○月○日

利用者名	Ｉ　様	男・㊛	昭和　年　月　日生　83歳9ケ月	作成者		要介護度	要介護5

寝たきり度　B2　　認知症度　Ⅳ

住所

利用者及び家族の意向希望	ご家族の意向：日中、起きる時間を作って欲しい。人の輪の中に入って欲しい。

目標に対する立案時の状況	体力、筋力ともに、比較的保たれており、日中は安定した座位で長時間過ごすことができております。今後は、移乗動作を継続し、筋力の維持に努めます。

本人のニーズ	長期目標	短期目標	サービス内容	予定曜日	予定時間	担当者	期間
安心して過ごしたい。	トイレで排泄することができる。	立ち上がり、立位保持により、上下肢の筋力を維持することができる。	トイレ誘導時に手すりにつかまり立ち上がり、立位を10秒程度保ちます。毎食時には、テーブルにつかまり立ち上がり立位を10秒程度保った後家具椅子に座り替えます。	毎日	トイレ誘導時毎食時前	ご本人、介護職員	H○.○.○ ～ H○.○.○

上記サービス計画について説明を受け、内容に同意しました。

説明年月日　　　年　　月　　日　　説明者

同意年月日　　　年　　月　　日　　署名　　　　　　　印

資料6-2 栄養ケア計画書

栄養ケア計画書（施設）

氏名：	I 様	入所(院)日 :	平成〇年〇月〇日
作成者		初回作成日 :	平成〇年〇月〇日
		作成(変更)日 :	平成〇年〇月〇日

		説明と同意日	
利用者及び家族の意向	ご家族【みんなの輪に入って会話するなど楽しみながら過ごしてほしい】	サイン	
解決すべき課題（ニーズ）	低栄養状態のリスク（⑲・中・高） 貧血の悪化を防ぐ為、鉄強化食品を提供します。 少量の食事で満腹感を感じられる為、不足する栄養は高栄養食品で補います。摂取量が少ない為、食事と水分摂取量の確認を行います。		
長期目標と期間	食事をしっかり摂り、体調良く過ごすことができる。 （H〇/〇/〇〜H〇/〇/〇）	続柄	

短期目標と期間	栄養ケアの具体的内容	担当者	頻度	期間
①栄養補給・食事	①貧血が悪化しない。	①①医師の指示のもと、鉄分を強化した貧血食の療養食を提供します。 (鉄強化食品：プロテインゼリー 鉄5mg)	管理栄養士 調理課職員 介護課職員	毎食	H〇/〇/〇〜 H〇/〇/〇
	②安定した食事、水分摂取量を保つことができる。	②①ご自身の嗜好や食事、水分の摂取状況等を確認しながら身体状況に合わせた食事内容・形態を検討・提供します。また、高栄養食品を提供し、不足する栄養を補います。 (きざみ食 お粥100g 副食1/2量 汁 高栄養ゼリー300ml 高栄養飲料200ml) 1日の栄養摂取量（エネルギー：1650kcal たんぱく質：75.7g）	管理栄養士 調理課職員 介護課職員	毎食	H〇/〇/〇〜 H〇/〇/〇
特記事項	嗜好を探りながら、食事と水分の摂取状況を確認し、しっかりと食事を摂取することで、体調よく生活することが出来るよう援助させていただきます。 平成26年6月1日からの本栄養ケアプラン			

資料6-3 施設サービス計画書

施設サービス計画書（2）

要介護度　要介護5

利用者名　　　　I　　様　　　　　　　　　　　　　　　　　　　　　　作成者

生活全般の解決すべき課題（ニーズ）	目標				援助内容			
	長期目標	（期間）	短期目標	（期間）	サービス内容	担当者	頻度	期間
安心した気持で過ごすことができ楽しみを増やしていきたい。	生活リズムを整え過ごすことができる。	H○/○/○ ～ H○/○/○	生活の中で楽しみを増やすことができる。	H○/○/○ ～ H○/○/○	①ご自身のペースで無理なく過ごせるよう生活リズムを整え、興味のあることや出来ることを探り楽しみの時間を増やせるよう検討していきます。(大好きな花の観賞や水遣り、余暇活動への参加等)	介護職員 多職種	随時	H○/○/○ ～ H○/○/○
					②ご家族と過ごす時間を大切にし、自宅への外出について相談していきます。	生活相談員 介護支援専門員 介護職員 家族	随時	H○/○/○ ～ H○/○/○

ことができるのではないかと思われる。そして，本人や家族から外泊を希望され，自宅でゆっくり過ごされる日が訪れることを目指していきたい。

老人保健施設におけるケアプランの実際

1 事例の概要

　介護老人保健施設は創設された1988（昭和63）年（当時は老人保健施設）から在宅復帰・在宅支援のための施設として位置づけられている。近年は看取り機能の強化なども推し進められてはいるが，介護老人保健施設の中心的な機能は，やはり在宅復帰・在宅支援である。当施設も可能な限り在宅復帰を支援し，当施設から在宅復帰した利用者に対しては特に積極的に在宅支援を行っている。また，当施設は，全国老人保健施設協会が開発し，普及を図っているR4システムを採用してケアマネジメントを実践している。本事例もR4システムを用いて腰椎圧迫骨折後のリハビリテーションと退所後の自宅での生活の調整をケアマネジメントし，在宅復帰に成功した事例である。

□ Jさんについて

　Jさんは80代半ばの，物静かで温厚，面倒見が良く几帳面な女性である。Jさんはもともと現在の自宅近くの出身で，20代前半に兼業農家の夫と結婚している。夫との間に4人の子（長女，長男，次女，三女）をもうけ，その子らを育てながら農業に従事してきた。4人の子らが独立した後も，夫と2人で農業をしながら暮らしていた。Jさんらが高齢になってからは，稲作は親戚に任せ，畑で育てた野菜や花を訪ねてきた子らや知り合いに持って帰らせるのが楽しみになっていたようである。また，Jさんの自宅周辺の地域は田畑を持っている家が多く，近隣もみな顔見知りであり，畑仕事がひと段落する午後からは近所の知人宅を訪ねて過ごすことが日課であった。ただ，ここ数年は，畑仕事の後，自宅で横になっていることも増えていたようである。当施設入所の約1年前には夫が他界しており，これを機に要介護認定の申請を行った。要支援1の認定を受け，近隣の通所介護に週1回通うようになったが，それ以外は夫の生前と同様の生活を送っていた。

　一方，Jさんは当施設入所の2年前から近医（神経内科）に通院をしている。通院のきっかけは易怒性，性格の変化や妄想（主に何かが盗まれたといった内容），不安などの症状が頻繁に見られるようになったため，心配をした家族が専門医の受診を勧めたことであった。受診の結果，アルツハイマー病および貧血との

第6章 福祉施設とケアプラン

診断を受け、アルツハイマー病治療薬と貧血に対する薬が処方された。薬を飲むようになっても、被害的な妄想や易怒性はやや落ち着いたか、という程度で、明らかな効果は見られなかった。これらの内服薬は現在も処方されている。

入所までの経緯

Jさんは、当施設入所の約2週間前の休日、畑仕事の最中に腰に強い痛みを感じて身動きが取れなくなってしまった。普段から1週間に1度はJさんの様子を見に訪れている長女が、たまたま訪問中であったため、市内の救急病院に連れて行き、第3腰椎圧迫骨折と診断された。受診をした救急病院では入院の必要性はないと判断されたものの、Jさんは腰痛のためにほとんど身動きが取れず、また、病院からも安静を言い渡されたため、1人暮らしの自宅で療養するのは困難であった。そこで、救急病院の医療福祉相談室に相談をし、市内の整形外科病院に入院することとなった。

整形外科病院入院後、急激な環境の変化や安静を保つためのベッド上での生活の影響と思われる幻覚や幻聴が出現し始めた。そのため、ベッド上での安静も保てず、同室の患者からも苦情が出始めた。結果的に入院治療の継続が困難となり、施設への入所を勧められ、要介護の認定がされるであろうとの見込みで（転院と同時に要介護認定の変更申請も行い、認定調査を受けた時のJさんが、ほぼ寝たきり状態であったため、約1か月後に要介護4で結果がでた）当施設への入所相談へとつながった。

2 ケアプランの作成・実施のプロセスと展開

インテーク

入所相談に訪れたのは長女と長男であった。長女と長男は対応にあたった支援相談員に、1人暮らしは遅かれ早かれ限界が来ると思っていたし、むしろここまで1人でよく頑張ってきたと思っている、これを機にどこかの施設でずっと預かってもらいたい、母にもその方が良いと思うということを訴えた。

支援相談員はそのような家族の気持ちを受け止めつつ、Jさんの入院までの心身の状態や生活状況、現在の状態を確認し、さらに、介護老人保健施設の機能や当施設の方針について説明を行った。その上で入所申請を受け付け、入所前の面接調査の約束を取り付けた。面接調査には入所相談を担当した支援相談員、看護師、介護福祉士（介護支援専門員兼務）、作業療法士が出向いた。

面接時のJさんは当施設職員の質問にも的確に回答され、実際の年齢よりもしっかりとした印象を受けた。Jさんは入院に至るまでの経緯や現在の入院生活、入院するまでの自宅での普段の生活ぶりなどを言葉数は多くないがていねいに話された。また、現在の身体の状態についてもすべて自分で説明をした。面接後、当施設職員が入院中の病院職員にJさんから聞いた話を確認したとこ

第Ⅱ部 実 践 編

ろ，ほぼ正確な内容であることが確認できた。入所相談と面接調査で確認できたJさんのADLやその他の情報は以下の通りである。

・ADLは，現在の入院生活では，ほぼ自立しているが，排泄は，安静保持の観点からリハビリパンツを使用しながらベッドサイドのポータブルトイレで済ませるように指導されている
・腰痛は当初よりは軽くなっているが起居動作時は相当の痛みがある
・安静保持による下肢筋力低下と腰痛のため歩行能力の低下は顕著で，転倒のリスクが高い
・日常のコミュニケーションは問題なく，アルツハイマー病と診断されているが，落ち着いているときは，ベッド上安静等の病院の指導も守れており，面接時の印象からはアルツハイマー病の診断が信じられないほどしっかりとした対応ができる
・不穏や幻覚・幻聴は主に夜間に見られ，昼間はおおむね落ち着いており，夜間せん妄と推測できる
・病院での入院生活，特に行動制限に対して，非常にストレスを感じている
・子らの思いとは食い違うが，Jさん自身は自宅へ帰ることを非常に強く望んでいる
・同室者の苦情はかなり厳しく，面接に訪問した当施設職員に対しても相当きつい口調でJさんへの対処を求められた

□ アセスメント（含む入所判定）

　これらの情報と病院からの医療情報を基に介護老人保健施設に定められている入所判定会議を開催した結果，入所可能と判定し，Jさんの早く自宅へ帰りたいという意向を踏まえ，2か月をめどに在宅復帰を目指すことも決定された。冒頭でも述べたように当施設ではR4システムを採用している。R4システムでは，入所判定時に入所当日から詳細なケアプランを立てるまでの間の初動期のケアプラン（いわゆる暫定ケアプラン）を，入所判定と同時にケアマネジャーを中心とした全職種の合議で立案することが推奨されている。そのために，この時点で洗いだされたニーズは以下のとおりである。

・腰の痛みを和らげたい
・トイレで用を足したい
・腰痛と下肢筋力低下のため歩行が不安定になっており，歩行能力向上のためのリハビリテーションが必要である
・腰痛と生活環境の急な変化によって精神的に不安定になる危険性がある
・身体機能向上のために現在の栄養状態を維持する必要がある
・自宅へ帰るために自宅で生活できる条件を整える必要がある

　以上6つのニーズのうち，「自宅へ帰るために自宅で生活できる条件を整え

る必要がある」は入所後の状態観察の結果とJさんと家族，居宅ケアマネジャーの意向も踏まえたうえで入所後の詳細なケアプランで扱うこととした。

この後，入院して2週間目に腰痛コルセットができあがったことを機に整形外科病院を退院し当施設に入所となった。なお，入所時には入院先の病院から処方されているアルツハイマー病治療薬，貧血改善薬，腰痛のための消炎鎮痛剤と湿布薬を持参していた。

☐ プランニング

初動期のケアプランをベースに，入所後の観察結果も踏まえ，入所後9日目に詳細なケアプランを立案した（資料6-4）。

当施設では，サービス担当者会議の場で，ケアプランを最終確定する。その際は，ケアマネジャーや支援相談員が事前に聞き取った利用者と家族の要望および，各専門職が担当者会議までに洗い出した必要性を総合的に判断しニーズを確定する。そして，それに応じた目標を設定し，ケアの内容を決定している。

Jさんのケアプランを立案する際にポイントとした点は以下のとおりである。
・腰痛とトイレというJさんにとって切実な課題を優先的に扱っていること
・Jさん自身にはそれほどの危機感はないが，専門職から見た必要性として，Jさんの自宅へ帰りたいという思いを実現するためには身体機能（特に歩行能力）の回復が欠かせず，このことに注力していること
・自宅へ帰るためには精神的安定や意欲の維持・向上，認知症の進行予防が欠かせず，身体面だけでなく精神面にも配慮していること

☐ モニタリング（ケアプラン実行状況の追跡）

当施設ではケアプランを実行するためには周知が重要であると考えている。そのため，立案したケアプランを周知する目的で2種類の書式を利用してケアプランの周知を行っている。書式の1つは，それぞれのケアプランの内容を要約した要約表である。これを，ケアプランを立案した当日中に作成し，関係職員で回覧し確認のサインをしている。もう1つは，24時間のスケジュールの中に，ケアプランのケア内容を記載した表（いわゆる行動計画表）で，利用者7人分のスケジュールを1枚に集約した集約表である。職員は，勤務時間中に何度かこの表に目を通し，次の時間帯には誰にどのようなケアを提供するのかを確認しながら業務にあたっている。これによりケアの実行漏れを防いでいる。

Jさんのケアプランは，ケアの担当者や実行の場所，時間を明確にしやすい内容であったこと，Jさんからのナースコールを受けて対応する内容が含まれていることで周知と実行はスムーズに行われた。

資料6-4　ケアプラン

新全老健版ケアマネジメント方式 ～R4システム～
介護老人保健施設ケアプラン(リハビリテーション・ケア・栄養・口腔)総合計画書

利用者氏名	障害自立度		要介護度	認定有効期間：	～	
J	認知症自立度		4	介護支援専門員： ㊞	担当者：	㊞

原因疾患	発症及び経過
第3腰椎圧迫骨折	平成26年○月○日畑仕事中に腰に強い痛みを覚え、そのまま動けなくなった。 B病院を救急受診し診断される。入院の必要はないとのことであったが、1人暮らしのため自宅療養は不可能とのことで、C整形に入院となった。入院後、夜間せん妄が出現し、入院加療は困難とのことで、当施設入所となった。

専門職(チーム)アセスメント 及び 実施計画内容等の要点

介護担当 D	入所当初から穏やかに過ごされている。 入院中は夜間せん妄があったとのことだが、入所後は見られない。 認知機能も問題ないように思われる。 トイレで排泄をしたいとの希望がある。尿・便意は、ほぼ正確であるが歩行が不安定なため、現在は昼夜トイレ誘導をナースコール対応で行っている。 腰の痛みはずいぶん楽になったとのことで、起き上がりや立ち上がりなどの動き出しに不自由がある様子だが、施設内での生活はほぼ自立している。 コーヒーが好きと話されていたので、喫茶コーナーでコーヒーが飲めるようにプランに日常の楽しみを取り入れて意欲を強化したい。	リハビリ担当 E	リハビリ実施計画書の要点： 腰痛と腰痛発症後約2週間の安静のために下肢筋力の低下が著明で転倒等のリスクは高いが、麻痺等はなく訓練によって入院前の状態に回復は可能であると考える。 長期目標：自宅へ帰って畑ができる 短期目標：在宅復帰のために必要な歩行能力の獲得 プログラム：下肢筋力強化・バランス・階段昇降・屋外歩行訓練 ※退所前訪問を実施し自宅の環境調整を行う
医師担当 F	アルツハイマー病の診断を受けているが、入所後の印象ではごく軽度の印象。 軽度の貧血はあるが、全身状態は安定している。 難聴があり、耳垢栓塞も疑われる。処置が必要か…	看護担当 G	腰痛は改善しているとのこと。C整形で作ってもらったコルセットも苦しいとのことで外してしまってほとんど使っていない。 認知機能は、施設内での生活上は問題は見られない。食事時間やリハビリの時間も覚えておられる。着替え等も1人で適切にできている。 自宅へ帰りたいという思いが強く、あまり入所が長引くと意欲低下につながる恐れがある。
栄養担当 H	栄養ケアマネジメントの要点： 身長：143cm 体重：45.1kg BMI：22.1 必要栄養量：熱量1330kcal　蛋白質45g 食事形態：常菜・ご飯 アレルギー、好き嫌いなし 現在、貧血はあるが、栄養状態におおむね問題はなく、現在の状態維持を図る。	支援相談員担当 I	Jさんはなるべく早く自宅へ帰りたいと希望されている。 ご家族は1人暮らしは心配なので、できるだけ長く施設で生活してほしいと望んでいるが、Jさんの意向から、無理強いもできないと理解はされている。 Jさんは近隣住民との交流もあり、援助も得られる状況である。また、以前から長男と長女が分担して2回/1週間は様子を見に訪問しており、自宅へ退所した後も継続は可能とのこと。 担当居宅介護支援専門員とJさんや家族の信頼関係は十分で、退所前のカンファレンスや訪問に立ち会ってもらうように依頼済み。

利用者及び家族の意向	総合的な援助方針
利用者：しっかり歩けるようになって、自宅へ帰って、以前のように畑仕事をしたい。 家族：高齢で認知症もあるため1人暮らしは心配だが、本人が希望しているので、通所サービスや必要な支援を受けて安全に暮らせるようにしてほしい。	自宅への退所を実現するために、身体機能の向上と退所後の生活をイメージした自宅での生活に必要な動作が行えるように支援する。

第6章　福祉施設とケアプラン

新全老健版ケアマネジメント方式 〜R4システム〜
介護老人保健施設ケアプラン(リハビリテーション・ケア・栄養・口腔)総合計画書

利用者氏名	障害自立度		要介護度	認定有効期間:	～		
J	認知症自立度		4	介護支援専門員: K		担当者:	D

作成日:	目標(長期)	加算項目
	自宅へ帰って畑仕事をする	短期集中リハビリテーション 栄養マネジメント

課題／ニード	目標(短期3か月)	ケア項目	ケア内容	担当	評価(日付:　)
#1 腰の痛みを和らげたい	自分で我慢できる程度の痛みに和らげる	疼痛	①「焦って無理をすること」「前屈・後屈・腰をねじること」は症状を悪化させる危険性が高いことを、トイレ誘導時にその都度伝える ②痛みが強いときは安静を保てるように促す 状態によっては鎮痛剤を臨時で追加処方する	誘導担当 看護 医師	
#2 トイレで用を足したい	トイレで用を足すことができる	排泄	①尿意・便意を感じた場合にはナースコールで知らせてもらい、トイレまで付き添う。ふらつきがあるため転倒に注意し、危険な場合は手を添える等の介助を行う ※遠慮から無理をして1人で行く可能性があるので注意 腰椎圧迫骨折後のため、その都度、無理をしないように声掛けを行う ②誘導の際は、パッドに汚染がないか確認を行う	誘導担当 誘導担当	
#3 腰痛と下肢筋力低下のため歩行が不安定になっており、歩行能力向上のためのリハビリが必要である	リハビリを行い、1人で施設の周囲を歩けるようになる	リハ	短期集中リハ 下肢筋力強化・バランス・階段昇降・屋外歩行訓練 ※詳細はリハ計画	担当リハ	
#4 腰痛と生活環境の急な変化によって精神的に不安定になる危険性がある	施設での生活に楽しみを見つけ、安眠できる	レク	①月・水・金午後のコーラスにへの参加を促す ②木・土午前に喫茶コーナーに誘い、コーヒーを飲んでもらう。コーヒーを飲んでいる間は、畑仕事の話など興味のある話を持ち掛け、リラックスできるようにする	遅番介護 担当リハ 喫茶担当	
#5 心身機能向上のために現在の栄養状態を維持する必要がある	現在の栄養状態を維持する	栄養	熱量1330kcal 蛋白質45g 常菜・ご飯の食事提供 1回/1か月体重チェック ※詳細は栄養マネジメント計画	栄養士	
#6 自宅へ帰るために自宅で生活できる条件を整える必要がある	自宅で生活できる条件を整える	在宅支援	①入所後訪問で確認した自宅の構造に応じた機能訓練を行う※詳細はリハ計画 ②退所前訪問を行い、自宅での動作を確認する ※訪問の際は居宅ケアマネジャーに同行を依頼	担当リハ 担当介護 担当CM 相談員	

週間サービス計画書							一日を通して特別必要な対応及び注意点
	月	火	水	木	金	土	日	転倒の危険性があるため、1人で歩いているところを見かけたら必ず声をかけて見守る。
朝		リハビリ(個別)		リハビリ(個別) 喫茶		リハビリ(個別) 喫茶		
昼	コーラス	リハビリ(集団)	コーラス	リハビリ(集団)	コーラス			
夜		入浴			入浴			

本ケアプランについてその内容の説明を受け、同意し交付を受けました。
　同意日:　　　　　　　　利用者氏名:　　　　　　　　ご家族氏名:

第Ⅱ部 実践編

☐ モニタリング（ケアプラン実行結果の評価）

多くの介護老人保健施設では，通常，ケアプランの評価・更新は3か月ごとに実施されている。当施設も通常は3か月のサイクルであるが，Jさんの場合は2か月をめどに在宅復帰を目指しているため，初回評価を1か月半で行った。
評価の結果は以下のとおりである。

- 腰痛は，完全に治ってはいないが，自制の範囲内で，Jさんによれば，ほぼ入院前の腰痛レベルであるとのこと
- 病院で処方されていた消炎鎮痛剤と湿布薬以外の痛み止めを使うことはなかった
- トイレでの排泄は入所直後からほとんど失敗なく行えており，最近はナースコールをせずに1人でトイレに行くことが常態化しているが，歩行もしっかりしてきているので問題ない
- リハビリテーションに対して積極的で，個別訓練と集団訓練を楽しんでいる
- 下肢筋力は強化され，歩行状態も入院前のレベルかそれ以上に向上しており，施設周囲を1人で歩行できるようになった
- 入所直後からせん妄状態は見られず落ち着いている
- コーラスの参加は，当初は楽しみにしていたが，最近は気の合う利用者も見つかって，その人たちと話をしていた方が楽しいとのことで，自分の判断で参加しないこともある
- 喫茶コーナーでのコーヒーは非常に楽しみにしているが，会話は対応にあたった職員のコミュニケーションスキルによって左右される
- 施設での生活に馴染むにつれて，自宅より施設の方が安心できるからもっと長く入所していたい等の発言が時々聞かれ，自宅での単身生活の不安が理解できたと同時に，やや依存的になりつつあることも感じられる
- 食事は好き嫌いもなく，毎食ほぼ全量摂取しており，体重も微増しており問題ない
- 入所後訪問で確認した自宅内の危険個所は家族と居宅ケアマネジャーに伝達済みである
- 自宅では，居間から玄関を通ってトイレに行かねばならないが，居間と玄関，玄関とトイレへの廊下にそれぞれ15センチの段差があり，手で伝えるような壁等もないため，現在の動作能力でも，特に夜間は転倒の危険性がある
- 次週，Jさん，長女，居宅ケアマネジャーも同行し，最終確認のために退所前訪問を実施し，その結果で正式な退所日を確定する。

☐ 退所

上記のケアプランの評価結果を念頭に退所前訪問を行った。訪問では，自宅内はもちろん，自宅周辺や畑への移動も試した。結果的には，心配された居間

からトイレへの移動，自宅から約30m離れた畑への移動も問題なく行えた。

最近は時々，ずっと施設にいても良いと話すこともあったJさんであったが，久しぶりの自宅や畑を見て帰ってきたい気持ちが高まったようであった。訪問を終え，施設に戻るときは名残惜しそうであった。

この結果を受け，退所前のサービス担当者会議を開催し，居宅サービスの調整も含めた在宅復帰後の生活を組み立て，当月の月末に退所日を確定し退所となった。

なお，在宅復帰後のサービス利用は，以下のとおりである。

・退所後しばらくは心身両面のフォーローのため，当施設の通所リハビリテーションに週3回通う
・在宅生活に問題がなければ当施設に通うことをやめて，入院前に通っていた通所介護に戻るかを検討する
・訪問介護の生活援助を利用することも検討されたが，当面は長女・長男が対応することとなった
・長女・長男の都合が悪いときや熱中症が心配されるような時期は当施設での短期入所療養介護を利用する

3 課　題

□ 事例の問題点と課題

本事例は，当初危惧をした，せん妄や転倒によるトラブルもなく，介護老人保健施設の使命である在宅復帰を果たせた点では成功事例である。その大きな要因の一つに，入所相談時には在宅復帰に消極的であった家族が，Jさんの強い意思を受け入れて在宅復帰に同意をしたことがあげられる。しかし，家族の本音は，なるべく長く施設で生活してほしいということであり，それは退所が決まってからも同様であった。そのため，担当ケアマネジャーや支援相談員もそのような家族の思いに十分理解を示し，その上で在宅復帰の段取りを進めたつもりであった。ところが，Jさんが退所後，居宅ケアマネジャーから，面会に行くと決まって誰かに呼び止められて家に帰ることについていろいろ言われたり訊かれたりするので気が重かった，と長女がこぼしていたことを聞かされた。家族は施設には気兼ねをして何も言わなかったが，実際には在宅復帰に対して，施設側が想像していたよりも大きな不安や負担を抱えていたのである。さらに，その不安を施設側には理解してもらえず，面会に来所しづらいところまで追いつめられていたと想像できる。

確かにJさんは自宅へ帰ることを強く望んでいたし，そのことは介護老人保健施設の機能に照らしても重要なことである。しかし，それに目を奪われ，家族の不安な思いを理解しているつもりでいて受け止めきれていなかったことは大きな課題である。

他方，細かな点での課題としては，前述もしたが，ケアプランに沿ったケアの提供にばらつきがあったことであろう。ケアプラン中（資料6-4）の♯4の趣旨は，喫茶コーナーで好きなコーヒーを飲み，その際に職員と会話を持つことでリラックスを図ることであった。だが，利用者とコミュニケーションをとる技術には職員間で差がある。担当職員によっては話が弾まないままコーヒーだけ飲んで帰ってきてしまうことがしばしばあった。これは，職員の技術レベルの問題が大きいが，それだけではなく，「畑の話など興味のある話を持ち掛けリラックスできるようにする」というケア内容の設定が曖昧で，具体的な進め方は担当した職員にお任せであったため経験の浅い職員などは戸惑ってしまったと考えられる。

またコーラスへの参加についても，途中からJさんの判断で参加しないことが増えている。これは，仲の良い利用者らとおしゃべりをしているのが楽しいからとの理由であるが，そもそも，Jさんは歌が好きだからコーラスを取り入れたというよりは，施設でコーラスをレクリエーションとして実施しているからJさんの参加を促した，つまり，施設の既存のサービスに利用者を当てはめたことは否定しきれない。Jさんが，おしゃべりかコーラスかをその日の気分で選べることは良いことであるが，興味のないコーラスに参加するよりはおしゃべりの方がまし，といった貧しい選択であったとすれば問題である。以上2点はケアプラン作成における課題といえる。

□ 当施設のケアプラン作成と実施課題

Jさんの例を端緒に，当施設のケアプラン作成と実施の問題点と課題をもう少し細かく検討してみたい。

1点目はインテークの不十分さがあげられる。当施設のインテークの機会は，通常，入所相談と訪問面接の2回である。この2回ですべてのことを把握することは不可能であるが，利用者や家族の最も強く希望していることや否定していることは十分に聞き出すべきであろう。Jさんのケースでも，家族の在宅復帰に対する否定的な感情をもっと聞き出したうえで受け入れていれば，後になって面会は気が重かったなどという話はなかったかもしれない。

2点目はケアプランの質の向上である。ニーズや目標の設定が曖昧であるために評価の際に目標が達成されているのか，ニーズが解決できているのかが明確にできないことがある。また，ケアの内容やその提供者・時間や場所等が明確にされていないために実行しようにもできないことがある。何度も書くが，Jさんのケアプランでもケアの内容のあいまいさからケアが確実に実行できないことが起こったし，他のケースでも同様のことが起こっている。

3点目はケアプランの周知と実行である。これも前述したように当施設では，施設独自の2種類の書式をメインにその他の一覧表なども利用し周知を図って

いるが，完全とは言えない。周知がされなければ実行もされようがなく，ケアプランの周知は施設ケアプラン作成・実施の重要なポイントである。そのため，当施設でも常により確実で効率的な周知の方法を検討している。また，実行については上述したケアプラン自体の質の問題と同時に職員の意識も大きく影響する。ケアプランは必ず実行するもの，ケアプランに沿って業務を進めることが当然であるといった意識を持たなければ周知されても実行はされない。当施設では，管理者やケアマネジャーはもちろん，各職種の責任者が職種内で意識付けを行っているが，全職員が高いレベルで意思統一されているとは言い切れない。さらに，施設特有の問題として，簡単に担当者を変更できないことがある。居宅サービスであれば，サービスに納得できなければサービス事業所を変更することも可能である。しかし，施設の場合，いきなり職員を入れ替える訳にはいかない。そのため，今いる職員で対応するしかなく，職員のレベルを上げる努力をすることが現実的な対応であり，当施設でもレベルアップの取り組みは続けている。

　4点目はケアプランの実行状況の追跡とその結果の評価（いわゆるモニタリング）である。ケアプランの実行を担保するためには，職員の意識や自主性が大切であるが，それとは別に実行を担保する仕組みが必要である。そのためには，実行状況の追跡を行わねばならない。具体的には，先に紹介した周知のための集約表が実行結果を記録するチェック表にもなっており，そこに実行結果を簡単に記録することや，各利用者のカルテへの記載，日誌類への記録がある。また，介護職員は日報を残すことになっており，日報にその日のケアの実行状況を記載しているため，ケアマネジャーはその記載からもケアの実行状況を読み取ることができる。また，実行した結果の評価はフロアのミーティングの際にその都度行われ，さらに，3か月ごとのケアプランの更新時に最終的な評価が行われる。以上が追跡と評価であるが，記録忘れや不備などのために実行できているかどうか確認ができない，そのために評価自体の信頼性もあいまいになってしまうといった課題が完全には解決できていないとう問題がある。

　5点目は個別性である。Jさんのケアプランのコーラスへの参加にも見られたように，施設では個別性を謳いながらも，集団生活やマンパワー，設備等の様々な制約条件から個別性を重視したケアとは正反対のケアが進められることがある。このような状況から，施設のケアプラン作成・実施に否定的な意見も存在するようである。しかし，日本のケアマネジメントはMDS・RAPsの導入による施設の高齢者のケアプランから本格的に実践され始めたという側面もあり，施設ケアにとってケアプラン作成・実施は必要不可欠である。

　ケアマネジメント実践こそが個別的ケア実践の最も有力な方法であり，個別的ケアを実践しようとすればケアプラン作成・実施を抜きには成功しないであろう。施設の様々な制約条件をすべてゼロにすることは不可能であるが，上記

第Ⅱ部 実 践 編

4点を解決できれば，施設でも水準以上の個別的なケアを展開できるはずであり，つまり，ケアマネジメントが実践できると考える。

4 身体障害者支援施設におけるケアプランの実際

1 事例の概要

□ 障害の程度，家族構成

Kさん（31歳，男性），脳性まひ（アテトーゼ）による肢体不自由四肢体幹機能障害，身体障害者手帳1種1級を取得，障害支援区分は5の判定，食事や入浴，排せつなど多くの生活場面でケアを必要としている（表6-1）。移動は電動車いすを利用して自立している。知的障害は伴っておらず，意思表示，コミュニケーションはゆっくりとしたペースであれば会話で他者とのやり取りが可能である。ただし，体調が悪い時や緊張する場面などでは言葉を発することが難しくなることもあるため，コミュニケーションボード（文字盤）を使用することもある。

家族構成は，両親と姉，本人の4人家族であったが，父は病気のため，本人が21歳の時に他界している。姉は5年前に結婚し，その後は他市で暮らしている。在宅で生活していたころは母が主な介助者であった。家族関係は良好であり，本人の介護に対して父，姉ともに協力的ではあったが，幼少期より生活面での実質的なかかわりは母が中心となっていた。

□ 幼少期から養護学校卒業後までの経過

1984（昭和59）年にB市にて出生。生後10か月で脳性まひの診断を受ける。幼少期は肢体不自由通園施設にて療育・訓練を受ける。その後，A市立小学

表6-1 日常生活動作等の概要

項目	介助の程度	状況
食事	一部介助	配膳・下膳は介助，自助具を使用して自力摂取可
入浴	全介助	洗髪・洗体・浴槽の出入り・更衣を含め，介助を要する
排せつ	全介助	排尿は尿瓶を使用，排便はトイレにて介助を要する
更衣	全介助	衣服の着脱は全介助を要する
移動	自立	電動車いすを使用し，自立
移乗	全介助	ベッドから車いす等，移乗を伴う動作は介助を要する
意思伝達	自立	言語による意思疎通が可能，一部，文字盤を使用
生活技術	全介助	家事全般は家族が行っている
金銭管理	全介助	小遣い程度であれば可，金銭管理は家族が担っている
健康管理	一部介助	健康状態は良好，服薬なし，体調不良の訴えはできる

校特別支援級，同中学校特別支援級を経て，養護学校高等部に進学する。本人は幼少期より穏やかで人懐っこい性格であった為，友人や先生など周囲から好かれる存在であった。

　養護学校高等部在籍時，進路に向けて市内にある身体障害者デイサービス（以下，通所事業所）で実習を行い，創作活動やワープロを使ったプログラムを体験している。本人，家族ともに卒業後の進路先として希望していたため，利用に至る。通所事業所では，本人が職員に相談をしながら自主的に活動し，様々な体験を通して自律性を高めていくことを支援目標として設定した。その背景として，本人は他者から介助を受ける生活を送ってきており，学校を除けばその大半は母との関係性の中で生きてきた。本人にとっては負担が少ない生活であったといえる。ただし，本人が介助を求めなくても必要な介助が提供される生活環境の中で，本人が他者に介助を求め，やりたいことをやり遂げるという経験の少なさに通所事業所職員は着目した。利用開始からしばらくの間，本人は職員からの指示待ちで行動することが多く，時間を持て余してしまうこともあった。しかし，職員からのアプローチや他の通所利用者の行動を観ることで，「職員に介助を依頼する」，「依頼したことによって，介助を利用し，目的を達成する」という経験を積み重ねていった。

　通所事業所を利用して2年が経過したころ，母は腰痛が悪化し，在宅での入浴や週末の外出などの場面で介護に負担を感じるようになる。その状況を把握した職員の勧めで，母はB市の障害福祉課担当ケースワーカーに在宅サービスの利用について相談し，介護負担の軽減を目的に居宅介護事業（ヘルパーサービス）と短期入所の利用申請を行っている。

☐ 施設入所に至る経緯

　養護学校を卒業して8年，母と暮らしながら週5日通所事業所を利用し，在宅では週3日ヘルパーによる入浴支援，週末はガイドヘルパーを利用して映画や買い物に行くなど安定した生活を送ることができていた。このころから母は体調不良を訴えることが多くなり，本人も通所事業所に併設する障害者支援施設の短期入所を利用し始める。その後，母が脳梗塞で倒れ，軽度の半身まひを伴う状態となった。姉は，母が本人の介護を担いこれまで通りの生活を続けることは難しいと判断し，これからの生活について本人に相談をした結果，短期入所で利用している障害者支援施設への入所を申請し，2012年3月より利用に至る。

2 ケアプランの作成・実施のプロセスと展開

☐ 施設入所面接

　当施設入所の為，短期入所中の居室にて本人との面接を行った。

第Ⅱ部　実　践　編

資料 6 - 5　個別支援計画書（2012年 3 月）

利用者の生活に対する意向（希望）	施設の暮らしに慣れていきたいと思います。自分に必要な介助を職員さんに依頼できるようにしたいです 今までやった事のない趣味も見つけたいです
家族の生活に対する意向（希望）	初めての施設生活なので，本人が安心して生活できるように支援をお願いします（母・姉）
ニーズの明確化	施設でもこれまでのように自分らしく，新しいことにもチャレンジしながら生活をしていきたい
総合的な支援方針	Ｋさんらしい暮らしができるように応援します。生活面での介助，趣味や余暇の過ごし方については職員と一緒に考え，試しながら進めていきましょう

ニーズへの支援①　新しい生活環境に少しずつ慣れていきましょう
長期目標：サービスを上手く利用して自分のペースで暮らすことができている
短期目標：新しい暮らしの生活リズムを作ることができている

サービスの内容（何を，誰が，いつ，どこで，どのように）

・Ｋさんが必要な支援や介助を上手に利用しながら生活できるように，生活の状況，施設で経験したこと（楽しかったことや不安に思ったことなど）を，週 1 回金曜日に担当職員と面接し，確認する機会を設けます
・Ｋさんと面接で確認した内容を，生活支援員が共有し，支援や介助が提供できるように職員で共有していきます

ニーズへの支援②　新しい趣味を見つけて楽しみたい，外出もしたい
長期目標：施設サービスやボランティアを利用した外出ができている
短期目標：新しい趣味を見つけてチャレンジしながら楽しむことができている

サービスの内容（何を，誰が，いつ，どこで，どのように）

・これまで大切にしてきた趣味や気分転換の外出ができるように，Ｋさんと担当職員が相談しながら施設内外で楽しめるよう支援していきます
・新しい趣味を見つけられるよう利用者や職員から情報を集めてみましょう

　本人にとって初めての施設生活となるが，短期入所で利用した経験があること，養護学校卒業後から通所していた事業所が併設されており，顔なじみの利用者や職員がいることから不安はそれほどないとの意向が示された。そのことよりも母が姉夫婦の家で生活することができてほっとしている気持ちと，母と一緒に生活することが出来ないさみしいが入り交じり，気持ちの整理が出来ていないとのことであった。本人には無理をして気持ちを抑え込まずに職員に伝えてほしいこと，今までと異なる環境での生活になるため，焦らずにゆっくり慣れていってほしいことを伝える。
　その他，短期入所の利用状況から日常生活を送る上で必要な介助を再確認した。施設が提供するプログラムやイベントの参加は自由であり，興味のあるものに参加していただければ良いこと，趣味などやりたいことがあればサポートすることを説明した。本人からは，通所事業所で行っていた創作活動や運動プログラム以外にも楽しめるものを見つけていきたいとの話を受けた。また，これからも自分に必要な介助を職員に依頼し，対応してもらいながら生活をしていきたいとの意向が示された。
　当施設では，個別支援計画（資料 6 - 5 ）の他，ケアの必要な場面に応じたケ

アマニュアルを作成し、本人および職員間の情報共有を図っている。

◻ 施設入所当初の様子

施設入所から1か月近くは、複数の入所者、職員の顔と名前を憶えていくこと、入所者で構成される自治会への加入、施設が提供するアクティビティ、クラブ活動の見学や外出サービスの体験など忙しく過ごされている様子が伺えた。担当職員との定期面接においても、施設は生活環境が整っているため、移動面は自立し、食事や入浴は在宅よりも負担が軽減したことを確認した。

しかし、居室にひとりでいると母と暮らしていた時間、家を思い出し、泣いてしまうことがあるとの話を受けた。担当職員からはさみしさや辛さを我慢せずに話してほしいことを伝えた。また、職員へは本人が母と離れて暮らすことのさみしさと施設での生活を頑張っていこうとしている気持ちが葛藤している状態にあることを申し送り、様子確認や声かけの対応を依頼した。

◻ 新たなチャレンジがスタート

施設生活も半年が経過し、食事や入浴など定時に提供される生活支援を除いては、職員に介助を依頼することにより自分のペースで生活することができるようになっている。姉夫婦も月に1回のペースで母を連れて面会に訪れており、親子関係も良いかたちで継続することができている。

本人は人懐っこい性格であるため、半年で多くの友人ができた。その中でもパソコンが得意な入所者とは気も合い、良く話をしていた。以前、通所事業所でワープロを体験したことはあったが、不随意運動があるため、パソコンはできないと諦めていた。しかし、施設では脳性まひや頚椎損傷の入所者がパソコンを使いこなしている。友人の勧めもあり、パソコンを練習してみたい気持ちを担当職員に伝えた。担当職員は了解し、本人がパソコンを操作するために必要なデバイス、環境をリハビリスタッフに相談し、練習は入所者共有のパソコンを使用して行うことになった。講師は、パソコンに詳しい仲の良い入所者が引き受けてくれた。

さらに、本人から「ひとりで外出がしたい」との希望が示された。本施設では、交通ルールや社会人としてのマナーを順守し、自身の安全管理や移動手段が確保されれば自由に外出することができる。そうやって多くの入所者が買い物や趣味などで外出している姿を見て、影響を受けたとのことであった。施設が提供している移送サービスは利用しているが、施設入所前も含め、本人はひとりで外出した経験がなかった。

通所事業所を利用したころから他者に介助依頼することの経験を積み重ねてきたため、現状、施設生活においても指示待ちの姿勢ではないが、ひとりで外出するということは、あらゆる場面での判断や決定が求められ、行動する必要

がある。担当職員は，本人にとって社会人としての大きな経験になると判断し，個別支援会議を経て，施設として支援していくことが決定した。具体的には，施設が組織する地域活動委員会が，事前学習や外出時の同行を行い，体験的な理解を深めるかたちで支援がスタートした。

安定，充実した施設での生活

施設では，この間，個別支援計画書に基づき，半年に1回のモニタリングを行い，本人の意向やニーズを確認しながら計画書を更新してきた。本人も風邪を除けば入院を伴うような体調不良もなく，施設が提供するサービスや支援を十分に活用して生活することができるようになっている。パソコンはデバイスやソフトを使用し，時間はかかるが操作ができるようになり，メールやインターネットを閲覧するなど楽しむことができている。

また，地域活動委員会による単独外出支援を活用し，ひとりで外出が出来るようになった。現在は，電動車いすで市内に出かけている他，冬場や梅雨の時期は施設の移送サービス，福祉介護タクシーを利用するなど状況に応じた外出手段を獲得している。

さらなるステップへ

個別支援計画の作成に伴う面接を実施した際，施設を利用したことで，自分で考えて判断し，必要となる介助を利用しながら生活することを体験的に理解し，身に付けることができたとの話を受ける。以前と比較して自分が自律できているのはないかとの自己評価がなされた。この事は担当職員の客観的評価とも合致している。施設入所後，すべてが順調ではなかったが，自分を客観視し，必要な支援（介助）を考えていくことや対人関係，社会経験を積み重ねた自信が本人にはあった。担当職員は施設での生活は安定しているため，計画は更新で良いか確認したところ，本人より，「重い障害があってもアパートやグループホームで暮らしている人の存在を知り，興味を持ちました」との話があった。担当職員が話を聴いていくと，施設に来所している障害当事者のオンブズマン（頸椎損傷や脳性まひによる肢体不自由障害のある当事者）とのかかわりの中で得た情報であることがわかった。

担当職員は，本人が在宅での暮らしに対し，今はまだ漠然としているが期待感を持たれていることを感じた。面接の結果をサービス管理責任者に報告し，支援検討会議を経て，本人の思い，ニーズを具体化し，支援していくことを決定した。その際，サービス管理責任者より，障害福祉サービス受給者証の更新に伴い，今回から指定特定相談支援事業所が作成するサービス等利用計画が導入される旨，説明があった。2012年度に施設入所者には情報提供しており，すでに入所者の8割はサービス等利用計画が導入されていた。

第6章　福祉施設とケアプラン

資料6-6　サービス等利用計画（2015年2月）

利用者及びその家族の生活に対する意向	（本人）自分のペースで生活することができていますが，地域に出て，ひとりで暮らすことができるか考えてみたいと思っています （家族）施設で楽しく生活することができているようなので，引き続き，支援をお願いします					
総合的な援助方針	今の暮らしを大切にしながら，Kさんが興味のある地域でのひとり暮らしについて，施設の職員さんと協力しながら支援をしていきます					
	長期目標	集めた情報をもとに，Kさんのひとり暮らしについて，家族や職員さんたちと一緒に考えることができている				
	短期目標	地域の制度やサービス等の情報を集め，整理することができている				

解決すべき課題（本人のニーズ）	支援目標	達成時期	福祉サービス等（種類・内容）	本人の役割	評価時期
外出やパソコンを通じて余暇を充実させていきたい	近隣への散歩や買い物，映画鑑賞等，余暇を楽しめている	3か月	施設入所支援。生活介護。 ◎環境整備，ケアの面から支援します	余暇を楽しめるように体調に気を付けましょう	6か月
自分にひとり暮らしができるかどうか，情報を集めて考えてみたい	ひとり暮らしをする上で必要な事を考えるための情報が得られている	12か月	施設入所支援　生活介護・相談支援 ◎地域の制度や社会資源の情報を収集し，情報提供します	オンブズマンから在宅生活の情報を得てみましょう	6か月

□ サービス等利用計画と個別支援計画の連動

　本人へは，施設での生活支援を継続するとともに，地域の情報を提供しながら，ひとり暮らしについて一緒に考えていくことを担当職員より説明し，合意を得る。家族へも本人同席のもとで説明を実施した。家族としては施設での生活が安定している為，無理はせずにこのままで良いのではないかとの意向が示された。それを受け，本人からは「在宅でひとり暮らしができるかどうかを考えてみたいだけ」との話があり，担当職員からも支援の経過を家族にも適宜説明していくことを伝え，合意を得た。

　新たな取り組みについては，制度や社会資源に関する情報を得る必要がある為，本人と担当職員とで相談し，サービス管理責任者の他，自法人が運営する指定特定相談支援事業所に協力を依頼することとした。

　本人が相談支援専門員と一緒に作成したサービス等利用計画が**資料6-6**である。施設での暮らしを続けながら，在宅でのひとり暮らしという希望とそれに対する不安を本人，障害者支援施設（担当職員・サービス管理責任者），相談支援事業所（相談支援専門員）が連携して考え，支援をしていくことになる。このサービス等利用計画を受けて作成された個別支援計画の一部が**資料6-7**である。

□ 支援の経過について

　ひとり暮らしに向けた情報収集の結果，A市には重い肢体不自由の障害が

第Ⅱ部　実　践　編

資料6-7　個別支援計画書（2015年3月）

利用者の生活に対する意向（希望）	余暇を楽しみながら生活することができています。また，在宅でひとり暮らしが自分にもできるか試してみたいと思っています。でも家族には心配をかけたくありません
家族の生活に対する意向（希望）	施設で楽しく生活できているようで安心しています。本人の思うようにしてもらいたいですが，ひとり暮らしを考えていることは正直心配な気持ちです（母・姉）
ニーズの明確化	在宅でひとり暮らしが出来るのか考えていきたい
総合的な支援方針	Kさんが自分らしく生活していけるよう支援します。また，在宅でのひとり暮らしについては，Kさんもご家族も安心できるよう情報を集め，一緒に考えていきます

ニーズへの支援①　ひとり暮らしをするために必要な情報を集めたい
長期目標：生活をするためにできていること・できていないことを整理し，家族や職員と一緒にひとり暮らしについて考えることができている
短期目標：制度や社会資源の情報を集め，地域の状況を把握することができている

サービスの内容（何を，誰が，いつ，どこで，どのように）

・月に1回，障害当事者のオンブズマンに，①在宅生活に対する意識，②必要なノウハウ，③楽しいことや大変なことを担当職員と一緒に確認していきましょう
・担当職員も相談支援専門員と連携して地域の情報を集めます。Kさんもインターネットや外出時に市役所等で在宅生活をするためにどのような制度，サービスが使えるか情報を集めながら，一緒に整理していきましょう

ニーズへの支援②　パソコンを使って自分のブログを立ち上げたい
長期目標：ブログを使い，他者との情報交換や交流ができるようになっている
短期目標：ブログを作り，記事をアップする為のノウハウを得ている

サービスの内容（何を，誰が，いつ，どこで，どのように）

・パソコンが得意な利用者や職員からブログのマナーや技術を習いましょう
・ブログ立ち上げに必要なパソコンの環境整備など職員がサポートします

ある人がひとり暮らしをしている例がなく，特に夜間帯をサポート出来る在宅サービスの社会資源が整っていない状況が明らかになった。

身体障害者を対象としたグループホームはB市を含め近隣の市町村にはないことがわかった。また，本人は家計等の金銭管理，調理（献立）や掃除など含めた家事の経験がなく，社会生活力を高めていくための取り組みも必要であることがわかった。

「ひとり暮らしがしたい」という新たな希望に対し，課題はあるが，本人の思いと強みを生かし，引き続き，相談支援事業所と連携し，支援にあたりたいと考えている。

3 課　題

本ケースは，身体障害をもつ人が抱えやすい介護や医療，あるいは障害の受容過程への支援という生活課題は少ないものの，脳性まひの障害のある青年が家族から自立し，社会人として成長していく過程を，本人の思いや強みを生かしながら支援している事例である。

施設での様々な経験を経て，自己肯定感と自律性を高め，ひとり暮らしという夢を持つに至ったKさんであるが，今後，支援を展開していく課題として

は，次の点があげられる。まず，社会資源が乏しいという地域の現状を踏まえ，施設が相談支援事業所とどのように連携し，地域移行への支援を展開していくのか。また，Kさんの社会生活力を高める自立生活支援のプログラムを施設内だけで完結させるのではなく，関係機関と有機的な連携を図りながら支援を展開していくことが求められる。

いずれも施設において支援の軸となるものは個別支援計画である。主人公であるKさんの気持ちが動くような計画書，その作成に至る本人との関係，プロセスを大切することを心掛けたい。

5 知的障害者支援施設におけるケアプランの実際

1 事例の概要

□ Lさんについて

30代，男性。

本人出産後に両親離婚，祖父母が親代わりとなって育ててきた。父は離婚後に再婚し，関わりなし。母は消息不明。2000年に祖母が亡くなり，祖父と共に叔父に引き取られる。祖父亡き後は叔父が保護者として面倒を見てくれている。

障害名（疾患名）は軽度知的障害（療育手帳B2），統合失調症。

障害支援区分は4。

□ 入所施設利用までの経緯

小学校，中学校は普通学級で過ごすが，勉強にはついていけず，いじめられることもあった。中学卒業後はアルバイトをしていたが，作業内容が理解できずに失敗を繰り返し，人間関係のトラブルも加わるなどして長くは続かず，アルバイト先を転々としていた。

2000年から叔父家族と同居することになるが，新しい生活環境になじめず，一人暮らしを始める。この頃から糖尿病が発症したため，治療が始まる。また，不眠や幻聴などの精神的不調を訴えるようになり，精神科病院に通院するがそのまま入院となる。退院後は叔父家族と同居するが，症状が安定せず，入退院を繰り返していた。入退院を繰り返す中で福祉的な支援が必要と感じた精神保健福祉士が行政に相談，本施設を入所利用することになった。

精神科病院での治療の中で，不眠や幻聴等は改善されてきてはいるが，ストレス耐性が弱く，些細なことで不安定になるなどの社会的不適応な状態が目立つようになる。そのため，今の状態では，叔父は本人と一緒に生活することへ

の拒否が強いこと，また一人で生活するにも現状では難しいことから，治療を継続していきながら叔父との関係改善を図り，これからの自分の人生（生活）をどのように過ごしていくか見つけることを目的として施設入所することになる。

2 ケアプランの作成・実施のプロセスと展開

□ 施設入所時の状況

　施設入所利用時は，新しい環境の中での緊張もあってか落ち着いて過ごしていた。しかし，3か月を過ぎたあたりから体の不調を訴え，通院を希望することが増えるようになった。症状から通院する必要性がないことを伝えるが，納得することができず，自分ばかり差別されていると泣き叫ぶことが目立つようになる。また，糖尿病のため食事制限を行っているが，髪の毛が入っている（実際は入っていない），おかずの量が少ないなど毎日のように不満を訴え，怒鳴り散らすことが増える。常に自分を見て欲しい，心配して欲しいという思いが強く，職員は本人の不安定な状況に振り回され，対応に追われる日が続いた。

　不安定な時は可能な限り時間を作り，落ち着かない理由を聞くなどしてイライラ時の対処の仕方について一緒に考えてきた。それでも改善されない場合は精神科の担当医に報告し，臨時通院するなどの調整をしてきた。また，本人の興味があるものを聞き，食事や買い物を一緒に計画して外出するなど，余暇支援を通して気分転換が図れるよう努めた。担当職員は同僚に手助けしてもらいながらも根気よく面談等を繰り返し行い，関わりを継続していったことで本人の気持ちも徐々に安定し，体調不調の訴え，職員や食事に対する不満は軽減していった。

□ 希望の芽生え

　本人の気持ちが安定してくるにつれて，今後の自分の生活についても関心が持てるようになり，叔父さんと旅行に行きたい，一人暮らしがしたいなどの話をしてくるようになる。叔父との旅行は，今まで迷惑かけてきたから恩返しがしたいとのことで，ディズニーランドにつれていきたいとのこと。一人暮らしは以前にうまく生活することができずに失敗してしまったが，できればチャレンジしてみたいと思っているとのことだった。

　一人暮らしの希望があるが，日中活動に参加できない，食事制限をしている，貯金が少ないなど，本人の状況を考えると難しいように思われた。職員は希望の実現に向けた支援をしたいとは思うが，現実には難しいと思う気持ちが交差し，できない理由ばかりを探しているスパイラルに陥っていた。また，希望に対してどのように支援したら良いのかわからなかった。本人の支援についての糸口が見いだせないでいたため，本園で行っている事例検討会の中で今後の対

応等の協議を行った。

　問題行動の原因を生活歴から紐といて理解していき，入所時から今日までの本人の変化と支援の内容，妥当性について協議する。スーパーバイザーからは，複雑な家庭環境の中で祖父母に育てられてきたが，祖父母の死によって生活環境が一変してしまった。喪失感と葛藤の中で生活してきたが，入所生活を通して問題行動が軽減してきている。それは，本人の不安定な情緒を繰り返しの面談と余暇支援等を通して，満たされない想いを職員が理解してくれている，理解しようとしてくれていることが意識的ではないにしても伝わり，自尊心が回復してきているように思えると話がある。今後については本人への関わりは変えずにできるところから始めて，自信をつけていくことが大事である。難しいことを計画にあげてもうまくいかないことが増え，自信をなくしてしまうことになるので，成功体験を積んでいくことが一人暮らしという目標の達成に近づくのではないかとの指摘を受ける。

　この話を受け，職員は，今までの支援が安定に繋がっていることや本人の努力を確認することができた。今後は本人の希望が尊重され，希望の実現に向けて一人暮らしをするために必要な生活スキル，福祉サービスの利用，お金の使い方などを学び，経験していく場面を通して自己決定していくプロセスを支援していくという方向性がまとまった。

□ 一人暮らしを目標とした個別支援計画の作成

　一人暮らしを目標とした支援をしていくためには，目標をかかげるだけではなく，支援の内容を具体的に立てる必要がある。また，本人自身が学ばなくてはならない必要な生活スキルも学習しなくてはならない。そこで，今まで作成している個別支援計画の書式を見直し，新たな書式を作成することにした。この個別支援計画（資料6-8）は，本人が目標を実現するために取り組むこと・職員が行うべき支援の内容を分け，いつ頃までに行うのかを記載するようにした。また，内容も初めからたくさんのことを行うのではなく，まずはできることから始め，モニタリングを通して達成度を確認しながら内容を修正・追加していくことを前提に作成した。一人暮らしに向けた支援は一足跳びにできるものではない。目標をしっかり維持し，本人の揺れる気持ちに寄り添いながら段階的に進める必要がある。職員は移行までのプロセスをイメージしながらも，本人のペースに合わせ，行きつ戻りつを繰り返すようになることも確認した上で支援をスタートした。

□ 個別支援計画の了解と支援のスタート

　一人暮らしに向けた個別支援計画を本人と作成し，本人，叔父に同意を得る。また，支給決定機関である福祉事務所にも事前に説明を行い，協力してくれる

第Ⅱ部 実践編

資料6-8　Lさん　個別支援計画

1．長期目標（希望・夢・目標）

本人の目標
A市で一人暮らしをして、安心した生活が送りたい（本人） 本人が望む生活が送れるよう、できるかぎり協力したい（叔父）
目標とした理由
昔していたけどうまくいかなかった。今ならできると思う

2．短期目標（目標達成のための具体的な支援）

	目標が叶うために取り組むこと（本人）	支援の内容（担当職員）	協力者	支援の過程 4月	5月	6月	7月	8月	9月
気持ちをサポート	嫌なこと、困ったことがあった時は、職員やドクターに相談できるようになる	落ち着かない様子があれば、職員が声をかけ、解決に向けて一緒に考えていく	入所職員 精神科ドクター	落ち着かない時、どのように過ごすかを面談の中で考える。繰り返し行っていく					
	休日は気分転換のために外出する	本人が興味のあることを一緒に探し、外出する	外出ヘルパー 担当職員	月1回は職員と一緒に外出する					
	叔父とディズニーランド（DL）に行く	叔父と定期的に会うための日程調整、意思疎通の配慮	叔父 担当職員	月1回程度面会予定 9月後半に叔父とDLに行けるよう準備					DL
生活スキルを身につける	ピアサポーターから話を聞いたり、住みたい地域を散策して、一人暮らしのイメージを作っていく	ピアサポーターとの面会の調整や、散策の同行、事業所を見学して、一人暮らしのイメージを共有する	ピアサポーター 担当職員	ピアサポーターと面談		地域を散策、事業所見学			
	掃除、洗濯、普段の生活の中で進んで行う。	整理整頓、炊事や洗濯を定期的に一緒に行う。	入所職員	生活支援を繰り返し行い、必要なスキルを学習					
	小遣いの管理ができるよう、小遣い帳をつける	小遣い帳を一緒に確認し、お金の使い方を振り返る。	入所職員	小遣いの使い方について話し合いを行う					
一人暮らしに向けた協力者	一人暮らしの希望を地域の関係者に伝え、協力してもらう	月1回関係者が集まり、一人暮らしに向けた支援の状況を皆で共有する	市役所、相談支援事業所、保健所、ドクター、入所職員	個別支援計画を通して本人が頑張っていることの評価・確認					

3．園での生活・支援の確認（約束事）

サービス内容	支援内容	気をつけること	対応者
健康管理	月2回通院同行支援、必要な通院支援 毎朝のバイタルチェック	臨時通院は、看護師が症状を確認した上で判断します。 精神科の定期通院は必ず行きます。薬は拒薬しないで服用してください。 市販薬を購入・保持はしないでください。 万が一購入した場合は、園で預かります。	看護師・担当職員
栄養指導	月1回の栄養指導 体重を計り、1ヶ月の変動を確認		栄養士・看護師
食事提供	制限食（1600カロリー）	なるべく間食がないように頑張りましょう。定期的に外食に行きましょう。	調理員・担当職員

ことになった。

　支援を行うにあたって協力機関とのカンファレンスを行った。一人暮らしに向けた支援を行うにあたって，精神科医の協力や関係者の協力は必要である。そのため，関係者に集まってもらい，本人の希望や園の支援の方向性（個別支援計画）について説明したところ，皆快く協力してくれることになる。本人はとても緊張していたが，しっかり自分の言葉で話しができ，それを受けて「頑張ってね，応援するからね」と励ましてもらい，とてもうれしそうであった。カンファレンスは毎月開催し，支援の確認の場として継続して行っていき，関係者も増やしていきながら最終的には退所した時の支援チームとして機能できるようにすることも含めて説明する。

□ 地域生活のイメージを深める

　一人暮らしのイメージを深めるため，ピアサポーターとの面談や，住みたい場所の散策，事業所見学を行った。

　ピアサポーターと面談するにあたって，事前に何を聞くかを担当職員と一緒に考える。どのような生活を送っているのか，服薬や具合が悪くなった時の対処の仕方，生活費はどれくらいかかるか，食事など，生活の中で心配していることを中心に聞いた。ピアサポーターの話しはとてもわかりやすく，障害のある人でも一人暮らしをして頑張っている姿に感銘を受けたようであった。なかでも「一人暮らしは自由であり楽しいこともたくさんあるが，我慢しなくてはならないこともあるし，お金の使い方も気をつけないといけない」との話しに，「自分もしっかりしなくては」と気持ちを引き締めていた。ピアサポーターから話を聞くのは1回と考えていたが，本人が話を聞いている姿を見て継続して話を聞いていくのはどうかと提案すると，お願いしたいとのことだったため，動機を維持していくためにも継続して話を聞いていくことになる。

　地域の散策をする前に，事前に住みたい場所を尋ねると，以前祖父母と住んでいたB市を希望する。理由を聞くと，楽しい思い出がたくさんあるからと幼少期の話をしてくれる。実際に担当職員とB市を訪ねると，昔と雰囲気が違うとか，どこに住んでいたのか忘れたとか，あの店は昔もあったとか，楽しそうに話してくれる。本人が表出してこなかった気持ちに触れることができ，担当職員としても本人の理解が深まった。

　後日B市内の不動産に行き，どのような物件があるかを教えてもらう。駅から遠いとか，周囲にコンビニがないとか，色々話しながら住む場所をイメージしていく。気持ちが高ぶる一方で，一人で生活していくことの厳しさにも直面し不安になる場面もあったが，今すぐ結論を出すのではないのだからゆっくり考えていこうと励ます。

　事業所見学は，地域の中にどのような福祉サービスがあるのかを知ってもら

うことと，そこで働く人と顔見知りになってもらうことが目的である。まずはカンファレンスに参加している福祉事務所と保健所を訪問し，地域の中で働いている姿を見てもらい，ここの役割の話を聞いた。不動産周りをする中で不安になることもあったが，近くに応援してくれる人がいることを知り，安心していた。

☐ 定期面談で個別支援計画を振り返り，自信がつく

　個別支援計画には，本人が取り組むことも含まれている。これらが生活の中でどのくらい取り組まれているかを週1回，定期面談を設けて振り返りを行った。この定期面談は，できたか，できないかを確認するのではなく，少しでも実際にやってみた，もしくはやろうとしたことに着目し，頑張っていることを見つけ，評価するよう心がけた。また，全くできなかったことについては，できないことばかりに目を向けるのではなく，できなかった理由と，できるためには何が必要か，手伝って欲しいことはないかを聞き，一緒に考えるようにした。

　定期面談は個別支援計画に基づいての取り組み状況を確認するものだが，ここでのやり取りを通して自尊心を高めることが目的であり，本人が持っているできない自分への評価から頑張っている自分への評価へとチェンジしていく過程を大切にしていきたいと考えている。

☐ 個別支援計画の中間評価と修正と追加

　一人暮らしに向けた支援も半年が過ぎたが，支援を通して本人の中にも変化が現れてきた。以前は体調不調の訴えや通院拒否，食事に対する不満，作業に出ない，無駄遣いも多かった。しかし，一人暮らしに向けた支援を行い始めてからは，全くなくなったということではないが，食事に対しての不満は減り，貯金が必要だからと小遣いを制限するようになる。さらに作業は2か月間休まず出勤できていることはとても立派なことと言える。

　この半年間はすべてが計画通り順調に進んだわけではない。ピアサポーターの話や見学等を通して一人暮らしの大変さを知り，時には不安を訴えることもあったが，不安の原因を担当職員と一緒に考え，解決しなくても漠然とした将来の不安を乗り越えることができた。本人と担当職員が目標に向かって進んできた道のりが本人なりに理解され，自信につながっているからだと考える。

　個別支援計画にあった内容はおおむね達成することができた。そのため，日中活動先の実習，一人暮らしを想定した体験宿泊などを追加し，支援が行われているところである。

3 課　題

□ 書式の課題（いつ行うのかの記載について）

　本ケースの個別支援計画は、問題行動への支援から本人が希望する生活を実現していくことを中心とした計画となるよう作成して行ったものである。支援を通して、本人の取り組むこと、担当職員が行う支援の内容に分け、具体的に何をするのかを明記してあったことは本人にとって理解しやすかったようである。しかし、本人や担当職員が取り組んだ結果がこの書式では見えないため、たとえば○や△などの表記で取り組んできた過程が一目見て理解できるよう示せないかという課題が残る。個別支援計画は支援の道標のものだが、実際の支援と計画内容とつながっていないと意味がない。個別支援計画は作成したが、計画を意識して支援が行われないと日々の支援の意味を見失ってしまう。また、入所者にとっても目標に向かって支援が行われているのかがわからない。そのため、希望や目標に対して具体的に取り組む内容を明記することと、取り組んだ結果が計画の中に示すことができればと考えている。

□ 入所者の希望の支援と入所者の状態に応じた支援の意味の違い

　施設の支援は、生活支援など入所者の状態に応じて行う支援もあれば、それとは別に入所者の夢や希望の実現に向けた支援があり、これらは支援の目的が違うということを理解しなくてはならない。入所者の状態に応じた支援は生活の安定という意味ではとても大事な支援だが、これだけでは入所者の夢や希望が実現することは難しい。

　本園も以前は、入所者の夢や希望への支援と入所者の状態に応じた支援と混同して記載していたが、どちらかというと生活支援に重きが置かれていたことに気づいた。そのため、夢や希望に対しての支援は資料6-8の「2．短期目標（目標達成のための具体的な支援）」に記載し、入所者の状態に応じた支援は資料6-8の「3．園での生活・支援の確認（約束事）」に記載して項目を分けることにした。その結果、入所者の夢や希望に対して支援の内容が結びつき、入所者から見れば希望等に対して支援が行われていることの実感を持ち、支援員からすれば支援の内容が入所者の希望等につながっているという認識が深まった。

　入所者の夢や希望の実現に向けた支援は、入所者と支援員が目標に向かって一緒に取り組んでいく過程を通して信頼関係が深まり、自信が生まれ、エンパワメントされる支援が求められる。それには個別支援計画の中で本人が望むことを見出し、スモールステップで達成していくことが大事だが、仮に達成できなくても、できなかったことに焦点を当てるのではなく、上手くいかないながらも頑張ったことを取り上げて自己肯定感を高めていくなどの技術が必要とな

る。個別支援計画の役割を理解した上で，夢や希望の実現に向けた計画作成と，計画を通した入所者と支援員とのやり取りの技術についても支援員への育成として大事なことである。

精神科病院からの退院支援におけるケアプランの実際

　現在，精神科病院に入院している人は，障害者総合支援法で規定されている指定一般相談支援事業者による地域相談（地域移行支援・地域定着支援）を利用することができる。今後，地域相談を利用し退院する人が増加することを鑑み，本事例は，地域相談のケアプラン作成・実施の展開を紹介する。

1 事例の概要

☐ Mさんについて

　59歳，男性。
　病名は，統合失調症。
　精神障害者保健福祉手帳2級・障害基礎年金2級。
　同胞3人の第1子として出生する。長男ということで比較的甘やかされて育つ。地元の中学卒業後，職業訓練校へ進み，卒業後は自動車関係の仕事につくも数か所を転々とする。
　26歳時，独語が出現し精神科クリニックを受診する。その後4か所の医療機関で10回の入退院を繰り返し，直近入院期間は3年1か月であった。父親死亡後母親との二人暮らしとなったが，そこに妹家族が同居するようになり，徐々に家の中での居場所がなくなる。母親死亡後妹家族との関係は悪化し，アパートの一室のみがMさんの居住空間となった。共有スペース（風呂，洗濯場，台所等）は自由には使えず，常に妹家族に遠慮しながらの生活となる。その後，徐々に精神症状（妄想等）が活発化，行動は派手になり浪費傾向，疾病否認から服薬中断，短期間で再発を繰り返すようになる。その度に妹によって受診となるため，妹自身のMさんへの嫌悪感や負担感はますます高まっていった。妹との深刻な関係不良の中での同居は困難と考え，アパートでの単身生活の方向となる。しかし，新たな生活への不安や葛藤から急激に症状悪化し，今回の入院となった。

☐ 入院までのいきさつ

　Mさんは，入院前から委託相談支援事業所がある法人の地域活動支援センター，通所型生活訓練事業を利用していた。しかし，調子を崩し通所ができな

い状況が増えてきたため，地域活動支援センター職員は「調子を崩す原因に今の生活状況があるのではないか，生活全体を一緒に考えてくれる人が必要」という理由で委託相談支援事業所へ支援依頼がある。Mさん自身もそれぞれの支援者に雑談のように相談はしていたが，そのことをどうすればいいのかがわからない状況にあった。そのため，今後を一緒に考えてくれる人ができることへは非常に好意的であった。

そこで，委託相談支援事業所のB相談支援専門員は，あらためてMさんの生活状況及び思いを確認した。そして，Mさんを担当している精神科病院のC精神保健福祉士とも相談し，住居内で妹家族と距離をとることを目的に，居宅介護（家事援助）と訪問看護・指導を利用することとなった。しかし，家庭内での距離を取ることを試みたが，Mさんの精神的負担感は変わらず，Mさんらしさを失わせていった。B相談支援専門員とC精神保健福祉士はMさんと何度も話し合い，先住権のあった自宅を出て，アパートでの単身生活を行うことを確認した。また，経済的な安定は必須であるため，症状悪化時の浪費を課題とし日常生活自立支援事業の利用，さらに生活保護の受給となった。しかし，新たな生活という苦渋の選択は，これからのひとり暮らしへの不安と同時に，大きな葛藤を抱えることとなった。結果，アパートの契約目前で急激に症状が悪化し入院となった。

2 ケアプランの作成・実施のプロセスと展開

入院から地域移行支援を利用するまで

入院後もB相談支援専門員はMさんを定期的に訪問し，C精神保健福祉士とも常に連携することを心掛けた。この間，Mさんは些細なことが刺激となり躁的な状態になることしばしばあった。その度に保護室使用，面会制限等が行われていた。さらに，運動不足からくる筋力低下・刺激の少ない病棟生活や服薬の影響等もあり，歩行のおぼつかなさや物忘れが目立つようになっていった。Mさんは入院当初は退院したい意志はあったが，症状の安定が図られないことが理由に入院が徐々に伸びていったことで，だんだん退院はできないと思うようになっていった。

一方，B相談支援専門員とC精神保健福祉士は，Mさんの思いだった「退院」を実現する時期を図っていた。そして，入院から2年が経過した頃より状態も落ち着いてきたため，Mさん，C精神保健福祉士，B相談支援専門員で退院の意志を再確認した。さらに，院内カンファレンスにて主治医，看護師，作業療法士とも方向性の確認をし，退院のための支援が本格的に始まった。しかし，主治医と看護師は，今までの病状の不安定さと服薬確保や筋力低下からくる歩行のふらつきや物忘れがあるため，アパートへの退院には消極的であった。

ケア会議を通して退院に向けての合意形成を図る

　C精神保健福祉士は，退院を目指すにあたり，まず妹の同意が最初の鍵だと考えた。そこで，C精神保健福祉士の声掛けで，退院へ向けての方向性の共有と役割の確認を目的にケア会議を実施した。メンバーは，Mさん，妹，病院（主治医，病棟師長，担当看護師，精神保健福祉士，作業療法士），市役所（福祉課，生活保護担当），社会福祉協議会（日常生活自立支援事業担当者），相談支援事業所（委託，指定特定）であった。

　ケア会議では，妹よりMさんへの不満が強く語られた。それに対しMさんは，妹に迷惑をかけたことをあらためて謝罪した。支援者たちも妹の苦労を受容した。すると，妹から「兄さんの人生だからここにいる人に手伝ってもらいながらやっていけばいい，別々の生活を考えていきたい」と話した。また，主治医は「退院の方向で進めていくのはいいが，調子が悪くなると怠薬や浪費傾向になるため，どこに退院するかはじっくり検討してほしい」という意見であった。Mさんは「今まで希望しても退院できなかったので，本当にできるのかまだ信じられない。でも，できるなら入院前に決めたアパートに退院したい，そして今まで通っていた事業所に通いたい」と希望を話された。そこで，退院を進めていくにあたっては，個別給付である地域相談（地域移行支援）を利用することとなった。

サービス等利用計画を作成し，地域移行支援を利用するまで

　Mさんは市役所で地域相談の申請を行い，指定特定相談支援事業所と契約をした。指定特定相談支援事務所のD相談支援専門員は，Mさんのサービス等利用計画を作成した。アセスメントにより確認された退院に向けたニーズは，①居住地の選定は日中活動のアクセスを考慮する必要あり，②初めての単身生活からくる不安感や孤独感あり，③些細な刺激で症状悪化（躁転）しやすい，④ADLの低下と物忘れあり，⑤症状悪化時や物忘れから金銭管理の支援が必要，⑥受診と服薬が守られる支援体制が必要，⑦本人の生活能力が不明，⑧アパートでの生活が困難と判断された場合の退院先の検討がありうる，であった。それを踏まえ，サービス等利用計画の主な内容は，①地域移行支援を利用すること，②病院の役割の明確化（身体・精神症状，物忘れ，服薬自己管理の状況把握とその改善），③制度を利用し金銭管理の支援の継続，とした。そして，病院の前回のケア会議メンバーで計画案を確認し，Mさんを応援するチームとして退院に向け，具体的に動き始めることとなった。

地域移行支援を利用しながら退院を目指す

　地域移行支援を開始するにあたり，Mさんとの関係性を考え，D相談支援専門員は指定一般相談支援事業所が行う地域移行支援を兼務することとした。

第6章 福祉施設とケアプラン

表6-2 入院中の状況

		現状	課題	可能性
本人の状態（身の回りのこと、自己管理の状況等）	ADL	日中を臥床傾向で過ごしているため、体力低下あり 手の振戦あり 動作開始時にふらつきあり 階段等はゆっくりで可能	ひとり暮らしができるだけの体力つくりが必要	退院に向けて体の自信をつけていきたい意志が強いため、体力面を含めたADLの拡大のための取り組みに参加可
	日中の様子・日中活動	作業療法に参加（3回／W：1.5時間） 日中は、ホールで過ごすか、自室で臥床していることが多い 毎日、院内の売店には出かけている	ルーチン化され、無為な生活が続いているため、本人の興味や関心が狭められている	本人にとって生活の楽しみとなるような日中の活動があると良い
	睡眠	問題なし 夜間良眠できている	問題なし	
	服薬管理	拒薬はないが、物忘れにより飲み忘れがあるため、1週間分の服薬カレンダーを利用し、自己管理している	物忘れからくる飲み忘れは続いているため、声掛けが必要。	服薬カレンダーと声掛けの体制を作ることによって、飲み忘れは限りなく減少できるであろう
	金銭管理	日常生活自立支援事業を利用している（1回／2W）		定期的な支援が入れば、大きく崩れることはないであろう
	対人面	病棟内でトラブルを起こすことはない。数人心やすくしている入院患者仲間がいる	仲間と交流する機会が必要であろう	本人の対人接触の柔らかさや人柄の良さは、今後の生活の広がりの鍵になるのではないか
	その他（合併症等）	物忘れあり 夜間失禁があるため、おむつ使用中 以前（入院前）に「肺に黒い影がある」と言われたことを強く気にし、総合病院受診を希望している 発語に非常に時間がかかる	身体的不安を解消するために、受診の検討が必要	カレンダーや手帳にスケジュールを書き込むことにより物忘れを多少補うことは可能 本人のペースを守れば、比較的できることは多い
主治医の意見・留意事項	退院は可能であるが、今のADLの状況や物忘れから、アパートが可能か十分検討が必要 些細な刺激で症状悪化（躁転）しやすく、その度に病状管理を含めた生活がたちゆかなくなることが想定されるため、そこをどう支援していくかが課題			

そして、改めてMさんに「今までの暮しぶりやこれからどんなふうに生活したいか、どんなこと不安に感じているか」等の面接を行った。Mさんは「退院をしたい。入院中に自分の荷物は自宅からなくなってしまったからアパートで暮らすしかない。入院前に契約までしたアパートに住みたい」「仕事はしたい。以前は自動車整備の仕事をしていた」「自分のペースで趣味のプラモデルや文通をして生活をしたい」「ひとり暮らしは初めてなので、ヘルパーに来てもらわないと家事はできない」「体力が落ちているので体が心配」と話した。

また、入院中の状況を表6-2のように整理した。これを踏まえ、地域移行に向けたニーズとして、①退院先の確保、②59歳で初めての単身生活からくる生活全般の支援の必要性、③身体に対する不安の強さ、④緊急体制の確保、⑤

金銭管理の必要性，⑥孤独感の軽減の必要性，と整理した。

　一方，Mさんのアパートでの一人暮らしのイメージを作っていくには，病棟内でのアセスメントに限界があった。しかし，看護師や作業療法士が病棟内での過ごし方の工夫，院外への外出や日中活動の体験利用を組み合わせ，よりMさんの暮らしぶりをイメージする努力をした。また，Mさんにとって「我が家」に戻れなかったことへの悔しさは大きく，それに伴う孤独感は計り知れなかった。そこで，Mさんを応援するチームは，そのMさんの思いに寄り添うことをみんなで心がけた。

地域移行支援計画を共有する

　退院支援を進めるにあたり，支援の方向性を共有するケア会議を開催した。そこで，地域移行支援計画案（資料6-9）を提案した。当面6か月後の退院を目指し，Mさんを中心に取り組むことで意思確認がされた。さらに，月ごとの支援計画とモニタリング結果（資料6-10，6-11）を作成し，「具体的に今何を取り組んでいるのか」「それに対するそれぞれの役割」「その取り組み評価」を見える化し，共有し，病院の看護計画やリハビリテーション実施計画と連動させながら，Mさんの支援の統一化を図った。

医療と福祉の支援観のズレが生じる

　D相談支援専門員は関係つくりのために病棟へ訪問し，Mさんの思いにていねいに耳を傾けた。Mさんから徐々に「生活する地域を見たい」「以前通っていた事業所の見学に行きたい」との希望が話されるようになった。C精神保健福祉士が外出のための院内調整を行い，三者で外出を行った。しかし，その事が刺激となり病状悪化し，主治医より外部の者との面会禁止となった。さらに，外部が介入する地域移行支援事業が刺激になるのではと，この支援の枠組みを取りやめる意見も出た。

　そこで，D相談支援専門員は，全体の足並みをそろえるためのケア会議を実施した。その中で，①病気がありながら地域で暮らすことは，症状悪化も含めての支援である。どちらかが抱えこんでしまわないように，支援を途切れさせない連携の流れを作っていく。②様々な課題を解決していくためには医療と福祉が一緒に取り組んでいかなければ進まない。この2点を確認し今まで通りの支援が再開された。

具体的な退院に向けての準備

　Mさんは，徐々に新たな地での生活に対し前向きにとらえられるようになっていった。一方，物忘れや足腰の弱さを気にし，ひとり暮らしへの不安も訴えた。さらに，病状の波は相変わらずあり，時折支援者は不安になることもあ

資料6-9 地域移行支援利用計画案

利用者氏名：Mさん　　　　　　　　　　　　　　　　　　　　　　　記入年月日

サービス等利用計画の到達目標：アパートでヘルパーさんに応援してもらいながら、自分のペースで自分の時間（趣味のプラモデルを作る、仲間と触れ合う等）を過ごしたり、日中はどこかに通いたい。

長期目標：自分のペースで過ごせるように精神科病院を退院する。

短期目標：具体的な生活イメージを作り、どんなことを手伝ってもらいたいか具体化する。

優先順位	私の希望	支援目標	協力する人	5月	6月	7月	8月	9月	10月
1	退院をしたい	本人と共に退院後の住まいを見つけるために、不動産屋同行、契約の支援をします	相談支援事業所	本人、関係者で今後の生活について確認をします	土地勘のある所で住まいを見つけます		外泊先を確保し、外泊の準備を進めます		生活用品を揃えていきます
2	退院後は作業所やデイケアに通いたい	本人と定期的に面接をし、退院後の生活について具体的にしていきます	相談支援事業所 福祉サービス提供事業所・デイケア	具体的な生活について相談をします	作業所、デイケア、地活の見学に行きます			日中通う場所を決めます	通所のための申請をします
3	肺が心配なので健診を受けたい	本人と体調の良し悪しを確認し、受診の時期を決めます	相談支援事業所 病院職員	体調の確認をします		健診を受ける時期、内容、費用、受診について確認します	受診をします	結果を元に体調の振り返りをします	健診結果を退院後の生活に活かしていきます
4	あがり調子になるとお金を遣ってしまうので金銭にゆとりを持たせたい	日常生活自立支援事業を継続し、本人に収支の確認をします 働くことについて検討をします	相談支援事業所 社会福祉協議会 行政（生活保護課） 病院職員	収支の確認をし、退院後の生活費を考えます			調子があがっている時に遣う金額、退院後の生活費を考えます	買うもの在金銭のゆとりが出るように考えます	
5	身の回りのことなどの手助けしてくれる人がいるといい	身の回りのことどの程度自分で出来るか確認をします 具体的な支援の内容を考えます	相談支援事業所				緊急時の対応や連絡先を確認します ヘルパーと一緒にやっていた家事の振り返りをします	ヘルパー利用の申請をします	緊急時の対応や連絡先の再確認をします

第Ⅱ部 実践編

資料6-10 地域移行支援利用計画 5月

利用者氏名：Mさん

到達目標：アパートでヘルパーさんに応援してもらいながら、自分のペースで自分の時間（趣味のプラモデルを作る、仲間と触れ合う等）を過ごしたり、日中はどこかに通いたい。

長期目標：自分のペースで過ごせるように精神科病院を退院する。

短期目標：具体的な生活イメージを作り、どんなことを手伝ってもらいたいか具体化する。

優先順位	私の希望	支援目標	希望を実現するための私の役割	一緒に取り組む人	留意事項
1	退院をしたい	本人、家族、病院、市、相談支援事業所と今後の生活について話し合い、役割の確認をします	今後の生活について、希望や考えていることを関係者に伝えます	病院○○PSW、主治医、担当○○看護師／市（生保）○○さん／相談支援事業所	
2	退院後は作業所やデイケアに通いたい	定期的に面接を行い、退院後の生活を具体的に考えます。作業所等の見学を検討します	作業所やデイケアの見学について、日時や見学先を具体的に決めていきます	病院○○PSW／相談支援事業所○○さん	
3	肺がん心配なので健診を受けたい	病院での検査結果や服薬を含め、体調について確認をします	体調の良し悪し（服薬を含め）について具体的に確認をします	病院○○PSW、担当○○看護師	
4	あるとお金を遣ってしまう　金銭にゆとりを持たせたい	1か月の収支の確認をします	日常生活自立支援事業を利用し、現在の収支を確認します	社会福祉協議会○○さん	

資料6-11 地域移行支援利用計画 5月 モニタリング

利用者氏名：Mさん

実施日：平成　年　5月　日

全体の状況：ケア会議を実施。本人の希望、支援目標について確認をした。
ケア会議で確認されたこと：退院後の本人への支援（服薬、金銭管理、ヘルパー利用等の体制）を整えること。家族は退院には反対してはいないが、自分の生活が精一杯で余裕がない。本人にとって、主治医の明確な言葉が退院への後押しになるため、診察時等に伝えてもらう必要あり。

優先順位	支援目標	希望を実現するための私の役割	私の感想・満足度	支援目標の達成度	今後の課題	留意事項
1	本人、家族、病院、市、相談支援事業所と今後の生活について話し合い、役割の確認をします	今後の生活について、希望や考えていることを関係者に伝えます	「退院していいよ」と主治医から言ってほしかった。答えがほしかった。前にも同じことを言った	ケア会議にて、本人の考える今後の生活について共有することができた	退院後の住居を見つける	
2	定期的に面接を行い、退院後の生活を具体的に考えます。作業所等の見学を検討します	作業所やデイケアの見学について、日時や見学先を具体的に決めていきます	雰囲気がわからないのでイメージがもてないので不安	見学先の希望を確認することができた	見学先、交通手段、日時を決める	
3	病院での検査結果や体調について確認をします	体調の良し悪し（服薬を含め）具体的に確認をします	主治医は特にない、と言っていたので、（体調は）悪くないと思う	服薬の状況（薬が増えた）、体調（さるさ等）を確認することができた	病棟での過ごし方、身の回りのことで出来ることを確認し、体調に合わせた過ごし方を見つける	
4	1か月の収支の確認をします	日常生活自立支援事業を利用し、現在の収支を確認します	社協はこれからも使っていく	年金での遣り繰り、購入した物品について確認ができた	引き続き、1か月の収支の確認をする	

った。しかし，D相談支援専門員は，Mさんを支援するチームとして方向性をぶれさせないように調整をし，Mさん自身も皆が一緒に取り組んでくれていることを実感し，挫けることなく退院に向けて進んでいった。当初，6か月の退院目標であったが，ケア会議を開きまだ準備が必要との中で退院は延長された。Mさん自身も，今の自分の状況や何がまだ準備不足が常に確認されていたため，延長することを希望した。支援期間延長後は，具体的な住居の確保，日中通うための場所の見学と体験，受診までのアクセスの確認，家具や家電製品等の購入方法，ヘルパーへの具体的な依頼内容の整理等を行っていった。

□ 3年ぶりの退院へ，新たな生活がスタートする

支援開始から1年が経過しようとした頃，幸いにもMさんが希望したアパートには空室があった。さらに，不動産屋と大家が精神障害者に理解があったため，スムーズに契約することができた。住居も決定したところで，D相談支援専門員は具体的なサービス調整（居宅介護（家事援助），就労継続支援B型事業，地域活動支援センター・地域定着支援事業）を行い，サービス等利用計画案作成後，退院後の生活支援の枠組みを確認するためのケア会議を開催し，新たなチームがスタートを切ることとなった。

Mさんは，地域移行支援事業の利用から1年1か月を経て退院となった。しかし，退院がゴールではなく，あくまでもMさんらしく暮らし続けることを応援していくことには変わりない。支援の濃淡をつけながら，Mさんのリカバリーを支援する姿勢でなければならない。

3 課　題

精神科病院からの地域移行支援は，Mさんの「今まで希望しても退院できなかったので，本当にできるのかまだ信じられない」という言葉に象徴されるように，退院をあきらめてしまった人が退院したい気持ちを取り戻し，その思いを挫けず継続できることが大きな鍵となる。新たに始まる人間関係に不安や緊張をかかえ，うまく自分の気持ちを表出できない本人とのやりとりの中で，支援者はニーズをとらえていかなければならない。最初のアセスメントから導き出されたニーズを計画に載せることにより，本人の声なき声を支援者全体に見える化させ，これから始まる支援の足並みを揃えていく最初の第一歩となる。また，医療は医学モデルであり，福祉は生活（社会）モデルを実践の視点であるがゆえに，リハビリテーションのとらえ方にずれが生じることがある。たとえば，Mさんが支援途中で病状悪化した際，医療は本人の症状改善を優先したが，福祉は症状があることを含めてその人の生活，人生であるとした。様々な困難や課題があったとしても，それを含めてその人が暮らしていくことの手立てを考えていく必要性を主張した。つまり，退院支援を進めていくことは，

医療と福祉と行政それぞれの立場や役割，そして専門職としてのバックボーンの違いを理解しながら，いかに本人中心の支援チームを作り，共通言語を見出していくかが重要となる。また，医療のスピードと福祉のスピードの違いがあるのも現実である。だからこそ，日頃から，支援の展開を共有し，そのスピード感をすり合わせていく必要がある。そのためには，計画に基づいて実行されているかをタイムリーに見直しできる柔軟さをチーム全体が持っていることである。ケア会議を開催し支援チームの足並みを揃えていき，誰かが頑張るのではなく，チーム全体で取り組み，そして，そこで生じる様々な困難さをみんなで受け止めていくことこそが，本人中心支援の根本といえるであろう。そして，相談支援専門員は，まさにそのチームの調整役としての大きな役割を担っている。

☐ 退院支援とケアマネジメント

退院支援は，長期入院によって夢や希望を諦めさせてしまった本人の思いに，もう一度命を吹き込む作業である。そこには，支援者自身の退院支援意欲を喚起させることが重要な鍵となる。そのためには，本人中心のチームを作り，目的，目標，役割，手立てを明確にし，そのチームで取組む文化をつくることではないか。その手法としてケアマネジメントは非常に有効と考える。私たちは専門職として，今後さらにより実践的にケアマネジメント展開できる力をつけていく必要があるであろう。

第Ⅱ部　実　践　編

児童養護施設におけるケアプランの実際

　児童養護施設はさまざまな理由で親と共に暮らすことが困難な児童が生活をしている施設である。近年，その主たる入所理由は親等から虐待を受けて入所する児童が多くなっており，さまざまな発達上の課題を抱える児童も多くなっている。また，家庭背景も離婚や親の傷病等も重なり複雑化しており，しっかりとしたケースのアセスメントからケアプランの立案，その実践と進行管理が求められる時代となっている。

　児童の要保護ケースが生じた場合は児童相談所が関わることになり，児童相談所では，児童福祉司，児童心理司，医師，保健師，弁護士等の専門的な知識や技術をもつ職員が児童の相談に応じている。また，そのために児童の家庭や地域環境，生活歴，発達，心理，医療，行動等についての専門的な角度から総合的に調査，診断，判定を行い，それに基づいて援助方針を定めることとしている。

　多くのケースについて必要に応じて，児童相談所の一時保護所または適当な者に委託して，児童を一時保護し（行政処分），その間に調査，診断，判定を行い，施設入所となるのである。

1 事例の概要

　母は鬱病の他にも病気があり，子どもたちが保育所に登園していないことから生活保護のケースワーカーと保健師が家庭訪問をすると，母は布団にくるまって寝ており，本児らは食事も摂れずにテレビを見ている状態であった。母の体調，生活の状況からみて本児らの保護が必要である（子どもがネグレクト状態）と判断し，姉6歳，弟5歳のときに一時保護となった。

　一時保護の後，児童養護施設入所となり，母子の面会交流は概ね順調に行ってきたが，突然連絡が途絶え，母が覚せい剤取締法違反で拘留となっていたことがのちに分かる。母は出所後，安定した生活を送ることができ，仕事に専念し，早期引き取りを望んで子どもたちとの交流もすすめてきた。課題はありながらも，入所から退所まで6年間かけて外泊交流等を積み重ねて，本児らが小学校高学年になり家庭引き取りとなる。家庭引き取り後もアフターケアとして家庭訪問等をおこない，見守りを行なってきたケースである。

□ 母の状況について

　母の状況としては結婚当初から夫からのDVがあり，実家に身を寄せ，そ

の後に離婚となる。また，母は，思春期ころから母方祖母との折り合いが悪く，家出や高校時代妊娠体験等不安定な家庭生活を送っている。

入所後の経過

入所当初より，母との定期的な交流は実施していた。母が施設の隣接市に在住していたこともあり，交流状況はスムーズで，月に1回の外泊と面会を積み重ねていった。

入所前から，母はパートの仕事をしながら本児らを保育園に預けていたが，その後，体調が悪化し，内臓疾患と鬱病で保健所の支援を受けることになった。

入所当初の方針としては，母の病気の回復と生活が安定することを見据えて，比較的早期の引き取りを目指すこととしていた。

児童相談所のケースのアセスメントと支援計画について入所時の児童票の内容は，家族背景や保護となった経過に加え，一時保護所の生活記録，心理判定の結果，児童相談所の支援計画（短期的課題，中長期的課題）が記載されている。

本ケースの児童相談所の計画（処遇指針）

・短期的課題として，できるだけ早く施設の生活になれ，安定した環境のもとで，基本的な生活習慣を身に付け，明るく楽しく生活を送る。母の体調の回復状況を考慮しながら今後の母子交流を考えていく
・中長期的課題として，母の回復が可能な状態になれば家庭引き取りを考慮しながら，面会，外泊等を具体的に考えていく

これら，児童相談所の処遇指針（短期，中長期的課題）を基に施設では入所受け入れ計画を立て，入所後の生活状況や児童の希望なども含めた児童自立支援計画書を入所後1か月から2か月かけて作成することとしている（資料6-12）。

2 ケアプランの作成・実施のプロセスと展開

児童自身の希望を取り入れた計画

子ども自身が自分の自立について考え，主体的に目標をもって生活していけるよう，また，子どもの意見表明権を行使することが何よりも重要と捉え，子どもたち自身が職員との話し合いも踏まえて自らの自立支援計画をたてることにしている（資料6-13）。

入所後2年を経過し，突然，母が拘留されることになる。覚せい剤取締法違反で，執行猶予が付き，面会を継続することができた。しかし，数か月連絡が取れないことが続き，児童相談所に調査を依頼すると，服役していることが明らかになった。

第Ⅱ部　実　践　編

資料6-12　自立支援計画書の内容（退所予定年度の計画）

平成○○年度児童自立支援計画書（概要）

施設名称	○○学園	作成日	平成○○年○月○日
記入者氏名	○○○○		

（フリガナ）児童氏名	○○○○　男・女　生年月日　平成　（9歳）	児童相談所名	○○児童相談所
		担当児童福祉名	○○福祉司

学年等	学校等名〔　　　小学校　〕及び学年〔　年〕		
入所年月日及び措置理由	平成　年　月　日〔措置番号　　　　　〕 （主訴）養育困難　母の精神疾患 （入所前の状況）○自宅・他施設（　　）・その他（　　）		
基礎データ	身長・体重	cm　　　kg	
	IQ	判定機関（○○児童相談所）判定年月日（　年　月　日）	
	愛の手帳	有・無○（　）　（平成　年　月　日交付）	
	身障手帳	有・無○（　）　（平成　年　月　日交付）	
	既存症		
	主訴以外の虐待	平成　年　月　日付　福保子育第　号承認	
	その他特記事項		
基本方針	・セーフティーネットの確立，安定的な生活体験と情緒の安定 ・家庭復帰をめざす		
児童等の意向	【児童の意向】 ・母と一緒に暮らしたいが不安もある。転校への抵抗もある。 ・家に帰ってもサッカーは続けたい。 【保護者の意向】 ・早く一緒に暮らしたい。		
児童が抱える課題・問題点	【家庭関係】 ・母は子どもたちに想いはあるが，生活状況が不明な点も多い。 ・自宅近くに実父が生活している。 ・母と祖母との関係は悪い。 ・自宅近くに弟夫婦が生活しており，関係は良好。 【生活上の問題】 ・気持を言語化しにくいので，職員との個別の関係形成により言語化を。 【医療的な問題】 ・歯並びの治療の検討。 【心理・情緒的な問題】 ・児童相談所の心理司の面接。		

	設定期間	設定目標	目標設定理由
短期目標	4月1日から 　3月31日まで	①母との情緒的交流 ②セーフティーネットの確立	・計画的な帰泊を実施し，引き取りに向けて取り組んでいく。帰泊後の振り返り。 ・母への気持ちの表出。愛着関係の形成。 ・社会資源と母を結び付けていく。
中期目標	年　月から 　年　月まで 　年　月まで	①母宅への引き取り ②アフターケア	・母子3人で母宅での生活を始める。 ・本児ら，母へのアフターケアを関係機関と連携して実施していく。
長期目標	年から 　年まで 　年から	① ② ③	

| 目標達成に向けた今年度の取り組み計画 | 【施設内での支援】
学校関係―担任と連絡を取り合い，様子を把握していく。宿題・連絡帳の徹底。学習の遅れのフォローと積み重ね
日常生活―自分で生活を組み立てていく。生活習慣への意識向上とそのための声かけ
健康関係―虫歯治療を行う
自信をつける取り組み―サッカークラブの継続。本児の自信になっている
子ども間の人間関係―年長児に巻き込まれる事なく，一人で過ごせる時間を作っていく
職員との人間関係―会話を重視し，素直に甘えられる関係作りをしていく。考え込んでいることのくみとり
性教育の取り組み―生い立ちの振り返りをするなかで計画的に実施する
【児童相談所との連携】
・必要に応じた話し合いの場の設定
・祖父母への対応―引き取りの際に協力してもらえる体制の準備
・各関係機関への参加，調整を行い家庭復帰後のサポート体制を整える
・家庭訪問の実施
・心理面接の継続
【家庭環境等の調整】
・計画的な帰泊，取り組みを行い，母子3人での生活を実感できるようにする
・母が気軽に話ができるような関係の構築
・家庭復帰のための関係機関・資源の整備を行なっていく
・母の気持ちが途切れないような配慮
・アフターケアとして，FSW（家庭支援専門相談員）も関わっていく |

□ 子ども達の施設での生活の様子

　子ども達の生活は，身辺の自立やコミュニケーションの力は一定あり，順調であるかに思えたが，その後，姉については，性的諸問題，破壊行動，近隣の商店からの万引き，薬の誤飲などがあり，児童相談所への通所の頻度を多くし児童相談所の心理司等の面接を行うようにした。その後，施設内心理士の週1回の面接に切り替えて心理ケアを継続させた。弟についても，入所当初から夜驚が頻繁にあり，年下児童への圧力的な関わりや学校での友人への暴力があり不安定な状況がみられた。児童相談所での心理司との面接を月に1回のペースで実施するとともに，施設では，自信をつける取り組みとして，好きなことを見つけて地域の習い事に通う取り組みを積極的に行なった。姉はスイミングスクールに通うことになり，弟は，地域のサッカーチームに入り，二人とも持ち前の運動能力を生かして，力を発揮し，周りの者からの評価も得て自信をつけていくことができた。

□ 母のことを伝える

　母の状況が把握できるまでに4～5か月を要し，これまで，面会がコンスタントにあっただけに，急な母との連絡の途絶えは本児らに相当なダメージを与えた。本児らの安定のために祖父母との面会を定期的に実施することとし，本児らの安定度を図りながら，児童相談所とも協議し，母の状況（服役などの事実等）を身近な存在である母方祖父から伝えてもらうことにした。

第Ⅱ部 実　践　編

資料6-13　子どもたち自身が立てた自らの自立支援計画

> なまえ　　　　　　　　　　　　　　　　　　　　がくねん　　6年
> ○○○学園で　せいかつしている　りゆう　親との関係が良くないから。
> ○がっこうや　しょうらいのことは　どうしていきたいですか？
> 　　「学校は休まず続けていけたらいいなと思います。」
> 　　「将来はできれば親といっしょにくらしたいです。」
>
> わたしの　こんねんどの　もくひょうは
> 　　　「きそく正しい生活をし，学校にしっかり行きたいです。」
>
> 私の目標は
> ○がっこうでの　もくひょうは「できるかぎり学校へ行く。」
> ○せいかつの　もくひょう・けんこうのことは「休みの日も生活のリズムをくずさないようにする。1日1回は外に行き，体を動かす。」
> ○じしんを　つけるために　したいことについては，「自分ができることはのばし，できないことにもちょうせんする。」
> ○ホームで　いっしょに　せいかつする　ひとのことについては，「相手が傷つかないように考える。イライラしたらへやに入りおちつく。」
> ○おうちの　ひとのことで　かんがえていることや　きぼうについては「今はきょりをおいたほうがいいと思うので，きょりをおきたい。」
> ○じどうそうだんじょに　おねがいしたいことについては，「特にありません。」
> ○たいしょするまでにもくひょうとしたいことについては，「親や友達との関わり方を考えて，今後はわるいことをしないようにしたい。」

母の出所後の支援

　母はその後刑期を終えて，本児らとの面会を再開することになった。元々，母と母方祖母との関係はよくはなかったので，母は独立して生活をすることになった。

　母は出所後，早期の家庭引き取りを望んで，ひとり暮らしを始めることになり，そこに合わせて，本児らの母宅への外泊を開始した。単なる交流のための外泊ではなく，引き取りに向けて，親子がいっしょに暮らしていくことをイメージした外泊の取り組みとして位置づけた。

　引き取り時期については，本児らの生活や学校生活の安定を考慮し年度の区切りとした。母の思いと頑張りは予想以上で，毎週末の交流は計画通りに実施され，年度末を迎える中で，児童相談所と施設で交流の評価と引き取り時期の検討の会議が開かれた。

　児童相談所からの母子の外泊の取り組みの評価については，概ね順調で，親子とも頑張っている。課題は今後生活を共にしていく中で明らかになっていくであろうが，引取りが年度を越えることで特に母の意欲が低下してしまわないよう，年度の切り替えでの引取りをすすめることが望ましいとの見解であった。

　施設からは親子の交流を重ねているが，前述のように，やりとりの積み重ねがなかなか見られず，実際の毎日の生活になると，上手くいかないことが出てくるのではないか，そのため，もう少し時間をかけて外泊交流を重ねて親子の関係性を深めていきたいとの見解であった。

児童相談所からは、ケース会議に福祉司、心理司、家庭復帰支援員が参加し、施設からは、担当職員、姉の園内心理面接担当心理士、主任、ファミリーソーシャルワーカーが参加してその都度協議する機会を持った。

施設内の役割分担

担当職員（保育士、児童指導員）は、担当者を変更することなく、入所中の児童について継続して支援を行い、児童との関係性も十分に積み重ねていけるように配慮した。日々の生活の様子を最も把握し、児童の変化や成長を細かく実感できるのが担当職員である。

心理士は、心理的な側面から児童を観察している。子どもたちの日々の記録をパソコンによるネットワーク化の中で、タイムリーに把握し、直接担当からの口頭による報告を受けながら、児童の心理的な変化や、どう配慮しながら関わるかなどについて、職員にコンサルテーションを実施した。園内での心理面接を実施している児童については、非日常で出されるプレイセラピー等での様子や面接でのやり取りが、分析の重要な判断材料となっている。

主任（施設内スーパーバイザー）は、ホームでの担当職員と児童とのやり取りを客観的にみることや、ケアプランが児童の希望や置かれている現状に沿ったものであるかどうかという視点で関わっている。また職員間の連携が保たれているか、支援にあたって、各職員が意見を忌憚なく出しあえているかなどについても随時把握助言をしている。

家庭支援専門相談員（ファミリーソーシャルワーカー）は、家庭関係調整を担当職員とともに取り組む役割である。必ずしも児童が家族と再度共に生活を送るとは限らないが、施設から自立してからも、家族として、親子としての関係は変わらない。いったんは別々の生活を送ることになった親子が再度さまざまな形で向き合うことに対して、親子間のそれぞれの思いを大事にしながらケアプランの実施をすすめている。

このように、施設内で職員が複合的に関わり、そのために、話し合い、計画立案、取り組み実践を行い、またそれらの振り返りを行う中で支援が展開されている。

家庭引取りまでの支援

このケースにおいては、ネグレクト状態で保護したとはいえ、入所の主訴が養育困難であり、虐待としては扱われてはいなかった。子ども達も保護したときは幼児だったが、小学校中高学年になり、何かあれば自分で助けを求めることができる力が備わってきたと判断し、さまざまな親子交流の取り組みを行い家庭引取りを進めることとした。

家庭引取りを進めたが学校生活の安定とその後の状況把握のために今まで通

っていた小学校へ自宅から電車通学をすることとし，その後の支援に施設，児童相談所，学校が中心となって本児らの支援にあたった。

自宅から電車通学という形で交流の取り組みを進めることができたのは，中高学年であったことは前提であるが，小学校の先生の協力が得られたことである。母も先生との面談に職員と一緒に参加することができて，母と担任の先生との意思疎通が図れたことも有効であった。

家庭復帰に際して，児童相談所の在宅指導に加えて，より身近な地域の（市町村主管である）子ども家庭支援センターとの連携は欠かせないものである。施設から児童相談所に対して，早期の子ども家庭支援センターとの協議の場を持つことを要請した。

このケースでは，近隣の市で，児童相談所と子ども家庭支援センターと施設の職員同士が顔見知りだったため，引取り後の電話連絡等がスムーズにできた。その後，子ども家庭支援センターが呼びかけ，中学校と情報共有の会議を何回も持つことが出来た。

☐ 退所後のアフターケア計画

本児らはケアプラン通り家庭引取りとなったが，施設の夏の宿泊行事であるキャンプには子ども達も参加を希望し，夏休み中の母の負担軽減と施設が家庭での様子を把握するためということもあり，参加することとした。

家庭引取りまでの取り組みは重要であるが，親子が向き合って生活を始めて課題が浮き彫りになるのは，引取り（退園）後である。当施設では，すべての退所児童について退所後3年間は，アフターケア計画を立てて，取り組みを実施している。また，必要と判断したケースは，退所後3年を経過した後も引き続き計画をたてて取り組んでいる（資料6‐14）。

施設の担当者は，本児らが通う学校行事の参観を行い，学校生活の様子を把握するなど，学校に出向いて，情報共有の機会を持った。また，引取り当初は，施設職員が月に1回の家庭訪問と，年に2回くらいの子どもとの外食の機会を持った。

市の生活保護ワーカーや保健師との連携においては，情報を子ども家庭支援センターに集約し，取りまとめてもらい，子ども家庭支援センターが中心となってその後の支援を行うことが出来た。

母は，本児らの引き取り後，福祉施設での就労を辞めてしまった。その後，生活保護に繋げるなど，施設や地域の見守り体制が早期から有効となった。しばらくは，施設の近くの元の小学校に通い続けていたため，学校での様子は十分に把握できた。姉については，園内心理面接のアフターフォローとして，数か月間の面接を継続した。その後，姉の友人関係での盗みによるトラブルや，弟と母との関係の悪化による弟の家出など問題行動が見られた。しかしその後

第6章　福祉施設とケアプラン

資料6-14　アフターケア計画書の例

名前（学年・年齢・職業）	姉（中1・12歳）・弟（小6・11歳）
住所　電話番号	○○市　　　　　　　　　　（母携帯）
在園期間 退所時学年年齢	年　月　～　年　月（約　6年　3ヶ月） 学年・年齢　姉（小5・11歳）　　弟（小4・10歳）
入所理由	養育困難・母の精神疾患（ネグレクトケース）
卒・退園の経過／理由	母の経済的安定・セーフティーネットの確立・母子関係の構築を総合的に判断し，家庭引き取りになる。
現時点での課題	母の経済的自立・養育環境・母の男性関係・生活状況の把握 母子関係・姉の進路

＊現状と具体的な支援方法について以下に記入。

家庭関係 保護者への支援	母，仕事を辞め生活保護を受給。○年○月に女児を出産。祖父母とは妊娠をめぐってトラブルになり，協力は得られない状況。祖母，昨年度亡くなる。 定期的な家庭訪問の中で状況を把握していく。
学校関係	家庭訪問の際に様子を聞いていく。○○中学校との連携・対応
関係機関との連携	○○児童相談所・子ども家庭支援センター・○○市立○○中学校と連携し，家庭訪問等，動きがあった際への連絡，連携。状況を見ながら関係者会議の開催も要請し，諸機関の連携にて支援していく。
交友関係	主に家庭訪問にて把握していく。交友関係の把握を重視する。
金銭関係	児童相談所・子ども家庭支援センターとの情報の共有。 母から様子を聞いていく。
余暇活動	姉は陸上部に在籍。 弟はサッカーを辞めた後，特に部活などはしていない。
本人特有の案件	母子関係については生活の様子を見ていく必要がある。
年間訪問計画と予算	【計画】2～3か月に1回の家庭訪問を行う。 本児らと外食に出かけ，状況把握・母のレスパイトを行う。 【予算】交通費　4500円，食事代　4000円
計画の実施者	児童の担当職員と家庭支援専門相談員が協同して実施者となる。
記入者	アフター担当名　　　　印
承認日	年　　　月　　　日

も，子ども家庭支援センター，施設，児童相談所，学校と連携を取り，協議・対応することができた。

　児童養護施設として，アフターケアについては，明確な位置づけや義務づけ規定がなく，職員それぞれが必要に応じて独自に取り組んでいる。アフターケアは児童の長期的成長を保障していくためには重要であり，アフターケアに関わる時間や経費（交通費）などの保障がない中では，十分な支援はできない。そのため，これまで数年かけて会議で論議を重ね，掛かる職員の交通費の保障，また話を聞く際の食事代の保障等を確立するなど，積極的位置づけとして取り組んでいる。

3 課　題

☐ アセスメント課題

　近年，児童虐待により入所する児童が多くなった。親が虐待をしたことを認めることができずに，児童相談所の調査に非協力的かつ反発をするケースが多く，児童や家族の生活歴などこれまでの詳しい情報がつかめないことが多くなって，入所時のアセスメントが困難な状況下にある。

　したがって児童虐待の場合などはとりあえず児童の命の確保や安全を第一優先として職権による一時保護を行い，児童相談所により最低限の情報を基に処遇指針が示される。したがって，入所後に児童が入所している施設に親等が訪問してきて，その後子どものことや家族のこと，これまでの経緯を詳しく情報把握することが多くなっている。

　入所後に児童相談所と施設の共同によるアセスメントが行われ，そのアセスメントを基に自立支援計画書が立案されることになる。したがって入所にあたっての児童相談所との協働による情報と理解の共有が重要な課題であり，入所中に児童も保護者もさまざまな問題を起こすことが多く，その入所中の諸問題へ施設と児童相談所が共同連携して取り組むことが出来ることがケアプランを実践する上で重要なポイントとなる。

　また，児童のケアプランの進行管理（ケースマネジメント）を行う際に施設内においても，また諸機関連携においてもケースについての共通認識と役割分担をするためにも，短時間でもケースカンファレンスを行うことが有効である。

☐ 退所からアフターケアに関わる課題

　家庭復帰にせよ施設から社会的自立にせよ，その後様々な問題へ遭遇し，施設へ入所した児童の安定と自立は容易なことではない。退所前の支援と退所後の支援は重要な課題であり，退所に向けてのケアプランと退所後のケアプラン（アクターケア計画）をしっかりと立案し，そこにも児童や家族の要望なども盛り込むべきである。

　入所中は直接的にさまざまな支援が出来るが，退所後の支援は時間的にも困難性が伴い，明確な制度や担当職員の配置が必要である。

☐ 児童養護施設とケアプラン

　児童養護施設等の社会的養護関連施設の場合，その多くは児童福祉法により都道府県が行政処分としての措置や委託をする制度であり，行政の公的責任性が強い分野であり，その福祉的支援やサービス水準がより高水準かつ広範に担保されなければならない。そのために児童一人ひとりの高い養育水準を決めるためにはこれら一人ひとりのしっかりとしたケアプランが立案され，そのプラ

ンにそって十分な支援が行われることが重要である。また，児童やその家族への関わりの説明責任の証にもなるであろう。

　児童ひとり一人の支援計画に沿ったていねいできめ細かな支援ができるように児童養護施設の生活単位の小規模化や地域化が現在進められようとしている。きめ細かな支援の指標とするためにも，今一度ケアプランの重要性について新たな認識と推進がもとめられている。

〇 注

(1) マデリン・M・レイニンガー著，近藤潤子・伊藤和宏監訳（1997）『看護における質的研究』医学書院，154頁。
(2) R4システムとは，全国老人保健施設協会が開発したケアマネジメントシステムである。その特徴は，ICF staging という利用者の状態を客観的かつ簡便に実施できるアセスメントやインテークの重視，多職種によるアセスメントなど4段階のアセスメント，ケアプラン実行の担保や評価の重視，ケアマネジメント全体の効率化等であり，ケアマネジャーを中心とした多職種協働で入所相談の段階から退所までをトータルでマネジメントできるシステムである。
(3) 障害者総合支援法における3つの相談支援事業の類型は，①市町村が実施する日常的，一般的に生じる全ての相談に対応する「一般的な相談」民間委託可②指定特定相談支援事業が行うサービスを利用するすべての人たちに対しサービス等利用計画の作成を行う「計画相談支援」③指定一般相談支援事業が行う「地域相談（地域移行支援・地域定着支援）」，となっている。

〇 参考文献

［第4節］
全国身体障害者施設協議会（2001）『施設のケアプラン』社会福祉法人全国社会福祉協議会。
白澤政和（2009）『ストレングスモデルのケアマネジメント』ミネルヴァ書房。
［第5節］
小澤温監修／埼玉県相談支援専門員協会編集（2015）『相談支援専門員のための障害者ケアマネジメントマニュアル』中央法規出版。

さくいん

あ行

- アウトリーチ 30, 93, 115, 176
- 悪質商法被害防止 144
- アセスメント 31, 83, 103, 193, 208
  - ——の内容 31
  - ——の内容（アメリカ） 31
  - ——の内容（イギリス） 31
- アセスメント項目からの生活ニーズの導き出し方 41
- アセスメント用紙 42
- アフターケア計画 246
- アフターケア計画書 247
- 医学的アプローチ 177
- 医学モデル 10
- 委託相談支援事業所 231
- 一時生活支援事業 109
- 入口支援 119, 126
- インテーク 30, 83, 103, 207
- インフォーマルとフォーマルな社会資源の関係 46
- インフォーマルなサポート 45
- インフォーマルな社会資源 44, 63
- ウィルス（Wills, T. A.） 64
- 栄養ケア計画書 204
- 援助目標 34
- エンパワメント 95

か行

- 介護サービス 61
- 介護サービス利用の過程 79
- 介護支援専門員 6, 19, 76, 77, 189
  - ——の要介護者に対するケアマネジメント過程 81
- 介護保険事業計画（市町村） 69
- 介護保険制度（介護保険） 50, 60, 75
  - ——でのケアマネジメントの過程 78
  - ——での要介護者とケアマネジメントの関係 79
  - ——のサービス内容 75
- 介護予防ケアマネジメント業務 146
- 介護予防サービス計画 76
- 介護予防サービス・支援計画書 150-152
- 介護予防・生活支援サービス事業対象者 89
- 介護予防・日常生活支援総合事業 146
- 家計相談支援事業 109
- 課題分析（アセスメント）用紙の種類 84
- 家庭裁判所調査官 116
- 家庭支援専門相談員（ファミリーソーシャルワーカー） 245
- 環境因子 16
- 基幹型の相談支援事業所 155
- 基幹相談支援センター事業 155
- 基本的個別支援計画 181
- 共助 50
- 矯正施設 126
- 居宅介護支援サービス 76, 77
- 居宅介護支援事業者 77
- 居宅サービス計画 76, 83, 133
  - ——の作成 78
- 居宅サービス計画ガイドライン 84
- 居宅サービス計画書 83, 85, 133, 134, 142
- クライエント主導アプローチ 44
- ケア会議（精神障害者の退院支援） 232
- ケアカンファレンス 87
- ケアプラン 210
  - ——作成の意義 35
  - ——作成の過程 34
  - ——作成の基本原則 33
  - ——（児童養護施設における） 240
  - ——（身体障害者支援施設における） 216
  - ——（精神科病院からの退院支援における） 230
  - ——（知的障害者支援施設における） 223
  - ——（福祉施設における） 187
  - ——（老人福祉施設における） 197
  - ——（老人保健施設における） 206
- ケアプラン管理表 37
- ケアマネジメント i, 23, 58
  - ——（イギリス） 4
  - ——（オーストラリア） 4
  - ——（カナダ） 4
  - ——（韓国） 5
  - ——（台湾） 5
  - ——（ドイツ） 5
  - ——の意義 19, 81
  - ——の構成要素 23
  - ——の実施者 18
  - ——の定義 7
  - ——の展開（日本） 5
  - ——の必要性 9
  - ——の3つのモデル 20
  - ——の目的 10-12
- ケアマネジメント過程 29
- ケアマネジャー 6, 19, 25, 76, 137
- 経済的自立 11
- 契約 30
- ケースの発見 30
- ケースマネジメント 4, 10
  - ——（アメリカ） 3
- ケース目標 32
- 権利擁護（アドボガシー） 62, 95
- 公助 51
- コーズ・アドボケイト（クラス・アドボケイト） 88
- コーディネーション 81
- 国際生活機能分類（ICF） 15
- 互助 50
- 個人因子 16
- 子育て家庭へのケアマネジメント 103
- 「骨格提言」 92
- 国庫負担基準額 97
- 個別機能訓練計画書 203
- 個別支援計画 161, 225, 226
- 個別支援計画書 218, 222
- 個別支援ファイル（発達障害者支援体制整備事業） 99
- 「今後の社会保障のあり方について」 50

さ行

- サービス担当者会議 86, 141, 161
- サービス提供機関主導アプローチ 44
- サービス等利用計画（障害者自立支援法） 92, 182, 183, 221, 232

サービス等利用計画案　158, 160
サービス等利用計画書　94
サービス優先アプローチ　35, 36, 43, 97
サービス・リンキング　93
再アセスメント　39
在宅介護支援センター　5
在宅と施設のケアプランとの関係　195
シーゲル（Segel, S. P.）　18
シームレスケア　52
支援費制度　92
試験観察　116
自己開発機能　13
自己負担額　34, 35
自助　50
施設サービス計画書　97, 205
施設のケアプランとマニュアル　193, 194
指定介護予防支援　146
指導監督　116
児童相談所　240
児童領域でのケアマネジメント　6
司法福祉　116
　　──におけるケアマネジメント　117, 122
シポリン（Siporin, M.）　44
社会開発機能　13
社会環境的アプローチ　177
社会環境的状況　42
社会資源　8, 9, 24, 25, 44, 58
　　──の構造　59
　　──の分類　44
社会的入院　10
社会福祉士　19, 124, 139
社会復帰調整官　117
週間サービス計画表　135
住宅確保給付金　109
重要事項説明書　31
就労支援員　111
就労支援担当者　113
就労準備支援事業　109
シュナイダー（Schneider, B.）　33
主任介護支援専門員　139
主任相談支援員　114
守秘義務　31
障害支援区分　94
障害者ケアガイドライン　92
　　──におけるケアマネジメントの流れ　93
障害者ケアマネジメント　162
　　──（アメリカ）　90

　　──の特徴　94
　　──の目標　95
障害者自立支援法　92
障害者総合支援法　92
　　──におけるケアマネジメント　97
　　──における支援決定プロセス　94
障害者のケアマネジメント支援　156
障害者領域におけるケアマネジメント　6
ジョンソン（Johnson, P.）　22
自立　11
自立支援型ケアマネジメント　155
自立支援計画　6
　　──（子どもたち自身が立てた）　244
自立支援計画書　242
自立相談支援事業　6, 109, 114
　　──の成果　111
身体機能的状況　42
身辺自立　11
心理的アプローチ　177
スクリーニング　30
ストレングス　→ストレングス
生活　14, 15
生活困窮者　108
　　──を対象とするケアマネジメント　115
生活困窮者自立支援法　108
生活困窮者自立相談支援　175, 176
生活支援体制整備事業　55
生活ニーズ　9, 15, 34, 39
　　──をとらえるためのアセスメント　39
生活の質（QOL）　12
生活モデル　10, 17
　　──の3つの特徴　11
星座の考え方で生活ニーズをとらえる　40
精神心理的状況　42
精神保健福祉士　19, 231
セルフ・ケアマネジメント　26
総合事業　88
　　──による介護予防ケアマネジメント　147
　　──のサービス　89
相談支援員　111, 113
相談支援事業者　94
相談支援事業所　184
相談支援専門員　94, 231, 232
　　──の業務　98

　　──の資質　98
ソーシャルサポート　64
ソーシャルワーカーが行うケアマネジメントの原則（NASWによる）　21
ソーシャルワーク実践の定義（NASWによる）　19
「ソーシャルワークの概念枠組み」に関する会議（NASWによる）　18

た行

退院支援とケアマネジメント　239
退所後のケアプラン（児童）　248
退所に向けてのケアプラン（児童）　248
ダイレクト・ペイメント・サービス（イギリス）　26
短期目標　86
地域移行支援計画　234
地域移行支援利用計画　235, 236
　　──のモニタリング　237
地域課題　66, 69
地域ケア会議　67
　　──の5つの機能　67, 68
地域ケア会議推進事業　55
地域支援事業　54
地域生活定着支援（事業）　6, 118
地域生活定着支援センター　6, 119, 120, 184
地域における医療及び介護の総合的な確保の促進に関する法律　54
地域包括ケア圏域　52
「地域包括ケア研究会報告書」（2013年）　54
「地域包括ケア研究会報告書」（2010年）　53
「地域包括ケア研究会報告書」（2016年）　55
地域包括ケアシステム　49, 58
地域包括ケアシステムの強化のための介護保険法等の一部を改正する法律　56
地域包括ケアの構成要素　56
地域包括支援センター　139, 141, 146
地域マネジメント　55
チームアプローチ　10, 32
中間的就労　113
長期目標　86
つながりの再構築　113

さくいん

な行

強さ（ストレングス） 13, 65, 137, 157
出口支援 119, 126
当事者が行う支援 65
特別調整 120
特別調整対象者 120
ニーズ優先アプローチ 35, 36, 43, 97, 98
「2015年の高齢者介護」 52
日常生活自立支援事業 138, 141
　　——とケアマネジメントの連携 145
「ニッポン一億総活躍プラン」 55
認知症総合支援事業 55
ノーマティブ（規範的）ニーズ 43, 188, 189
ノーマライゼーション 10

は行

パーカー（Parker, R.） 22
ハートマン（Hartman, A.） 18
発達障害者支援体制整備事業 99
バルマー（Bulmer, M.） 46
犯罪原因論的ニーズ 123
ピアサポーター 227
評価 200, 202
フェルト（体感的）ニーズ 43, 188
フォーマルなサービスの提供主体 45
フォーマルな社会資源 44, 60
フォローアップ 39
福祉施設のケアプラン 192
　　——の基本的な枠組み 190
フラナガン（Flanagan, E. J.） 12
ブリーランド（Brieland, D.） 19
フローランド（Froland, C.） 46
弁護的機能（ケース・アドボケイト） 87
包括的・継続的ケアマネジメント支援業務 146
保健師 139
保健福祉計画に関与するケアマネジメント 69
保護観察官 116
保護司 116
補導援護 117
ボランティア 45

ま行

マグワイア（Maguire, L.） 64
マニュアル 191
マネジド・ケア 14, 81
三浦文夫 44
メイヤー（Meyer, H. J.） 46
目標指向型のケアプラン 53
モニタリング 38, 87, 105, 144, 161, 199, 200, 209, 212
モリス（Morris, R.） 18
モンク（Monk, A.） 19

や行

ユング（Jung, C. G.） 40
要介護認定 82
　　——の調査委託 82
要保護児童対策地域協議会 99, 165
予防給付による介護予防ケアマネジメント 147
予防的ケアマネジメント 108

ら行

ラップ（Rapp, C. A.） 65
リアルニーズ 43, 189
リットワク（Litwak, E.） 46
利用者支援事業 100, 163
　　——における予防支援・支援計画表 167, 170
　　——のケアマネジメントの特徴 106
　　——（母子保健型） 100
利用者支援専門員 102, 166, 168
利用者の内的資源 65
リンキング 81
ルビン（Rubin, A.） 22
レイニンガー（Leininger, M. M.） 193
レジスタード・ナース（保健師）（カナダ） 25
老人保健福祉計画（市町村） 69
ローズ（Rose, H.） 20
ローゼン（Rosen, R.） 58

わ行

「我が事・丸ごと」地域共生社会実現本部 56
ワンストップサービス 3

欧文

ACTプログラム 91
ADL 16
CARE（Comprehensive Assessment and Referral Evalution） 32
MAI（Multilevel Assessment Instrument） 32
MDS-HC2.0 84
MDS・RAPs 188, 215
OARS（Older American Resources and Services） 32
PDCAサイクル 187
R4システム 206

執筆者紹介（所属：分担，執筆順。＊は編著者）

＊白澤　政和（編著者紹介参照：はじめに，第1章，第2章，第4章第1節，第4章第4節，第6章第1節）

福富　昌城（花園大学社会福祉学部教授：第3章）

小澤　　温（筑波大学人間系教授：第4章第2節）

橋本　真紀（関西学院大学教育学部教授：第4章第3節，第5章第5節）

水藤　昌彦（山口県立大学社会福祉学部教授：第4章第5節）

白木　裕子（株式会社フジケア取締役社長：第5章第1節）

山本　繁樹（公益社団法人東京社会福祉士会：第5章第2節）

山田　圭子（前橋市地域包括支援センター西部主幹：第5章第3節）

林　　茂史（社会福祉法人東松山市社会福祉協議会東松山市総合福祉エリア：第5章第4節）

中村　健治（社会福祉法人北海道社会福祉協議会事務局次長：第5章第6節）

小野　隆一（宮城学院女子大学非常勤講師：第5章第7節）

後藤　浩二（社会福祉法人つばめ福祉会特別養護老人ホームさわたりの郷介護課課長：第6章第2節）

山田　　剛（医療法人社団主体会みえ川村老健施設長：第6章第3節）

岡西　博一（社会福祉法人常成福祉会丹沢自律生活センター生活福祉部部長：第6章第4節）

冨岡　貴生（社会福祉法人唐池学園貴志園園長：第6章第5節）

菅原小夜子（特定非営利活動法人こころ理事長：第6章第6節）

武藤　素明（社会福祉法人二葉保育園児童養護施設二葉学園統括施設長：第6章第7節）

編著者紹介

白澤　政和（しらさわ・まさかず）
1949年　生まれ。
1974年　大阪市立大学大学院修士課程修了（社会福祉学専攻）。
現　在　国際医療福祉大学大学院教授。博士（社会学）。
主　著　『ケアマネジメントの本質』中央法規出版，2018年（三井住友海上福祉財団賞授賞）。
　　　　『ストレングスモデルのケアマネジメント』（編著）ミネルヴァ書房，2009年。

	ケアマネジメント論
	──わかりやすい基礎理論と幅広い事例から学ぶ──

2019年1月20日　初版第1刷発行　　　〈検印省略〉
2024年9月20日　初版第3刷発行

定価はカバーに
表示しています

編著者　白　澤　政　和
発行者　杉　田　啓　三
印刷者　江　戸　孝　典

発行所　株式会社　ミネルヴァ書房
607-8494 京都市山科区日ノ岡堤谷町1
電話代表（075）581-5191
振替口座　01020-0-8076

© 白澤政和，2019　　共同印刷工業・吉田三誠堂製本

ISBN978-4-623-08418-0

Printed in Japan

ストレングスモデルのケアマネジメント 　白澤政和 編著	B 5 判　240頁 本　体　2500円
福祉専門職のための 権利擁護支援ハンドブック［改訂版］ 　特定非営利活動法人 PAS ネット 編著	A 5 判　184頁 本　体　2000円
権利擁護がわかる意志決定支援 　日本福祉大学権利擁護研究センター　監修	B 5 判　176頁 本　体　2500円
よくわかる地域包括ケア 　隅田好美・藤井博志・黒田研二 編著	B 5 判　216頁 本　体　2400円

―― ミネルヴァ書房 ――
https://www.minervashobo.co.jp/